Puke

Lexikon für Steuerfachangestellte

AF876932

Zusätzliche digitale Inhalte für Sie!

Dieses Buch bietet Ihnen mehr als nur eine gedruckte Version! Nutzen Sie die folgenden Möglichkeiten, die Ihnen für dieses Produkt auf mein.kiehl.de zur Verfügung stehen.

@ Online-Version

Sie haben das gedruckte Exemplar Ihres Buches nicht zur Hand oder möchten etwas schnell recherchieren? Dann nutzen Sie die Online-Version Ihres Buches. Diese steht Ihnen nach Eingabe des folgenden Freischaltcodes direkt zur Verfügung.

Schalten Sie sich Ihre digitalen Mehrwerte direkt frei:

Scannen Sie den QR-Code **oder** rufen Sie die Seite mein.kiehl.de auf.
Geben Sie den Freischaltcode ein und folgen Sie dem Anmeldedialog. Fertig!

Ihr Freischaltcode

BRSZ-JVXL-BMCE-AKMB-JDPN-AF

www.kiehl.de

Lexikon für Steuerfachangestellte

Von
Dipl.-Finanzwirt (FH) StB Michael Puke

19., überarbeitete Auflage

kiehl

Bildnachweis Umschlag U1: © tomertu – stock.adobe.com
Bildnachweis Umschlag U4: © Worawut – stock.adobe.com

ISBN 978-3-470-**53668**-2 · 19., überarbeitete Auflage 2023

Kiehl ist eine Marke des NWB Verlags

Satz: SATZ-ART Prepress & Publishing GmbH, Bochum
Druck: Beltz Grafische Betriebe GmbH, Bad Langensalza

Klimaneutral
Druckprodukt
ClimatePartner.com/16605-2106-1001

Scannen Sie den QR-Code oder besuchen Sie **Climate-Partner.com/16605-2106-1001** und erfahren Sie mehr zu unseren klimaneutralen Druckprodukten.

Vorwort

Im deutschen Steuerrecht wimmelt es geradezu von Fachbegriffen. Was genau ist eigentlich ein „Verwaltungsakt“ oder mit „Verböserung“ gemeint? Mit dem Lexikon für Steuerfachangestellte wollen wir Ihnen die wichtigsten Begriffe aus den bedeutenden Steuerarten wie Abgabenordnung, Buchführung/Bilanzsteuerrecht, Einkommensteuer, Gewerbesteuer, Körperschaftsteuer sowie der Umsatzsteuer erläutern. Hinweise zu betriebs- und volkswirtschaftlichen Themen runden das Nachschlagewerk ab.

Das Lexikon eignet sich daher besonders für Steuerfachangestellte – wie der Titel bereits vermuten lässt – oder diejenigen, die ihre Abschlussprüfung noch vor sich haben. Es ist jedoch auch für Steuerfachwirte, Bilanzbuchhalter oder im Rahmen des Studiums eine nützliche Hilfe.

Als Nutzer dieses Lexikons können Sie eine Orientierung, sozusagen eine „erste Hilfe“ erwarten. Die regelmäßig bewusst kurz gefassten Erläuterungen sollen Ihnen einen guten Einstieg ermöglichen. Weitere Fundstellen dienen dazu, näher in die Thematik einzusteigen, wenn erforderlich.

Fehlt ein wichtiger Fachausdruck oder ist eine Beschreibung aus Ihrer Sicht nicht ausreichend? Für Anregungen und Hinweise zur weiteren Verbesserung des Lexikons sind wir Ihnen dankbar.

Herne/Münster, im März 2023
Verfasser und Verlag

Hinweis

Aus Gründen der Praktikabilität und besseren Lesbarkeit wird im Text das generische Maskulinum verwendet. So können z. B. Substantive, wie Mitarbeiter, Arbeitnehmer, Vorgesetzte etc., grundsätzlich sowohl männliche, weibliche als auch diverse Personen bezeichnen.

Feedbackhinweis

Kein Produkt ist so gut, dass es nicht noch verbessert werden könnte. Ihre Meinung ist uns wichtig. Was gefällt Ihnen gut? Was können wir in Ihren Augen verbessern? Bitte schreiben Sie einfach eine E-Mail an: **feedback@kiehl.de**

ABKÜRZUNGSVERZEICHNIS

Abs.	=	Absatz
AEAO	=	Anwendungserlass zur Abgabenordnung
AfA	=	Absetzung für Abnutzung
AG	=	Aktiengesellschaft
AktG	=	Aktiengesetz
AO	=	Abgabenordnung
BewG	=	Bewertungsgesetz
BFH	=	Bundesfinanzhof
BGB	=	Bürgerliches Gesetzbuch
BGBl	=	Bundesgesetzblatt
BGH	=	Bundesgerichtshof
BilKoG	=	Bilanzkontrollgesetz
BilMoG	=	Bilanzrechtsmodernisierungsgesetz
BilReG	=	Bilanzreformgesetz
BiRiLiG	=	Bilanzrichtlinien-Gesetz
BMF	=	Bundesfinanzministerium
BpO	=	Betriebsprüfungsordnung
BStBl	=	Bundessteuerblatt
BVerfG	=	Bundesverfassungsgericht
EFG	=	Entscheidungen der Finanzgerichte
ErbSt	=	Erbschaftsteuer
ESt	=	Einkommensteuer
EStDV	=	Einkommensteuer-Durchführungsverordnung
EStG	=	Einkommensteuergesetz
EStH	=	Amtliche Hinweise zu den Einkommensteuer-Richtlinien
EStR	=	Einkommensteuerrichtlinien
EUSt	=	Einfuhrumsatzsteuer
EW	=	Einheitswert
FA, FÄ	=	Finanzamt, Finanzämter
FG	=	Finanzgericht
FGO	=	Finanzgerichtsordnung
FinBeh	=	Finanzbehörde
FinMin	=	Finanzministerium
FVG	=	Finanzverwaltungsgesetz
GewSt	=	Gewerbesteuer
GewStDV	=	Gewerbesteuer-Durchführungsverordnung
GewStG	=	Gewerbesteuergesetz
GewStR	=	Gewerbesteuerrichtlinien
GG	=	Grundgesetz
GmbH	=	Gesellschaft mit beschränkter Haftung
GrEStG	=	Grunderwerbsteuergesetz
GrSt	=	Grundsteuer
GrStG	=	Grundsteuergesetz
HGB	=	Handelsgesetzbuch
IAS	=	International Accounting Standards
IFRS	=	International Financial Reporting Standards
i. S. d.	=	im Sinne des/der
i. V. m.	=	in Verbindung mit
KiSt	=	Kirchensteuer
KSt	=	Körperschaftsteuer
KStDV	=	Körperschaftsteuer-Durchführungsverordnung
KStG	=	Körperschaftsteuergesetz
KStR	=	Körperschaftsteuerrichtlinien
LStDV	=	Lohnsteuer-Durchführungsverordnung
LStR	=	Lohnsteuerrichtlinien
Lt.	=	Laut
NWB	=	Neue Wirtschafts-Briefe
OFD	=	Oberfinanzdirektion
OHG	=	Offene Handelsgesellschaft

Rennwett-LottG	=	Rennwett- und Lotteriegesetz
StB	=	Steuerberater
StBerG	=	Steuerberatungsgesetz
Stpfl.	=	Steuerpflichtiger
USt	=	Umsatzsteuer
UStAE	=	Umsatzsteuer-Anwendungserlass
UStDV	=	Umsatzsteuer-Durchführungsverordnung
UStG	=	Umsatzsteuergesetz
WG	=	Wirtschaftsgut

A

Abbruchkosten

Wird ein Gebäude oder Gebäudeteil abgerissen, so sind für die steuerrechtliche Behandlung folgende Fälle zu unterscheiden (H 6.4 EStH):

1. Der Stpfl. hat das Gebäude auf einem **ihm bereits gehörenden Grundstück** errichtet.
2. Der Stpfl. hat das Gebäude in der **Absicht erworben**, es als Gebäude zu nutzen (Erwerb **ohne** Abbruchabsicht).
3. Der Stpfl. hat das Gebäude **zum Zweck des Abbruchs** erworben (Erwerb **mit** Abbruchabsicht).

   Abbruchkosten bei vorheriger Nutzung außerhalb der Einkünfteerzielung: Wurde das abgebrochene Gebäude zuvor zu eigenen Wohnzwecken oder anderen nicht einkommensteuerlich relevanten Zwecken genutzt, stehen die Abbruchkosten und ggf. die Absetzungen für außergewöhnliche Abnutzung ausschließlich im Zusammenhang mit dem Neubau und bilden Herstellungskosten des neuen Gebäudes (BFH vom 16.04.2002, BStBl II S. 805).
4. Der Stpfl. **plant** den **Abbruch eines zum Privatvermögen** gehörenden Gebäudes und die Errichtung eines **zum Betriebsvermögen gehörenden Gebäudes** (Einlage mit Abbruchabsicht).

In den Fällen der Nrn. 1 und 2 sind im Jahr des Abbruchs die **Abbruchkosten** und der **Restbuchwert des abgebrochenen Gebäudes** sofort abziehbare **Betriebsausgaben**.

Im Fall der Nr. 3 gilt Folgendes:

a) War das Gebäude **technisch oder wirtschaftlich nicht verbraucht**, so gehören sein Buchwert und die Abbruchkosten, wenn der Abbruch des Gebäudes mit der Herstellung eines **neuen** Wirtschaftsguts in einem engen wirtschaftlichen Zusammenhang steht, zu den **Herstellungskosten dieses Wirtschaftsguts**, sonst zu den Anschaffungskosten des Grund und Bodens (BFH vom 04.12.1984, BStBl 1985 II S. 208). Müssen bei einem in Teilabbruchabsicht erworbenen Gebäude umfangreichere Teile als geplant abgerissen werden, gehören die Abbruchkosten und der Restwert des abgerissenen Gebäudes insoweit zu den Herstellungskosten des neuen Gebäudes, als sie auf Gebäudeteile entfallen, die bei Durchführung des im Erwerbszeitpunkt geplanten Umbaus ohnehin hätten entfernt werden sollen. Dieser Anteil ist ggf. im Wege der Schätzung zu ermitteln (BFH v. 15.10.1996, BStBl 1997 II S. 325).

b) War das Gebäude im Zeitpunkt des Erwerbs objektiv **wertlos**, so entfällt der **volle Anschaffungspreis auf den Grund und Boden** – (BFH vom 15.02.1989, BStBl II S. 604); für die Abbruchkosten gilt Buchst. a) entsprechend.

INFO

Wird mit dem Abbruch eines Gebäudes innerhalb von drei Jahren nach dem Erwerb begonnen, so spricht der Beweis des ersten Anscheins dafür, dass der Erwerber das Gebäude in der Absicht erworben hat, es abzureißen. Der Stpfl. kann diesen Anscheinsbeweis durch den Gegenbeweis entkräften, z. B. dass es zu dem Abbruch erst aufgrund eines ungewöhnlichen Geschehensablaufs gekommen ist. Damit ist nicht ausgeschlossen, dass in besonders gelagerten Fällen, z. B. bei großen Arrondierungskäufen, auch bei einem Zeitraum von mehr als drei Jahren zwischen Erwerb und Beginn des Abbruchs der Beweis des ersten Anscheins für den Erwerb in Abbruchabsicht spricht (BFH vom 12.06.1978, BStBl II S. 620). Für den Beginn der Dreijahresfrist ist in der Regel der Abschluss des obligatorischen Rechtsgeschäfts maßgebend (BFH vom 06.02.1979, BStBl II S. 509).

Im Fall der Nr. 4 gehören der Wert des abgebrochenen Gebäudes und die Abbruchkosen zu den Herstellungskosten des neu zu errichtenden Gebäudes; der Einlagewert des Gebäudes ist nicht schon deshalb mit 0 € anzusetzen, weil sein Abbruch beabsichtigt ist (BFH vom 09.02.1983, BStBl II S. 451).

Abfindung an Arbeitnehmer

Abfindungen sind Entschädigungen, die der Arbeitnehmer als **Ausgleich** für die mit der **Auflösung** des Dienstverhältnisses verbundenen **Nachteile**, insbesondere den Verlust des Arbeitsplatzes, erhält.

Die Abfindungszahlungen sind in vollem Umfang steuerpflichtiger Arbeitslohn und unterliegen als **sonstiger Bezug** dem **Lohnsteuerabzug** (§ 39b Abs. 3 EStG).

Sie können jedoch als außerordentliche Einkünfte nach der sog. „Fünftelregelung" tarifermäßigt besteuert werden (§ 24 Nr. 1 i. V. m. § 34 Abs. 2 Nr. 2 EStG, § 39b Abs. 3 Satz 9 EStG). Die Tarifermäßigung kann auch noch bei der Einkommensteuerveranlagung des Arbeitnehmers berücksichtigt werden.

Abgaben

Zu den öffentlich-rechtlichen Abgaben gehören > **Steuern** und steuerliche Nebenleistungen wie Verspätungszuschlag, Zwangsgelder u. a.

Abgabenordnung (AO)

Die AO gilt für alle Steuern einschließlich der Steuervergütungen, die durch Bundesrecht oder Recht der Europäischen Gemeinschaften geregelt sind, soweit sie durch Bundesfinanzbehörden oder durch Landesfinanzbehörden verwaltet werden § 1 Abs. 1 AO).

Als „Mantelgesetz des Steuerrechts" enthält die AO zahlreiche Definitionen, die für viele Steuerarten von Bedeutung sind (was sind Steuern, Wohnsitz, gewöhnlicher Aufenthalt, ...). Zugleich regelt die AO das steuerliche Verfahrensrecht, also wie werden Besteuerungsgrundlagen ermittelt (Ermittlungsverfahren), wie erfolgt die Geltendmachung des Steueranspruchs (Festsetzungs-, Feststellungsverfahren) und wie kommt das Finanzamt an das Geld (Erhebungs-, Vollstreckungsverfahren).

Abgeld

> Damnum

Abgekürzte Außenprüfung

Bei Kleinst-, Klein- und Mittelbetrieben i. S. d. § 3 Betriebsprüfungsordnung (BpO) kann die Finanzbehörde eine abgekürzte Außenprüfung durchführen (§ 203 AO). Das Finanzamt wird davon Gebrauch machen, wenn es eine umfassende Ermittlung der steuerlichen Verhältnisse im Einzelfall nicht für erforderlich hält (z. B. bei einer Betriebsprüfung aufgrund Zufallsauswahl oder bei konkretem (isolierten) Prüfungsanlass; § 4 BpO).

Die abgekürzte Prüfung beschränkt sich auf die Prüfung einzelner Besteuerungsgrundlagen eines Besteuerungszeitraums oder mehrerer Besteuerungszeiträume.

Handelt es sich um eine abgekürzte Außenprüfung, ist die Prüfungsanordnung um den Hinweis auf § 203 AO zu ergänzen. Soll der Umfang einer Außenprüfung nachträglich erweitert werden, ist eine ergänzende Prüfungsanordnung zu erlassen.

Der Steuerpflichtige ist vor Abschluss der Prüfung darauf hinzuweisen, inwieweit von den Steuererklärungen oder den Steuerfestsetzungen abgewichen werden soll. Die steuerlich erheblichen Prüfungsfeststellungen sind dem Steuerpflichtigen spätestens mit den Steuerbescheiden schriftlich mitzuteilen. Ein Anspruch auf Durchführung einer Schlussbesprechung (§ 201 AO) oder auf vorherige Zusendung eines Prüfungsberichts zur Stellungnahme (§ 202 AO) besteht bei einer abgekürzten Außenprüfung nicht.

> Außenprüfung
> Datenzugriff
> zeitnahe Außenprüfung

Abgeltungsteuer

Zum 01.01.2009 wurde die Abgeltungsteuer für Steuern auf Kapitaleinkünfte eingeführt. Sie ersetzt das bisherige Verfahren, nach dem der Steuerpflichtige seine Kapitalerträge in der Einkommensteuererklärung angeben musste. Bislang hatte die insbesondere von Banken, Sparkassen, Versicherungsunternehmen und Kapitalgesellschaften einbehaltene Steuer auf Kapitalerträge (Zinsabschlag und Kapitalertragsteuer) lediglich den Charakter einer Vorauszahlung auf die vom Finanzamt zu ermittelnde Einkommensteuer. Mit der Abgeltungsteuer wurde somit für Kapitalerträge, ähnlich wie bei der Lohnsteuer, ein sogenanntes Quellenabzugsverfahren angewandt. Die Schuldner der Kapitalerträge bzw. die auszahlenden Stellen (z. B. Banken, Finanzdienstleister) behalten die Steuer i. H. v. 25 % ein und führen sie direkt an das Finanzamt ab.

Dieser Steuerabzug bei Kapitalerträgen hat abgeltende Wirkung, das heißt es besteht grundsätzlich keine Pflicht mehr, diese bereits versteuerten Erträge in der Steuererklärung anzugeben. Rechtstechnisch heißt diese Art der Steuererhebung Kapitalertragsteuer, aber wegen der abgeltenden Wirkung spricht man im Allgemeinen von der „Abgeltungsteuer".

Rechtsgrundlage: § 32 EStG

Abhilfebescheid

Mit einem Abhilfebescheid, z. B. einem Einkommensteuerbescheid, kann die Finanzbehörde einem > **Einspruch** eines Steuerpflichtigen ganz oder teilweise entsprechen (§ 172 AO).

Ablaufhemmung

Die Ablaufhemmung ist in Zusammenhang mit der > **Festsetzungsfrist** zu sehen. Steuerbescheide können nur erlassen, aufgehoben oder geändert werden, solange der Steueranspruch noch nicht verjährt – die Festsetzungsfrist noch nicht abgelaufen – ist. Zahlreiche Umstände können dazu führen, dass sich das Ende dieser Festsetzungsfrist nach hinten verschiebt (§ 171 AO). So läuft die Festsetzungsfrist nicht ab

- solange die Steuerfestsetzung wegen höherer Gewalt innerhalb der letzten sechs Monate des Fristlaufs nicht erfolgen kann,
- bei offenbarer Unrichtigkeit (insoweit) nicht vor Ablauf eines Jahres nach Bekanntgabe des Bescheides,
- bei Stellung eines Antrages auf Steuerfestsetzung oder Aufhebung oder Änderung einer Steuerfestsetzung nicht vor unanfechtbarer Entscheidung über den Antrag,
- bei Beginn einer Außenprüfung oder bei Hinausschieben einer Außenprüfung auf Antrag des Stpfl.,
- bei Beginn von Ermittlungen durch den Steuerfahndungsdienst,
- bei Aussetzung der Steuerfestsetzung oder bei vorläufiger Steuerfestsetzung.

Abnutzbares Anlagevermögen

> **Anlagevermögen**

Abschlagszahlungen

Vorschüsse, Abschlags- und Teilzahlungen sind – im Falle der Einnahmen-Überschuss-Rechnung – Betriebseinnahmen/-ausgaben im Zeitpunkt des Zufließens/Abfließens der Zahlung. Müssen bereits vereinnahmte Vorschüsse zu einem späteren Zeitpunkt ganz oder teilweise wieder zurückgezahlt werden, stellen die Rückzahlungen Betriebsausgaben dar.

> **Anzahlungen**

Abschluss

Als Abschluss bezeichnet man häufig den > **Jahresabschluss** (Bilanz und Gewinn- und Verlustrechnung), der nach Rechtsvorschriften des HGB oder in bestimmten Fällen (börsennotierte Unternehmen) nach > **IAS/IFRS** aufzustellen ist.

Abschlusszahlung

Nach erfolgter Veranlagung (z. B. zur ESt) wird die festgesetzte Steuerschuld um die bereits geleisteten Vorauszahlungen gekürzt. Bei der ESt werden außerdem die einbehaltenen Steuerabzugsbeträge (> **Lohnsteuer**, > **Kapitalertragsteuer**) angerechnet.

Eine Abschlusszahlung ergibt sich, wenn die Steuerschuld höher ist als die Summe der Vorauszahlungen einschließlich evtl. Steuerabzugsbeträge.

Abschreibungen

Abschreibungen haben im Rechnungswesen die Aufgabe, die Aufwendungen für Anlagegüter periodengerecht zu verteilen. Abschreibungen sind erforderlich, da die Anlagengüter verschleißen, technisch und wirtschaftlich veralten und eine Ersatzbeschaffung vorbereitet werden muss. In der Praxis unterscheidet man zwischen bilanzieller und kalkulatorischer Abschreibung.

> **Absetzung für Abnutzung**
> **Sonderabschreibungen**.

Absetzung für Abnutzung (AfA)

Die Absetzung für Abnutzung (AfA) ist der steuerrechtliche Begriff für die betriebsbedingte > **Abschreibung**. Gemäß § 7, 7a EStG ist eine AfA vorzunehmen auf abnutzbare Wirtschaftsgüter des Anlagevermögens, deren Nutzungsdauer sich über mehr als ein Jahr erstreckt.

Die AfA wird nach den > **Anschaffungskosten** oder > **Herstellungskosten** bemessen und auf die Jahre der > **betriebsgewöhnlichen Nutzungsdauer** verteilt. Die AfA soll grundsätzlich so bemessen sein, dass die Anschaffungs- oder Herstellungskosten nach Ablauf der betriebsgewöhnlichen Nutzungsdauer (in aller Regel) bis auf einen Erinnerungswert von 1 € abgeschrieben sind.

Ausnahmen bestehen für > **geringwertige Wirtschaftsgüter**, die sofort abgeschrieben werden können oder für Computer/EDV-Hardware, deren Nutzungsdauer laut Bundesfinanzministerium nur ein Jahr betragen soll (was einer Sofortabschreibung im Jahr des Erwerbs gleichkommt).

Besondere Abschreibungssätze für Gebäude sind in § 7 Abs. 4 - 5a EStG festgelegt. So beträgt beispielsweise die degressive Abschreibung für Gebäude des Privatvermögens (bei Vermietung), die der Stpfl. nach dem 31.12.2003 aber vor dem 01.01.2006 hergestellt oder angeschafft hat:

- 10 • 4 %,
- 8 • 2,5 % und
- 32 • 1,25 %.

Verschiedene AfA-Methoden (§ 6, 7a EStG) sind zu unterscheiden (s. nachfolgende Abb.).

Es gilt der Grundsatz, dass die Bemessungsgrundlage zeitanteilig auf den gesamten Abschreibungszeitraum zu verteilen ist. Die AfA darf in einem Wj/Kj nur für so viele Monate (Auf- und Abrundung auf volle Monate wird geduldet) angesetzt werden wie das Wirtschaftsgut genutzt wird („pro rata temporis“).

> **Abschreibungen**
> **Sonderabschreibungen**

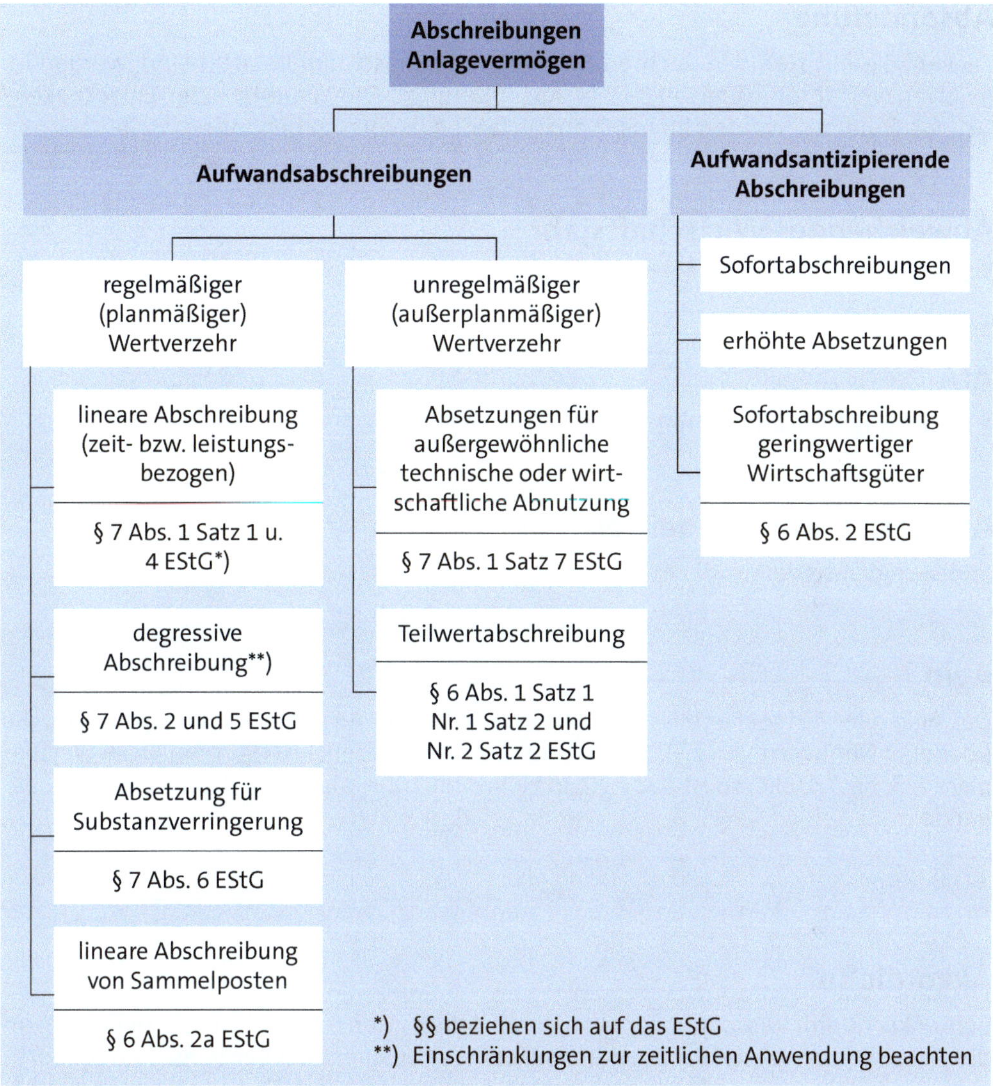

Absetzung für Substanzverringerung

> Substanzverringerung

Absonderung

Sachen, die mit fremden Rechten (Hypothek, Grundschuld) belastet sind, werden im Insolvenzverfahren abgesondert (= Absonderung). Die Gläubiger der Hypotheken/Grundschulden ... werden im Insolvenzverfahren bevorzugt behandelt.

Abweichendes Wirtschaftsjahr

> **Wirtschaftsjahr**

AfA

> **Absetzung für Abnutzung**

AfA nach Maßgabe der Leistung

> **Leistungsabschreibung**

Agio

Das Agio oder Aufgeld entsteht beispielsweise bei der Ausgabe von Wertpapieren, die über dem Nennwert von z. B. 1.000 € ausgegeben werden. Erwirbt man diese Wertpapiere z. B. für 1.100 €, so ist das Agio in Höhe von 100 € als Anschaffungskosten zu behandeln.

> **Damnum**

Akkordlohn

Beim Akkordlohn wird nach der geleisteten Arbeitsmenge entlohnt. Die übliche Form des Akkordlohnes ist der **Proportionalakkord**, bei welchem der Verdienst sich proportional zur Zeiteinsparung bzw. Leistungssteigerung verändert. Die Anwendung des Akkordlohnes ist bei homogenen, gleichartigen, regelmäßig in derselben Weise wiederkehrenden Arbeiten möglich.

Aktie

Eine Aktie ist nach dem deutschen Aktiengesetz (AktG):

- ein Bruchteil des Grundkapitals (§§ 1 Abs. 2, 29 AktG),
- der Inbegriff der Rechte und Pflichten derjenigen, welche ihre Einlagen auf die Aktie i. S. v. Nr. 1 geleistet haben (Aktionär) gegenüber der Gesellschaft (etwa §§ 11, 12, 64 AktG, vergleichbar mit dem Geschäftsanteil an einer GmbH),
- ein Wertpapier, welches den Anteil an einer Gesellschaft (auch Anteilsschein) verbrieft.

Aktien sind von Aktienoptionen zu unterscheiden – dem Recht, den Kauf oder Verkauf einer Aktie durch einseitige Erklärung ausüben zu dürfen.

In Deutschland werden die Gesellschaften, die ihr Grundkapital in Aktien zerlegen und diesen Anteil verbriefen, als Aktiengesellschaft (AG) oder Kommanditgesellschaft auf Aktien (KGaA) bezeichnet. Aktien können (müssen aber nicht) an einer Wertpapierbörse oder außerbörslich gehandelt werden.

Aktiengesellschaft

Die AG ist eine Handelsgesellschaft mit eigener Rechtspersönlichkeit, deren Gesellschafter mit Einlagen auf das in Aktien zerlegte Grundkapital beteiligt sind. Rechtliche Grundlage ist das AktG. Die **Gesellschafter** der AG, die Aktionäre, können natürliche und juristische Personen sein. Zur **Gründung** einer AG sind ein oder mehrere Gründer notwendig, die alle Aktien gegen Einlagen übernehmen müssen. Sie stellen den Gesellschaftsvertrag (Satzung) auf, der notariell zu beurkunden ist.

Das Grundkapital beträgt mindestens 50.000 € (§ 7 AktG). Die Nennbetragaktien müssen mindestens auf einen Euro lauten (§ 8 Abs. 2 AktG).

Aktive Rechnungsabgrenzungsposten

> **Rechnungsabgrenzungsposten**

Aktivieren

Aktivieren heißt: Vermögenswerte auf der Aktivseite der Bilanz zu erfassen.

Die Frage, ob zu aktivieren ist, d. h. ein Posten auf der Aktivseite der Bilanz anzusetzen ist, umfasst die Frage, **was** und **wann** zu aktivieren ist (Aktivierung dem Grunde nach). Ergänzend stellt sich die Frage, mit welchem Wert der Aktivposten anzusetzen ist (Aktivierung der Höhe nach = Bewertung).

Aktivierungspflicht

Aktivierungspflicht besteht bei Wirtschaftsgütern des Anlagevermögens, deren Verwendung oder Nutzung sich auf mehr als ein Jahr erstreckt. Ebenso müssen nicht abnutzbare Wirtschaftsgüter aktiviert werden, wenn sie entgeltlich erworben wurden (z. B. Grund und Boden, Firmenwert, Vorratsvermögen). Auch Forderungen unterliegen (regelmäßig) der Aktivierungspflicht, sofern sie rechtlich entstanden sind. Auf die Fälligkeit oder Rechnungserteilung kommt es nicht an (vgl. § 240 HGB).

Ausnahmen bestehen für bewegliche Wirtschaftsgüter des Anlagevermögens, wenn gemäß § 6 Abs. 2 EStG die > **Anschaffungskosten** oder > **Herstellungskosten** 800 € (Nettowert: ohne USt) für das einzelne Wirtschaftsgut nicht übersteigen. Sie können als Betriebsausgaben gewinnmindernd berücksichtigt werden.

Betragen die Anschaffungs-, Herstellungskosten eines Wirtschaftsgutes mindestens 250 €, aber nicht mehr 1.000 €, können diese in einen Sammelposten eingestellt und gemeinsam (einheitlich) über fünf Jahre gleichmäßig abgeschrieben werden (§ 6 Abs. 2a EStG).

> Geringwertige Wirtschaftsgüter
> Sammelposten

Aktivlegitimation

> Beschwer

Akzept

Akzept ist ein angenommener **> Wechsel**

Alleinerziehende

> Entlastungsbetrag für Alleinerziehende
> Kinderfreibetrag

Altenheim-Bewohner

> Außergewöhnliche Belastungen

Altersentlastungsbetrag

Der Altersentlastungsbetrag steht Steuerpflichtigen zu, sofern sie vor Beginn des betreffenden Veranlagungszeitraums das 64. Lebensjahr vollendet haben, § 24a EStG.

Das Lebensalter wird nach § 108 Abs. 1 AO i. V. m. § 187 Abs. 2 Satz 2 BGB und § 188 Abs. 2 BGB berechnet. Ein Lebensjahr wird demnach immer mit Ablauf des Tages vollendet, der dem Geburtstag vorangeht (Tagesbeginnfrist). Ein Mandant, der am 01.01.1959 geboren ist, vollendet sein 64. Lebensjahr damit mit Ablauf des 31.12.2022. Zum 01.01.2023 liegen demnach die persönlichen Voraussetzungen zur Inanspruchnahme des Altersentlastungsbetrages vor.

Die Höhe des Altersentlastungsbetrags ergibt sich aus einem Prozentsatz (abhängig vom Jahr der erstmaligen Anwendung der Vorschrift) des Arbeitslohn sowie der positiven Summe der übrigen Einkünfte. Bei der Berechnung bleiben Renten und Versorgungsbezüge außer Betracht. Der maßgebende Prozentsatz und der Höchstbetrag des Altersentlastungsbetrags sind der nachstehenden Tabelle zu entnehmen:

Das auf die Vollendung des 64. Lebensjahres folgende Kalenderjahr	Altersentlastungsbetrag	
	in % der Einkünfte	Höchstbetrag in Euro
2005	40,0	1.900
2006	38,4	1.824
2007	36,8	1.748
2008	35,2	1.672
2009	33,6	1.596
2010	32,0	1.520
2011	30,4	1.444
2012	28,8	1.368
2013	27,2	1.292
2014	25,6	1.216
2015	24,0	1.140
2016	22,4	1.064
2017	20,8	988
2018	19,2	912
2019	17,6	836
2020	16,0	760
2021	15,2	722
2022	14,4	684
2023	13,6	646
2024	12,8	608
2025	12,0	570
2026	11,2	532
2027	10,4	494
2028	9,6	456
2029	8,8	418
2030	8,0	380
2031	7,2	342
2032	6,4	304
2033	5,6	266
2034	4,8	228
2035	4,0	190
2036	3,2	152
2037	2,4	114
2038	1,6	76
2039	0,8	38
2040	0,0	0

Im Fall der Zusammenveranlagung von Ehegatten zur Einkommensteuer sind die persönlichen Voraussetzungen gesondert zu prüfen sowie die Höhe des Altersentlastungsbetrages für jeden Ehegatten gesondert zu ermitteln.

Altersvorsorgebeiträge

1. In der gesetzlichen Rentenversicherung Pflichtversicherte können Altersvorsorgebeiträge (§ 82 EStG) zuzüglich der dafür nach Abschnitt XI zustehenden Zulage:
   - in den Veranlagungszeiträumen 2002 und 2003 bis zu 525 €,
   - in den Veranlagungszeiträumen 2004 und 2005 bis zu 1.050 €,
   - in den Veranlagungszeiträumen 2006 und 2007 bis zu 1.575 €,
   - seit dem Veranlagungszeitraum 2008 jährlich bis zu 2.100 €

   als Sonderausgaben nach § 10a Abs. 1 EStG abziehen.
2. Ist der Sonderausgabenabzug für den Steuerpflichtigen günstiger als der Anspruch auf die Zulage nach Abschnitt XI EStG, erhöht sich die unter Berücksichtigung des Sonderausgabenabzugs ermittelte tarifliche Einkommensteuer um den Anspruch auf Zulage. In den anderen Fällen scheidet der Sonderausgabenabzug aus. Die Günstigerprüfung wird von Amts wegen vorgenommen; hierbei sind zur Berücksichtigung eines Kindes immer die Freibeträge nach § 32 Abs. 6 EStG abzuziehen.
3. Der Abzugsbetrag nach Absatz 1 steht im Falle der Veranlagung von Ehegatten nach § 26 Abs. 1 jedem Ehegatten unter den Voraussetzungen des Absatzes 1 gesondert zu. Gehört nur ein Ehegatte zu dem nach Absatz 1 begünstigten Personenkreis und ist der andere Ehegatte nach § 79 Satz 2 EStG zulageberechtigt, sind bei dem nach Absatz 1 abzugsberechtigten Ehegatten die von beiden Ehegatten geleisteten Altersvorsorgebeiträge und die dafür zustehenden Zulagen bei der Anwendung der Absätze 1 und 2 zu berücksichtigen. **Rechtsquelle: § 10a EStG.**

Altersvorsorgezulage (Riester-Vertrag)

1. Wer Eigenbeiträge auf einen zertifizierten Altersvorsorgevertrag leistet, kann – sofern die persönlichen und sachlichen Voraussetzungen der steuerlichen Förderung nach dem Altersvermögensgesetz erfüllt sind – eine steuerfreie Zulage erhalten. Gleiches gilt, wenn der Arbeitgeber Beitragsleistungen zu einem Pensionsfonds, einer Pensionskasse oder einer Direktversicherung erbringt, die beim Arbeitnehmer dem individuellen Lohnsteuerabzug unterworfen worden sind. Für die Ermittlung und Auszahlung der Zulage ist die Zulagenstelle für Altersvermögen (ZfA) zuständig, die zentral bei der Deutschen Rentenversicherung Bund eingerichtet worden ist.
2. Durch die Altersvorsorgezulage sollen im Wesentlichen diejenigen begünstigt werden, die von der Herabsetzung des Renten-/Pensionsniveaus betroffen sind. Zu den begünstigten Personen gehören danach im Wesentlichen:
   - Arbeitnehmer
   - Beamte/Richter/Berufssoldaten
   - bestimmte Selbstständige (z. B. Handwerker, die in die Handwerksrolle eingetragen sind, Hausgewerbetreibende, selbstständige Lehrer und Erzieher, selbstständige Künstler und Publizisten)
   - Wehr- und Zivildienstleistende

- Bezieher von Lohnersatzleistungen, z. B. Krankengeld, Arbeitslosengeld oder Übergangsgeld
- Kindererziehende ohne Einkommen während der Kindererziehungszeiten
- geringfügig Beschäftigte, die auf die Versicherungsfreiheit verzichtet haben.

3. Die Altersvorsorgezulage wird als jährlicher Festbetrag gewährt, der sich aus einer Grundzulage und einer Kinderzulage zusammensetzt. Für ab 01.01.2008 geborene Kinder erhöht sich die Kinderzulage von 185 € auf 300 € pro Kind. Die Zulagen, die einkommensunabhängig gewährt werden, erhöhten sich bis zum Kalenderjahr 2018 stufenweise auf folgende Jahresbeträge:

Jahr	Grundzulage	Kinderzulage pro Kind
2002/2003	38 €	46 €
2004/2005	76 €	92 €
2006/2007	114 €	138 €
2008 - 2017	154 €	185 €/300 €[1]
seit 2018	175 €	185 €/300 €[1]

Seit 2008 erhalten alle Steuerpflichtigen, die vor Beginn des ersten Beitragsjahres das 25. Lebensjahr noch nicht vollendet haben, einen einmaligen Zuschuss zur Grundzulage von 200 € im Rahmen der staatlichen Förderung eines begünstigten Altersvorsorgevertrags (§ 84 Sätze 2 und 3 EStG, Berufseinsteiger-Bonus).

4. Erbringt der Arbeitnehmer nicht einen bestimmten Mindesteigenbeitrag zu dem begünstigten Altersvorsorgevertrag, vermindern sich sowohl die Grundzulage als auch die Kinderzulage. Der Mindestbetrag, der als eigene Sparleistung zzgl. Altersvorsorgezulage zu erbringen ist, bestimmt sich ausschließlich nach dem im Vorjahr erzielten beitragspflichtigen Arbeitsentgelt in der gesetzlichen Rentenversicherung bzw. bei Beamten, Richtern u. a. nach den im Vorjahr erhaltenen Besoldungsbezügen. Der Mindestbetrag ist auf einen Maximalbetrag begrenzt, der dem Höchstbetrag des zusätzlichen Sonderausgabenabzugs der Altersvorsorgebeiträge entspricht (s. o.). Der Mindesteigenbeitrag und die Obergrenze für den Mindesteigenbeitrag werden um die dem Steuerpflichtigen zustehenden Zulagen gekürzt (§ 86 Abs. 1 EStG). Die Kürzung um die staatliche Zulage erfolgt, weil sie dem Arbeitnehmer nicht zur freien Verfügung steht, sondern neben den Eigenbeiträgen als Sparleistung zweckgebunden auf dem Altersvorsorgevertrag gutgeschrieben wird.

   Jährlich sind die folgenden Mindesteigenbeiträge zu leisten, um die vollen Zulagen zu erhalten:

Jahr	Mindesteigenbetrag	Obergrenze
2002/2003	1 % der maßgebenden Vorjahres-Einnahmen	525 €
2004/2005	2 % der maßgebenden Vorjahres-Einnahmen	1.050 €
2006/2007	3 % der maßgebenden Vorjahres-Einnahmen	1.575 €
seit 2008	4 % der maßgebenden Vorjahres-Einnahmen	2.100 €

[1] Für ab 01.01.2008 geborene Kinder.

Insbesondere bei Steuerpflichtigen mit geringen Lohnbezügen und mehreren Kindern kann der in der Tabelle dargestellte Mindesteigenbetrag auch ohne eigene Einzahlungen des Steuerpflichtigen bereits durch die Kürzung um die staatlichen Zulagenbeträge erreicht werden. Aus diesem Grund verlangt der Gesetzgeber, dass der Arbeitnehmer wenigstens einen Sockelbetrag von 60 € jährlich (= Mindest-Eigensparleistung) als eigene Altersvorsorgeleistung erbringen muss, um in den Genuss der vollen Zulage zu gelangen.

Amortisationsvergleichsrechnung

Mithilfe der Amortisationsvergleichsrechnung, die auch als Pay-Off-Rechnung bekannt ist, wird der Zeitraum ermittelt, der notwendig ist, um die Ausgaben für die Anschaffung eines Anlagegutes durch seine jährlich erzielten Überschüsse auszugleichen.

Amtsträger

Amtsträger sind nach § 7 AO:

- Beamte oder Richter,
- Personen in einem öffentlich-rechtlichen Amtsverhältnis (Angestellte),
- Personen, die dazu bestellt sind, bei einer Behörde oder bei einer sonstigen Dienststelle oder in deren Auftrag Aufgaben der öffentlichen Verwaltung wahrzunehmen.

Änderung und Rücknahme von Verwaltungsakten

Die FinBeh. kann Schreibfehler, Rechenfehler und ähnliche > **offenbare Unrichtigkeiten** jederzeit berichtigen (§ 129 AO).

Rechtswidrige Verwaltungsakte können, auch wenn sie unanfechtbar geworden sind, ganz oder teilweise mit Wirkung für die Zukunft oder für die Vergangenheit zurückgenommen werden (§ 130 AO). Einschränkungen gelten für Verwaltungsakte, die ein Recht oder einen rechtlich erheblichen Vorteil begründen oder bestätigen (sog. begünstigende Verwaltungsakte).

Änderungsbescheid

Der Änderungsbescheid ändert einen früheren Bescheid, z. B. einen Steuerbescheid. Dieser neue Bescheid (z. B. nach § 173 AO) ist selbstständig anfechtbar.

Anfechtungsklage

> **Klagearten**

Angehörige

Angehörige (§ 15 AO) i. S. der Steuergesetze sind:

- der Verlobte,
- der Ehegatte, auch wenn die Ehe nicht mehr besteht,
- Verwandte und Verschwägerte gerader Linie,
- Geschwister,
- Kinder der Geschwister,
- Ehegatten der Geschwister und Geschwister der Ehegatten,
- Geschwister der Eltern,
- Pflegeeltern und Pflegekinder.

Anhang

Nach § 264 Abs. 1 Satz 1 HGB ist bei Kapitalgesellschaften der Anhang Bestandteil des Jahresabschlusses. Zusätzlich zum Jahresabschluss haben Kapitalgesellschaften (auch kleine) einen Lagebericht zu erstellen.

Die Vorschriften über den Anhang in §§ 284 - 288 HGB enthalten keine abschließende Auflistung der erforderlichen Angaben. In Einzelvorschriften werden zusätzliche Angaben gefordert:

- Angaben zu Einzelposten der Bilanz und der GuV, die in Einzelvorschriften vorgeschrieben sind **oder** aufgrund von Einzelregelungen zu machen sind, weil sie in Ausübung eines Wahlrechtes nicht in der Bilanz/GuV gemacht wurden (§ 284 Abs. 1 HGB);
- Angaben zu Bilanzierungs- und Bewertungswahlrechten sowie bestimmten Bewertungsmaßstäben gem. § 284 Abs. 2 HGB;
- Sonstige Pflichtangaben gem. § 285 HGB;
- Zusätzliche Angaben gem. §§ 58, 152, 158, 160, 240, 261 AktG, § 42 GmbHG.

Anlagenbuchhaltung

> **Kostenartenrechnung**

Anlagevermögen

Alle Wirtschaftsgüter, die am Bilanzstichtag dauernd dem Betrieb eines Unternehmens dienen, rechnen zum Anlagevermögen, z. B. Gebäude, Maschinen, Einrichtungen usw.

Man unterscheidet **abnutzbares** und **nicht abnutzbares** Anlagevermögen.

Zum abnutzbaren Anlagevermögen rechnen die Maschinen, Einrichtungen und Gebäude u. a., zum nicht abnutzbaren Anlagevermögen der Grund und Boden.

Anlaufhemmung

Durch die Anlaufhemmung (§§ 170 Abs. 2, 229 AO) wird der Beginn der Verjährung hinausgeschoben.

> **Festsetzungsverjährung**
> **Zahlungsverjährung**

Anlaufkosten

Anlauf- oder Gründungskosten entstehen vor Betriebsbeginn; sie gehören zu den Betriebsausgaben.

Annehmlichkeiten

Annehmlichkeiten, die nicht zum Arbeitslohn gehören, also auch nicht der Lohnsteuer unterliegen, sind Aufwendungen des Arbeitgebers, die den Arbeitnehmern zwar allgemein mittelbar oder unmittelbar zugute kommen, aber nicht unmittelbar als Zuwendungen an den einzelnen Arbeitnehmer anzusehen sind. Annehmlichkeiten werden allen Arbeitnehmern ohne Rücksicht auf die Leistungen des Einzelnen gewährt.

Beispiele

Badeanlagen, Sportanlagen, Büchereien, regelmäßige Erfrischungen (z. B. Kaffee, Tee, Milch).

Es handelt sich im Wesentlichen um Leistungen zur Verbesserung der Arbeitsbedingungen (H 19.6 Lohnsteuerhinweise).

Annuität/Annuitätenmethode

Im Gegensatz zu der > **Kapitalwertmethode**, die den Totalerfolg einer Investition misst, werden mit der Annuitätenmethode die durchschnittlichen jährlichen Einnahmen den durchschnittlichen jährlichen Ausgaben gegenübergestellt. Zu diesem Zweck wird zunächst der Kapitalwert der Investition ermittelt, der dann mit dem Kapitalwiedergewinnungsfaktor multipliziert wird, woraus sich die **Annuität** ergibt.

Beispiel

Für eine notwendige betriebliche Investition nimmt Ihr Mandant ein Darlehen über 40.000 € in Anspruch. Über eine Laufzeit von fünf Jahren entstehen Zinsen und Bearbeitungsgebühren i. H. v. 5.000 €. Der Mandant wendet damit jährlich 9.000 € auf, um Darlehen nebst Zinsen und Gebühren innerhalb der Laufzeit vollständig zurückzuführen/zu begleichen. Dieser Jahresbetrag wird als Annuität bezeichnet. Er setzt sich aus Zins- und Tilgungsanteil zusammen.

Anordnung

> Verwaltungsakt

Anschaffungskosten

Zu den Anschaffungskosten gehören neben dem Kaufpreis alle Kosten, die entstehen, bis das erworbene Wirtschaftsgut genutzt werden kann. Neben dem Anschaffungspreis (Rechnungspreis) rechnet man alle Nebenkosten, sog. Anschaffungsnebenkosten, hinzu, die mit der Anschaffung zusammenhängen (z. B. Vermittlungsprovision, Transportkosten, Versicherungen, Installationskosten, Zölle usw.). Skonti und Rabatte mindern die Anschaffungskosten. Nicht zu den Anschaffungskosten rechnet die abziehbare Vorsteuer (§ 9b EStG). Eine Definition der Anschaffungskosten findet sich im HGB (§ 255 Abs. 1).

Anschaffungsnaher Aufwand

Zu den Herstellungskosten eines Gebäudes gehören auch Aufwendungen für Instandsetzungs- und Modernisierungsmaßnahmen, die innerhalb von drei Jahren nach der Anschaffung des Gebäudes durchgeführt werden, wenn die Aufwendungen ohne die Umsatzsteuer 15 % der Anschaffungskosten des Gebäudes übersteigen (anschaffungsnahe Herstellungskosten, § 6 Abs. 1 Nr. 1a EStG). Zu diesen Aufwendungen gehören nicht die Aufwendungen für Erweiterungen i. S. d. § 255 Abs. 2 Satz 1 des HGB sowie Aufwendungen für Erhaltungsarbeiten, die jährlich üblicherweise anfallen (siehe hierzu jedoch BMF-Schreiben vom 20.10.2017, IV C 1–S 2171-c/09/10004:006).

Zu den Instandsetzungs- und Modernisierungsmaßnahmen i. S. d. § 6 Abs. 1 Nr. 1a EStG gehört auch die Beseitigung versteckter Mängel.

Anschaffungsnebenkosten

> Anschaffungskosten

Ansparabschreibungen

> Investitionsabzugsbetrag

Antizipative Posten

> Rechnungsabgrenzungsposten

Anzahlungen

> Rechnungsausstellung, umsatzsteuerliche

Arbeitgeberhaftung

Der Arbeitgeber haftet für die Einbehaltung und Abführung der LSt vom Arbeitslohn seiner > **Arbeitnehmer** an das Finanzamt.

Arbeitnehmer

1. Das Steuerrecht hat einen selbstständigen Rechtsbegriff des Arbeitnehmers gebildet, der von anderen Rechtsgebieten (Bürgerliches Recht, Arbeitsrecht, Sozialversicherungsrecht) abweichen kann.
2. Arbeitnehmer sind natürliche Personen, die eine Tätigkeit ausüben, die nach Art, Zeit, Dauer und Ort dem Weisungs- und Kontrollrecht des Arbeitgebers unterliegt.
3. Ihre Einkünfte rechnen zu der Einkunftsart Einkünfte aus nichtselbstständiger Arbeit (§ 2 Abs. 1 Nr. 4 EStG, § 19 EStG).
4. Das Entgelt, der > **Arbeitslohn**, wird der LSt, einer besonderen Erhebungsform der ESt, unterworfen. Einzelheiten hierzu sind in §§ 38 ff. EStG und in §§ 1 - 4, 8 LStDV geregelt.
5. Zu den Einkünften aus nichtselbstständiger Arbeit zählen auch Bezüge, die aus einem früheren Dienstverhältnis stammen oder die an die Rechtsnachfolger (z. B. an Witwe/r) gezahlt werden.

Arbeitnehmer-Pauschbetrag

Werden im Rahmen der Einkünfte aus nichtselbstständiger Tätigkeit nicht höhere Werbungskosten nachgewiesen, so ist ein Arbeitnehmer-Pauschbetrag von 1.200 € von den Einnahmen abzuziehen (§ 9a Nr. 1 EStG).

Von den Einnahmen aus nichtselbstständiger Arbeit, soweit es sich um Versorgungsbezüge i. S. d. § 19 Abs. 2 EStG handelt, kann nur ein Pauschbetrag von 102 €, also statt 1.000 € wie bei normalem Arbeitnehmer-Pauschbetrag ein stark reduzierter Betrag, angesetzt werden. Einzelheiten siehe auch § 9a Satz 2 EStG.

Arbeitslohn

Zum Arbeitslohn rechnen alle Einnahmen, die dem Arbeitnehmer aus seinem jetzigen oder früheren Dienstverhältnissen zufließen (vgl. auch § 2 LStDV). Es spielt keine Rolle, ob es sich dabei um laufende oder einmalige Einnahmen handelt, ob der Arbeitnehmer einen Rechtsanspruch darauf hat und unter welcher Bezeichnung oder Form die Einnahmen gewährt werden. Einnahmen sind alle Güter, die in Geld oder Geldeswert (z. B. > **Sachbezüge** oder freie Wohnung) bestehen.

Trinkgelder, die anlässlich einer Arbeitsleistung dem Arbeitnehmer von Dritten freiwillig und ohne dass ein Rechtsanspruch auf sie besteht, zusätzlich zu dem Betrag gegeben werden, der für diese Arbeitsleistung zu zahlen ist, sind steuerfrei (§ 3 Nr. 51 EStG).

Bei vereinbartem Nettolohn ist die übernommene Lohnsteuer (Kirchensteuer und Sozialversicherung) Teil des Arbeitslohns. Zu den Einkünften aus nichtselbstständiger Arbeit (= Arbeitslohn) gehören nach § 19 Abs. 1 EStG:

- Gehälter, Löhne, Gratifikationen, Tantiemen und andere Bezüge und Vorteile, die für eine Beschäftigung im öffentlichen oder privaten Dienst gewährt werden;
- Wartegelder, Ruhegelder, Witwen- und Waisengelder und andere Bezüge und Vorteile aus früheren Dienstleistungen.

> **Arbeitnehmer**
> **Lohnsteuer-Befreiungen**

Arbeitszimmer

§ 9 Abs. 5 i. V. m. § 4 Abs. 5 Nr. 6b und c EStG schränkt den steuerlichen Abzug von Aufwendungen für ein häusliches Arbeitszimmer ein.

Folgende Fälle sind zu unterscheiden:

- Die Aufwendungen können unbegrenzt als Werbungskosten abgezogen werden, wenn das häusliche Arbeitszimmer den **Mittelpunkt der gesamten beruflichen und betrieblichen Betätigung des Stpfl.** bildet. Dies bedeutet, dass der Arbeitnehmer an keinem anderen Ort dauerhaft tätig sein darf. Der unbegrenzte Abzug kann deshalb für **Heimarbeiter** in Betracht kommen, nicht dagegen für Lehrer oder Richter, die ihren Tätigkeitsmittelpunkt in der Schule bzw. im Gericht haben.
- Kommt ein unbegrenzter Werbungskostenabzug nicht in Betracht, können die Aufwendungen **nur bis zu 1.260 € jährlich** abgezogen werden (Jahrespauschale), wenn die betriebliche oder berufliche Tätigkeit überwiegend in der häuslichen Wohnung ausgeübt und keine außerhalb der häuslichen Wohnung belegene erste Tätigkeitsstätte aufgesucht wird.

  Steht für die betriebliche oder berufliche Tätigkeit dauerhaft kein anderer Arbeitsplatz zur Verfügung, ist ein Abzug der Tagespauschale zulässig, auch wenn die Tätigkeit am selben Kalendertag auswärts oder an der ersten Tätigkeitsstätte ausgeübt wird.

Der Abzug der Tagespauschale ist nicht zulässig, soweit für die Wohnung Unterkunftskosten im Rahmen einer doppelten Haushaltsführung abgezogen werden können.

Der Abzugshöchstbetrag von 1.260 € umfasst nicht nur die Zimmerkosten (z. B. anteilige Miete, Heizungskosten, Reinigungskosten), sondern auch die Kosten seiner Ausstattung. Zur Ausstattung gehören insbesondere Tapeten, Teppiche, Fenstervorhänge oder Lampen.

Typische Arbeitsmittel – wie das Klavier eines Musiklehrers oder ein Schreibtisch – gehören nicht zur Ausstattung.

Rechtsgrundlage: BMF-Schreiben vom 06.10.2017 Az. IV C 6 – S 2145/07/10002:019), H 9.14 LStR

> **Homeoffice-Pauschale**

Artfortschreibung

Eine Artfortschreibung (§ 22 Abs. 2 BewG) wird durchgeführt, wenn bei wirtschaftlichen Einheiten des Grundbesitzes eine steuerlich bedeutsame Änderung in der Art des Gegenstandes eintritt (z. B. Umbau eines Einfamilienhauses in ein Zweifamilienhaus).

Aufbewahrungsfristen

1. Bücher und Aufzeichnungen, Inventare, Jahresabschlüsse, Lageberichte, die Eröffnungsbilanz sowie die zu ihrem Verständnis erforderlichen Arbeitsanweisungen und sonstigen Organisationsunterlagen, empfangene Handels- oder Geschäftsbriefe, Wiedergaben der abgesandten Handels- oder Geschäftsbriefe, Buchungsbelege und sonstige Unterlagen, soweit sie für die Besteuerung von Bedeutung sind, sind geordnet aufzubewahren (§ 147 Abs. 1 AO).
2. Die Aufbewahrungsfrist (§ 147 Abs. 3 AO) beträgt für:
   - Bücher und Aufzeichnungen, Inventare, Jahresabschlüsse, Lageberichte, die Eröffnungsbilanz sowie die zu ihrem Verständnis erforderlichen Arbeitsanweisungen, **Buchungsbelege** und sonstigen Organisationsunterlagen **zehn** Jahre;
   - für alle sonstigen Unterlagen (s. 1.) **sechs** Jahre.

   Die Aufbewahrungsfrist beginnt mit dem Schluss des Kalenderjahres, in dem die letzte Eintragung in das Buch gemacht, das Inventar aufgestellt, die Bilanz festgestellt, der Handels- oder Geschäftsbrief empfangen oder abgesandt oder der Buchungsbeleg entstanden ist, ferner die Aufzeichnungen vorgenommen oder die sonstigen Unterlagen entstanden sind.
3. Erleichterungen hinsichtlich der Aufbewahrung des Schriftgutes (z. B. Aufnahme auf einem Bildträger oder auf anderen Datenträgern) sieht die AO vor (§ 147 Abs. 5 AO).

> **Rechnungslegungsvorschriften**

Aufenthalt

> Gewöhnlicher Aufenthalt

Aufgeld

> Agio

Auflösend bedingte Lasten

Man spricht von einer auflösenden Bedingung, wenn die Rechtswirkung sofort beginnt, aber mit dem Eintritt eines zukünftigen Ereignisses wegfällt.

Eine aufschiebende Bedingung liegt vor, wenn die Rechtswirkung erst mit dem Eintritt des zukünftigen, ungewissen Ereignisses beginnt.

> aufschiebend bedingter Erwerb

Lasten, deren Fortdauer auflösend bedingt ist, werden im Allgemeinen wie unbedingte abgezogen (§ 7 Abs. 1 BewG).

Beispiel

A schenkt B 50.000 € unter der Bedingung, dass B diese zurückzahlen muss, wenn er sein Studium innerhalb einer bestimmten Frist nicht erfolgreich beendet. Tritt die Bedingung ein, so ist die Festsetzung der nicht laufend veranlagten Steuern ohne Antrag entsprechend zu berichtigen.

Auflösend bedingter Erwerb

Wirtschaftsgüter, die unter einer auflösenden Bedingung erworben sind, werden wie unbedingt erworbene behandelt. Tritt die Bedingung ein, so ist die Festsetzung der nicht veranlagten Steuern (ErbSt) auf Antrag nach dem tatsächlichen Wert des Erwerbs zu berichtigen (§ 5 BewG).

Bei den laufend veranlagten Steuern (z. B. GrSt) bleibt es für die Vergangenheit bei dem Ansatz des auflösend bedingt erworbenen Wirtschaftsguts bei dem Erwerber. Die Berichtigung erfolgt hier bei der nächsten Veranlagung.

Beispiel

A hat von B unentgeltlich ein Haus erworben unter der Bedingung, dass er dieses wieder zurückgeben muss, sobald er über ein bestimmtes Einkommen verfügt.

Aufrechnung

Die Stpfl. sind berechtigt, gegen Steueransprüche mit unbestrittenen oder rechtskräftig festgestellten Gegenansprüchen aufzurechnen (§ 226 AO). Aber auch das FA kann aufrechnen.

Beispiel

Ein Stpfl. schuldet an Umsatzsteuer 10.000 €, eine Einkommensteuererstattung, ebenfalls rechtskräftig, beträgt 15.000 €. Die Umsatzsteuer kann mit der Einkommensteuer verrechnet werden.

Aufschiebend bedingte Lasten

Lasten, deren Entstehung vom Eintritt einer aufschiebenden Bedingung abhängt, werden nicht berücksichtigt (§ 6 Abs. 1 BewG).

Beispiel

A verpflichtet sich gegenüber B, diesem 30.000 € zu zahlen, wenn dieser heiratet. Solange B nicht verheiratet ist, kann A die 30.000 € nicht abziehen.

Für den Fall des Eintritts der Bedingung treten hinsichtlich der Berichtigung der infrage kommenden Steuern die gleichen Rechtsfolgen wie beim **> auflösend bedingten Erwerb** ein (§ 6 Abs. 2 BewG).

Aufschiebend bedingter Erwerb

Wirtschaftsgüter, deren Erwerb vom Eintritt einer aufschiebenden Bedingung abhängt, werden erst berücksichtigt, wenn die Bedingung eingetreten ist (§ 4 BewG).

Beispiel

A soll ein Haus von dem jetzigen Eigentümer B erhalten, sobald A verheiratet ist. Bis zum Eintritt dieser Bedingung wird das Haus weiterhin B zugerechnet.

Aufwand

Aufwand ist der in Geld ausgedrückte Güter- und Diensteverzehr eines Unternehmens innerhalb eines bestimmten Rechnungszeitabschnitts, z. B. Kalenderjahr. Die Ausgaben eines Zeitabschnitts brauchen mit den Aufwendungen des gleichen Zeitabschnitts zeitlich nicht übereinzustimmen. Der Erwerb eines Grundstücks führt beispielsweise zu einer Ausgabe (= Verminderung des Netto-Geldvermögens), nicht aber zu Aufwand.

Aufzeichnungspflichten, umsatzsteuerliche

1. Der Unternehmer ist verpflichtet, zur Feststellung der USt und der Grundlagen ihrer Berechnung Aufzeichnungen zu machen (§ 22 Abs. 1 UStG).
2. Aus den Aufzeichnungen müssen u. a. zu ersehen sein (§ 22 Abs. 2 UStG):
   a) die **> vereinbarten Entgelte** für die vom Unternehmen ausgeführten **> Lieferungen** und **> sonstigen Leistungen**. Es ist ersichtlich zu machen, wie sich die **> Entgelte** auf die steuerpflichtigen Umsätze, getrennt nach Steuersätzen, und auf die steuerfreien Umsätze verteilen; außerdem müssen aus den Aufzeichnungen die Umsätze hervorgehen, die der Unternehmer nach § 9 UStG steuerpflichtig behandelt;
   b) die **> vereinnahmten Entgelte** und Teilentgelte für noch nicht ausgeführte Lieferungen und sonstige Leistungen;
   c) die Bemessungsgrundlage für Lieferungen i. S. d. § 3 Abs. 1b und für sonstige Leistungen i. S. d. § 3 Abs. 9a Nr. 1 UStG;
   d) die wegen unberechtigten Steuerausweises nach § 14c Abs. 1 UStG und wegen unberechtigten Steuerausweises nach § 14c Abs. 2 UStG geschuldeten Steuerbeträge;

e) die Entgelte für steuerpflichtige Lieferungen und sonstige Leistungen, die an den Unternehmer ausgeführt worden sind und die auf diese Umsätze entfallende Steuer;

f) die Bemessungsgrundlagen für die Einfuhr von Gegenständen (§ 11 UStG), die für das Unternehmen des Unternehmers eingeführt worden sind, sowie die errichtete bzw. zu entrichtende Einfuhrumsatzsteuer;

g) die Bemessungsgrundlagen für den innergemeinschaftlichen Erwerb von Gegenständen sowie die hieraus entfallenden Steuerbeträge;

h) in den Fällen des § 13b Abs. 1 - 5 UStG beim Leistungsempfänger die Angaben entsprechend a) und b) (s. oben). Der Leistende hat die Angaben gesondert aufzuzeichnen.

Ferner obliegen dem Unternehmen gewisse Aufzeichnungspflichten, wenn die Vorsteuer zum Teil auf Umsätze entfällt, die den Ausschluss von Vorsteuer (> **Vorsteueraufteilung**) zur Folge haben (§ 22 Abs. 3 UStG).

Ausbildungsbedarf

> **Kinderbetreuungsfreibeträge**

Ausbildungs-Freibetrag

Zur Abgeltung des Sonderbedarfs eines sich in Berufsausbildung befindenden, auswärtig untergebrachten, volljährigen Kindes, für das Anspruch auf einen Kinderfreibetrag oder Kindergeld besteht, kann der Steuerpflichtige einen Freibetrag i. H. v. 924 € je Kalenderjahr vom Gesamtbetrag der Einkünfte abziehen (§ 33a Abs. 2 EStG)[1].

Ist das Kind nicht unbeschränkt einkommensteuerpflichtig, so können die Aufwendungen nur abgezogen werden, soweit sie nach den Verhältnissen des Wohnsitzstaates notwendig und angemessen sind (> **Ländergruppeneinteilung**).

Erfüllen mehrere Steuerpflichtige für dasselbe Kind die Voraussetzungen für den Ausbildungsfreibetrag, so kann der Freibetrag insgesamt nur einmal abgezogen werden. Jedem Elternteil steht grundsätzlich die Hälfte des Abzugsbetrags zu. Auf gemeinsamen Antrag der Eltern ist eine andere Aufteilung möglich.

---

1 Mit dem Jahressteuergesetz 2022 soll der Ausbildungsfreibetrag mit Wirkung ab 2023 auf 1.200 € erhöht werden.

Ausbildungskosten

Ausbildungskosten können Werbungskosten (§ 9 EStG), Sonderausgaben (§ 10 Abs. 1 Nr. 7 EStG) oder auch nichtabziehbare Kosten der Lebensführung sein (§ 12 Nr. 5 EStG).

Wie bei Betriebsausgaben oder Werbungskosten gilt auch hier der sog. Veranlassungszusammenhang. Zu den Ausbildungskosten zählen demnach alle Aufwendungen, die durch eine Bildungsmaßnahme veranlasst sind. Dazu gehören beispielsweise Studien-, Seminar-, Tagungs- und Lehrgangsgebühren, Aufwendungen für Einzelunterricht und Repetitorien sowie Aufwendungen für Lernmaterial, Druckkosten der Dissertation, auch die Kosten von Vorbereitungs-, Zulassungs-, Abschluss- und Prüfungsgebühren.

Zu den Ausbildungskosten gehören darüber hinaus die Aufwendungen für Fachliteratur und andere Arbeitsmittel, insbesondere für die Anschaffung eines PC, soweit für die Ausbildung genutzt. Die Aufwendungen für ein häusliches Arbeitszimmer können ebenso dazu zählen wie Fahrt-, Verpflegungs- und Übernachtungskosten.

Ausbildungskosten können insbesondere dann als Werbungskosten i. S. d. § 9 EStG abgezogen werden, wenn:

- sie im Rahmen eines Ausbildungsdienstverhältnisses entstehen,
- es sich um Kosten der beruflichen Fort- und Weiterbildung handelt oder
- eine weitere Berufsausbildung bzw. ein weiteres Studium absolviert werden (nach Abschluss einer erstmaligen Berufsausbildung/eines Erststudiums) und ein konkreter Bezug zu einer aktuellen oder künftigen Berufstätigkeit gegeben ist.

Ausbildungskosten werden bis zur Höhe von 6.000 € als Sonderausgaben (§ 10 Abs. 1 Nr. 7 EStG) berücksichtigt, wenn es sich um (erstmalige) Berufsausbildungskosten handelt. Eine Berufsausbildung in diesem Sinne liegt vor, wenn durch eine berufliche Ausbildungsmaßnahme die notwendigen fachlichen Fertigkeiten und Kenntnisse erworben werden, die zur Aufnahme eines Berufs befähigen. Voraussetzung ist, dass der Beruf durch eine Ausbildung im Rahmen eines öffentlich-rechtlich geordneten Ausbildungsgangs erlernt wird und der Ausbildungsgang durch eine Prüfung abgeschlossen wird. Die Kosten eines Erststudiums zählen nicht dazu und können demnach nicht als Sonderausgabe berücksichtigt werden. Sie sind nach § 12 Nr. 5 EStG nicht abzugsfähig.

Siehe dazu auch BMF-Schreiben vom 22.09.2010, BStBl 2010 I S. 721.

Auseinandersetzungsbilanzen

Sie sind z. B. zu erstellen, wenn Gesellschafter (z. B. durch Kündigung, Tod, Insolvenzverfahren) bei Personengesellschaften oder Gesellschaften mit beschränkter Haftung ausscheiden.

Ausfuhr/Ausfuhrlieferung

Eine Ausfuhrlieferung (§ 4 Nr. 1 UStG) liegt nach § 6 Abs. 1 UStG vor, wenn bei einer Lieferung:

- der Unternehmer den Gegenstand der Lieferung in das Drittlandsgebiet, ausgenommen Gebiete nach § 1 Abs. 3 UStG, befördert oder versendet hat
  oder
- der Abnehmer den Gegenstand der Lieferung in das Drittlandsgebiet, ausgenommen Gebiete nach § 1 Abs. 3 UStG, befördert oder versendet hat und ein ausländischer Abnehmer ist,
- der Unternehmer oder der Abnehmer den Gegenstand der Lieferung in die in § 1 Abs. 3 UStG bezeichneten Gebiete befördert oder versendet hat und der Abnehmer
  a) ein Unternehmer ist, der den Gegenstand für sein Unternehmen erworben hat, oder
  b) ein ausländischer Abnehmer, aber kein Unternehmer, ist und der Gegenstand in das übrige Drittlandsgebiet gelangte.

> **Ausländischer Abnehmer**

Ausfuhrnachweis

In der UStDV (§§ 8 ff.) wird geregelt, wie der nach den §§ 6 - 8 UStG zu erbringende Ausfuhrnachweis (und > **Buchnachweis**) zu führen ist. Der Ausfuhrnachweis ist Voraussetzung für die Steuerbefreiung der > **Ausfuhrlieferungen**.

> **Buchnachweis**
> **Gelangensbestätigung**

Ausgleichszahlungen

> **Entschädigungen**

Auskunft

Der Stpfl. ist gemäß § 93 AO in eigener Sache zur Auskunftserteilung verpflichtet. Ein Auskunftsverweigerungsrecht steht ihm nicht zu. Die Auskunft ist wahrheitsgemäß nach bestem Wissen und Gewissen zu erteilen.

Die Auskunftspflicht Dritter ist ebenfalls in § 93 AO geregelt. Von der Pflicht zur Auskunftserteilung ausgenommen sind die > **Angehörigen** i. S. d. § 15 AO (§ 101 AO).

Ferner kennt § 102 AO ein Auskunftsverweigerungsrecht zum Schutz bestimmter Berufsgeheimnisse (z. B. für Geistliche, StB, Wirtschaftsprüfer, Rechtsanwälte u. a.).

> **Verbindliche Auskunft**

Ausländischer Abnehmer

Der Begriff des ausländischen Abnehmers ist für die umsatzsteuerliche Beurteilung von Ausfuhrlieferungen von Bedeutung (§ 6 Abs. 2 UStG).

Wer ausländischer Abnehmer ist, bestimmt sich bei einer natürlichen Person nach ihrem Wohnort. Es ist unbeachtlich, welche Staatsangehörigkeit der Abnehmer hat.

Wohnort ist der Ort, an dem der Abnehmer für längere Zeit eine Wohnung genommen hat und der nicht nur aufgrund subjektiver Willensentscheidung, sondern auch bei objektiver Betrachtung als der örtliche Mittelpunkt seines Lebens anzusehen ist (BFH-Urteil vom 31.07.1975, BStBl 1976 II S. 80).

Der Begriff des Wohnorts ist nicht mit den in §§ 8 und 9 AO verwendeten Begriffen des Wohnsitzes und des gewöhnlichen Aufenthaltes inhaltsgleich.

Eine Wohnsitzbegründung im Inland und im Ausland ist gleichzeitig möglich; dagegen kann ein Abnehmer jeweils nur einen Wohnsitz i. S. d. § 6 Abs. 2 Nr. 1 UStG haben.

Die zeitliche Dauer eines Aufenthaltes ist ein zwar wichtiges, aber nicht allein entscheidendes Kriterium für die Bestimmung des Wohnortes. Daneben müssen die sonstigen Umstände des Aufenthaltes, insbesondere sein Zweck in Betracht gezogen werden.

Arbeitnehmer eines ausländischen Unternehmens, die lediglich zur Durchführung eines bestimmten, zeitlich begrenzten Auftrags in das Inland kommen, ohne hier objektiv erkennbar den örtlichen Mittelpunkt ihres Lebens zu begründen, bleiben daher ausländische Abnehmer, auch wenn ihr Aufenthalt im Inland von längerer Dauer ist (BFH-Urteil vom 31.07.1975 a. a. O.).

Auslandskinder

> **Kinder**

Auslandsreisekosten

Auslandsreisekosten können anlässlich einer Geschäftsreise oder Dienstreise ins Ausland anfallen. Mehraufwendungen für Verpflegung dürfen bestimmte länderspezifische Pauschbeträge, die vom BMF alljährlich festsetzt werden, nicht übersteigen. Diese Pauschbeträge betragen länderverschieden bis zu 300 v. H. der höchsten Auslandstagegelder nach dem Bundesreisekostengesetz. (§ 4 Abs. 5 Nr. 5 EStG).

Auslegung von Gesetzen

> **Gesetz**

Auslösungen

Privaten Arbeitnehmern werden bei auswärtigen Arbeiten oft sog. Auslösungen gezahlt. Die Auslösungen sollen den Mehraufwand bei auswärtigen Arbeiten abgelten.

Auslösungen können ggf. als > **Reisekosten** steuerfrei sein.

Ausschließliche Gesetzgebung

> **Gesetzgebungshoheit**

Ausschlussfrist

Fristen zur Einlegung eines Rechtsbehelfs sind Ausschlussfristen. Dieser Begriff besagt, dass ein Stpfl. oder ein Verfahrensbeteiligter, der eine gesetzliche Frist zur Stellung eines Antrags oder zur Vornahme einer Prozesshandlung versäumt hat, insoweit mit seinem Recht oder dessen Geltendmachung für den weiteren Verlauf des Verfahrens ausgeschlossen ist.

Beispiel

Die Rechtsbehelfe gegen einen Verwaltungsakt sind innerhalb eines Monats nach Bekanntgabe des Verwaltungsaktes einzulegen (§ 355 Abs. 1 AO).

Nur unter bestimmten Voraussetzungen (§ 110 AO, § 56 FGO) gibt ihm das Gesetz die Möglichkeit, > **Wiedereinsetzung in den vorigen Stand** zu beantragen.

Außenanlagen

> **Sachwertverfahren**
> **Gebäude auf fremdem Grund und Boden**

Außenprüfung

1. Zulässigkeit

Eine Außenprüfung ist nach § 193 AO zulässig bei Gewerbetreibenden, bei Land- und Forstwirten und bei freiberuflich Tätigen, ferner bei anderen Stpfl., wenn sie für Rechnung eines anderen Steuern zu entrichten oder einzubehalten haben oder wenn für die Besteuerung erhebliche Verhältnisse der Aufklärung bedürfen und das einer Außenprüfung bedarf. Ebenso kann geprüft werden, wer Überschusseinkünfte von mehr als 500.000 € im Jahr erzielt (§ 147a AO) oder seiner Mitwirkungspflicht nach § 90 AO nicht nachkommt.

2. Umfang der Prüfung

Die Außenprüfung dient der Ermittlung der steuerlichen Verhältnisse. Sie kann eine oder mehrere Steuerarten, einen oder mehrere Besteuerungszeiträume umfassen (§ 194 Abs. 1 AO).

Bei Personengesellschaften umfasst die Außenprüfung auch die Feststellungen der steuerlichen Verhältnisse der Gesellschafter.

3. Art der Prüfung

Durch die Prüfungsanordnung (§ 196 AO) bestimmt die FinBeh. den Umfang der Außenprüfung.

Die Prüfungsanordnung sowie der voraussichtliche Prüfungstermin und der Name der Prüfer sind dem Stpfl. angemessene Zeit vor Beginn der Prüfung bekanntzugeben, es sei denn, dass der Prüfungszweck dadurch gefährdet wird.

Der Prüfer hat sich bei seinem Erscheinen unverzüglich auszuweisen (§ 198 AO). Er hat die tatsächlichen und rechtlichen Verhältnisse, die für die Steuerpflicht und die Bemessung der Steuer maßgeblich sind, zugunsten wie zuungunsten des Stpfl. zu überprüfen.

Während der Abschlussprüfung ist der Stpfl. laufend über die Prüfungsfeststellungen zu unterrichten, wenn dadurch der Zweck und Ablauf der Prüfung nicht beeinträchtigt wird.

4. Ablauf

Der Stpfl. hat bei der Außenprüfung mitzuwirken (§ 200 AO). Er hat Auskünfte zu erteilen, die Aufzeichnungen, Bücher und Geschäftspapiere vorzulegen. Er hat ferner einen zur Durchführung der Außenprüfung geeigneten Raum oder Arbeitsplatz sowie die erforderlichen Hilfsmittel unentgeltlich zur Verfügung zu stellen.

Bei der Schlussbesprechung (§ 201 AO) sind besonders strittige Sachverhalte sowie die rechtliche Beurteilung der Prüfungsfeststellungen und ihre steuerliche Auswirkung zu erörtern.

Über das Ergebnis der Außenprüfung ergeht ein schriftlicher Prüfungsbericht (§ 202 AO). Darin sind die für die Besteuerung maßgeblichen Umstände festzuhalten.

Nähere Einzelheiten regelt die Betriebsprüfungsordnung (BpO).

> abgekürzte Außenprüfung
> Datenzugriff
> Lohnsteuer-Nachschau
> Umsatzsteuer-Nachschau
> zeitnahe Außenprüfung

Außensteuergesetz

Das Außensteuergesetz (AStG) soll ungerechtfertigte und wettbewerbsstörende Steuervorteile aus der Nutzung internationaler Steuergefälle („Steuerflucht") beseitigen.

So soll es z. B. verhindern, dass im Inland erwirtschaftete Einkünfte durch Ausnutzung von Geschäftsbeziehungen mit nahestehenden Personen in das Ausland verlagert werden.

Wichtige Anwendungsbereiche sind:

- Verrechnungspreise (verbundener Unternehmen) oder
- Wohnsitzwechsel ins Ausland.

Außerbetriebliche Leibrenten

> Private Renten

Außerbetriebliche Versorgungsrenten

Außerbetriebliche Versorgungsrenten liegen im privaten Bereich. Sie können mit dem Ertragsanteil als Sonderausgaben abziehbar sein.

Beim Rentenempfänger unterliegen die Renten sodann mit ihrem Ertragsanteil als sonstige Einkünfte der ESt.

Die Versorgungsrenten beruhen auf einem besonderen Verpflichtungsgrund und werden als wiederkehrende Zahlungen auf längere Sicht (mindestens zehn Jahre) geleistet. (§ 10 Abs. 1 Nr. 1a EStG).

Außergerichtliche Rechtsbehelfsverfahren

> Rechtsbehelfsverfahren

Außergewöhnliche Belastungen

1. Erwachsen einem Stpfl. zwangsläufig größere Aufwendungen als der überwiegenden Mehrzahl der Stpfl. gleicher Einkommensverhältnisse, gleicher Vermögensverhältnisse und gleichen Familienstands (außergewöhnliche Belastung), so wird auf Antrag die ESt dadurch ermäßigt, dass der Teil der Aufwendungen, der die dem Stpfl. zumutbare Belastung übersteigt, vom Einkommen abgezogen wird (s. Abb. unten).

   Während das Einkommensteuergesetz die gewöhnlichen (normalen) Lebensaufwendungen durch den Grundfreibetrag (§ 32a Abs. 1 EStG) und durch Sonderausgaben (§ 10 EStG) für abgegolten ansieht, soll § 33 EStG (Rechtsgrundlage für die außergewöhnlichen Belastungen) darüber hinausgehende zwangsläufige und existenziell notwendige private Aufwendungen erfassen.

2. Die Höhe der zumutbaren Belastung ist nach der Höhe des Gesamtbetrags der Einkünfte (vermindert um bestimmte Sonderausgaben) und nach dem Familienstand gestaffelt.

3. Aufwendungen erwachsen dem Stpfl. zwangsläufig, wenn er sich ihnen aus rechtlichen Gründen nicht entziehen kann und soweit die Aufwendungen den Umständen nach notwendig sind und einen angemessenen Betrag nicht übersteigen.

   Aufwendungen, die zu den Betriebsausgaben, Werbungskosten oder Sonderausgaben gehören, bleiben dabei außer Betracht (§ 33 Abs. 2 EStG).

4. **Beispiele**

   Arztkosten, Arzneimittel, Badekur, Beerdigungskosten (unter Berücksichtigung eines Nachlasses), Brandschaden, Brillenanschaffung, Hagelschaden, Krankheitskosten, Kurkosten, medizinische Hilfsmittel, Scheidungskosten, Zahnbehandlung.

> Außergewöhnliche Belastungen in besonderen Fällen

Übersicht über die zumutbare Belastung

Die zumutbare Belastung beträgt

bei einem Gesamtbetrag der Einkünfte	bis 15.340 €	über 15.340 € bis 51.130 €	über 51.130 €
1. bei Stpfl., die keine Kinder haben und bei denen die ESt			
a) nach § 32a Abs. 1 EStG	5	6	7
b) nach § 32a Abs. 5 oder 6 EStG (Splitting- Verfahren) zu berechnen ist	4	5	6
2. bei Stpfl. mit			
a) einem Kind oder zwei Kindern	2	3	4
b) drei oder mehr Kindern	1	1	2
	v. H. des Gesamtbetrags der Einkünfte.		

Die zumutbare Belastung wird wie folgt berechnet. Beispiel: Eheleute, 2 Kinder, Gesamtbetrag der Einkünfte 52.000 €. Berechnung der zumutbaren Belastung:

15.340 € • 2 % =	306,80 €
(51.130 € - 15.340 €) • 3 % =	1.073,70 €
(52.000 € - 51.130 €) • 4 % =	34,80 €
Insgesamt	1.415,30 €

Außergewöhnliche Belastungen in besonderen Fällen

1. Aufwendungen für den Unterhalt und eine etwaige Berufsausbildung von Personen

Im Unterschied zu § 33 EStG werden in § 33a EStG Tatbestände von **> außergewöhnlichen Belastungen** aufgeführt, bei denen der Stpfl. keine zumutbare Belastung tragen muss, andererseits aber die außergewöhnliche Belastung nur bis zu einem Höchstbetrag ansetzen kann.

Erwachsen einem Stpfl. Aufwendungen für den Unterhalt und eine etwaige Berufsausbildung einer dem Stpfl. oder seinem Ehegatten gegenüber gesetzlich unterhaltsberechtigten Person, so wird auf Antrag die ESt dadurch ermäßigt, dass die Aufwendungen bis zur Höhe des Grundfreibetrags (2023: 10.632 €) im Kalenderjahr vom Gesamtbetrag der Einkünfte abgezogen werden.

Der gesetzlich unterhaltsberechtigten Person gleichgestellt ist eine Person, soweit bei ihr zum Unterhalt bestimmte inländische öffentliche Mittel mit Rücksicht auf die Unterhaltsleistungen des Stpfl. gekürzt werden. Voraussetzung ist, dass weder der Stpfl. noch eine andere Person Anspruch auf einen Kinderfreibetrag oder auf Kindergeld für die unterhaltene Person hat und die unterhaltene Person kein oder nur ein geringes Vermögen besitzt.

Hat die unterhaltene Person andere Einkünfte oder Bezüge, die zur Bestreitung des Unterhalts bestimmt oder geeignet sind, so vermindert sich der Betrag von 10.632 € (für 2023) um den Betrag, um den diese Einkünfte und Bezüge den Betrag von 624 € im Kalenderjahr übersteigen, sowie um die von der unterhaltenen Person als Ausbildungshilfe aus öffentlichen Mitteln oder von Förderungseinrichtungen, die hierfür öffentliche Mittel erhalten, bezogenen Zuschüsse.

2. Auswärtige Unterbringung eines in der Berufsausbildung befindlichen volljährigen Kindes

> Ausbildungs-Freibetrag

3. Pauschbeträge wegen Behinderung und Hinterbliebenenbezüge

1. Wegen der außergewöhnlichen Belastung, die einem > **behinderten Menschen** unmittelbar infolge seiner Behinderung erwachsen, wird nach § 33b EStG auf Antrag ohne Kürzung um die zumutbare Belastung ein Pauschbetrag (Behinderten-Pauschbetrag) abgezogen, wenn nicht Aufwendungen nachgewiesen oder glaubhaft gemacht werden, die bei Aufwendungen des § 33 EStG zu einem höheren Abzugsbetrag führen.
2. Die Pauschbeträge erhalten behinderte Menschen, sofern die in § 33b Abs. 2 EStG genannten Voraussetzungen zutreffen.
3. Die Höhe des Pauschbetrags richtet sich nach dem dauernden Grad der Behinderung.

   Als Pauschbetrag werden gewährt bei einem Grad der Behinderung von mindestens:

20	384 €,
30	620 €,
40	860 €,
50	1.140 €,
60	1.440 €,
70	1.780 €,
80	2.120 €,
90	2.460 €,
100	2.840 €.

   Für Blinde und Körperbehinderte, die infolge der Körperbehinderung ständig so hilflos sind, dass sie nicht ohne fremde Wartung und Pflege bestehen können, erhöht sich der Pauschbetrag auf 7.400 €.

3. Personen, denen bestimmte Hinterbliebenenbezüge bewilligt worden sind, erhalten nach § 33b Abs. 4 EStG auf Antrag einen Pauschbetrag von 370 €.
5. Steht der Behinderten-Pauschbetrag oder der Hinterbliebenen-Pauschbetrag einem Kind des Stpfl., für das er einen Kinderfreibetrag oder Kindergeld erhält, zu, so wird der Pauschbetrag auf Antrag auf den Stpfl. übertragen, wenn ihn das Kind nicht in Anspruch nimmt (§ 33b Abs. 5 EStG).

> **Pflege-Pauschbetrag**

Außerordentliche Einkünfte

Als außerordentliche Einkünfte i. S. d. § 34 Abs. 1 EStG kommen in Betracht:

1. > **Veräußerungsgewinne**/Aufgabengewinne i. S. d. §§ 14, 14a, 16, 17 und 18 Abs. 3 EStG
2. > **Entschädigungen** i. S. d. § 24 Nr. 1 EStG
3. Nutzungsvergütungen und Zinsen i. S. d. § 24 Nr. 3 EStG, soweit sie für einen Zeitraum von mehr als drei Jahren nachgezahlt werden.
4. Vergütungen für mehrjährige Tätigkeiten

Sind in dem zu versteuernden Einkommen außerordentliche Einkünfte enthalten, so ist auf alle im Veranlagungszeitraum bezogenen außerordentlichen Einkünfte entfallende ESt wie folgt zu berechnen (§ 34 Abs. 1 EStG):

- Die für die außerordentlichen Einkünfte anzusetzende Einkommensteuer beträgt das Fünffache des Unterschiedsbetrags zwischen der Einkommensteuer für das um diese Einkünfte verminderte zu versteuernde Einkommen (verbleibendes zu versteuerndes Einkommen) und der Einkommensteuer für das verbleibende zu versteuernde Einkommen zuzüglich eines Fünftels dieser Einkünfte.
- Ist das verbleibende zu versteuernde Einkommen negativ und das zu versteuernde Einkommen positiv, so beträgt die Einkommensteuer das Fünffache der auf ein Fünftel des zu versteuernden Einkommens entfallenden Einkommensteuer.

Nichtanwendung bei Inanspruchnahme von § 6b oder § 6c EStG.

INFO

Sind in dem zu versteuernden Einkommen außerordentliche Einkünfte i. S. d. § 34 Abs. 2 Nr. 1 EStG („Veräußerungsgewinne nach §§ 14, 14a Abs. 1, der §§ 16 und 18 Abs. 3 EStG") enthalten, so kann auf Antrag die auf den Teil dieser außerordentlichen Einkünfte, der den Betrag von insgesamt 5 Mio. € nicht übersteigt, entfallende Einkommensteuer nach einem ermäßigten Steuersatz bemessen werden, wenn der Stpfl. das 55. Lebensjahr vollendet hat oder wenn er im sozialversicherungsrechtlichen Sinne dauernd berufsunfähig ist. Der ermäßigte Steuersatz beträgt 56 v. H. des durchschnittlichen Steuersatzes, der sich ergäbe, wenn die tarifliche Einkommensteuer nach dem gesamten zu versteuernden Einkommen zuzüglich der dem Progressionsvorbehalt unterliegenden Einkünfte zu bemessen wäre, mindestens jedoch 14 v. H. Auf das um die in Satz 1 genannten Einkünfte verminderte zu versteuernde Einkommen (verbleibendes zu versteuerndes Einkommen) sind vorbehaltlich des Absatzes 1 die allgemeinen Tarifvorschriften anzuwenden.

Die Ermäßigung nach den Sätzen 1 bis 3 kann der Stpfl. *nur einmal im Leben* in Anspruch nehmen. Erzielt der Stpfl. in einem Veranlagungszeitraum mehr als einen Veräußerungs- oder Aufgabegewinn i. S. d. Satzes 1, kann er die Ermäßigung nach den Sätzen 1 bis 3 nur für *einen* Veräußerungs- oder Aufgabegewinn beantragen.

Aussetzung der Vollziehung

Die Aussetzung der Vollziehung (§ 69 FGO) eines Verwaltungsaktes (z. B. eines Steuerbescheides) während eines gerichtlichen Rechtsbehelfsverfahrens ist möglich, wenn ernstliche Zweifel an der Rechtmäßigkeit des angefochtenen Verwaltungsaktes bestehen oder wenn die Vollziehung für den Abgaben- oder Kostenpflichtigen eine unbillige Härte zur Folge hätte, beispielsweise weil eine Anfechtungsklage offensichtlich mit Aussicht auf Erfolg erhoben wurde.

Eine entsprechende Regelung enthält § 361 AO für das außergerichtliche Verfahren. Die Aussetzung der Vollziehung kann von einer > **Sicherheitsleistung** abhängig gemacht werden.

Die Möglichkeit, die Vollziehung eines Steuerverwaltungsaktes, z. B. eines Einkommensteuerbescheides, auszusetzen, wurde geschaffen, da durch Einlegung eines außergerichtlichen Rechtsbehelfs und durch Erhebung einer Klage die Vollziehung des angefochtenen Verwaltungsaktes nicht gehemmt wird.

Führt der Rechtsbehelf letztendlich nicht zum Erfolg, werden Aussetzungszinsen erhoben (§ 237 AO).

Ausstellung von Rechnungen

> **Rechnungsausstellung, umsatzsteuerliche**

Auswärtige Unterbringung

> **Außergewöhnliche Belastungen in besonderen Fällen**

Auswärtstätigkeit

Eine Dienstreise ist ein Ortswechsel einschließlich der Hin- und Rückfahrt aus Anlass einer vorübergehenden Auswärtstätigkeit. Eine Auswärtstätigkeit liegt vor, wenn der Arbeitnehmer außerhalb seiner Wohnung und seiner regelmäßigen Arbeitsstätte beruflich tätig wird. Eine Auswärtstätigkeit ist vorübergehend, wenn der Arbeitnehmer voraussichtlich an die regelmäßige Arbeitsstätte zurückkehren und dort seine berufliche Tätigkeit fortsetzen wird. Eine Auswärtstätigkeit ist nicht vorübergehend, wenn nach dem Gesamtbild der Verhältnisse anzunehmen ist, dass die auswärtige Tätigkeitsstätte vom ersten Tag an regelmäßige Arbeitsstätte geworden ist, z. B. bei einer Versetzung. (Einzelheiten siehe R 9.4 ff. LStR).

Avalkredit

Bei einem Avalkredit (§§ 765 - 778 BGB i. V. m. §§ 349 - 351 HGB) übernimmt ein Kreditinstitut die Haftung für die Verbindlichkeiten – insbesondere auch Gewährleistungsverbindlichkeiten: „Garantieleistungen“ – eines Kunden gegenüber einem Dritten in der Form einer Bürgschaft oder einer Garantie.

Wie der Akzeptkredit ist der Avalkredit kein Kredit im herkömmlichen Sinne, da das Kreditinstitut keine Geldmittel bereitstellt, sondern seinen guten Namen hergibt. Eine „Kreditlinie“ ist auch hier zu beachten. Avalprovision meist 1 v. H. der übernommenen Risiken. Liegt eine betriebliche Veranlassung vor, so handelt es sich um eine Betriebsausgabe. Die Provision/Bearbeitungsgebühr ist ggf. aktiv abzugrenzen.

B

BAB

> **Betriebsabrechnungsbogen**

Balanced Scorecard

Die Balanced Scorecard (Übersetzung: „ausgeglichene Ergebnistabelle“) ist eine Management-Methode mit der Unternehmen mit strategischen Kennzahlen gesteuert werden können.

Die Balanced Scorecard ist eine Ursache-Wirkungs-Analyse und stellt dar, wie die finanziellen Ergebnisse der Unternehmensstrategie von anderen unternehmensinternen Voraussetzungen (Kundenansprache, Geschäftsprozessen und Mitarbeitern) abhängen. Sie stützt sich auf Kennzahlen und zeigt, wie Maßnahmen auf der Kundenebene oder der Mitarbeiterführung die Gesamtstrategie unterstützen. Es wir dadurch möglich, auch strukturelle Frühindikatoren für den Geschäftserfolg zu steuern.

Bankgeheimnis

Das Bankgeheimnis ist im Steuerrecht nicht geschützt, dennoch muss das FA gewisse Voraussetzungen beachten, wenn es an eine Bank wegen Auskunftserteilung herantritt. Dies sieht § 30a Abs. 1 - 5 AO vor. Einzelheiten siehe dort.

Bannbruch

Bannbruch begeht, wer Gegenstände entgegen einem Verbot einführt, ausführt oder durchführt (§ 372 AO).

Basel/Kreditgewährung

Die **Bank für internationalen Zahlungsausgleich** hat in Basel ihren Sitz. Sie soll den internationalen Zahlungsverkehr, die Sicherheit und die Stabilität des internationalen Finanzwesens gewährleisten. Unter anderem unterhält sie für diese Aufgaben den „Baseler Ausschuss für Bankenaufsicht". Dieser Ausschuss hat die Vorschriften **„Basel I - III"** entwickelt.

Kredite müssen grundsätzlich mit 8 % Eigenkapital gedeckt sein (Basel I). Über ein Rating soll eine Risikoeinstufung erfolgen, die zu einer Gewichtung von 20 % bis 150 % führt (Basel II). Vergibt eine Bank z. B. einen Kredit von 1 Mio. €, so muss sie diesen Kredit grundsätzlich mit 80.000 € Eigenkapital unterlegen. Hat der Kreditnehmer z. B. ein Rating der Kategorie AAA, liegt die Gewichtung bei 20 %, und die Eigenkapitalquote verringert sich auf 16.000 €. Je schlechter das Rating, desto höher die Eigenkapitalquote und desto geringer das mögliche Kreditvolumen der Bank.

Denkbar ist ein **externes** oder ein **bankinternes** Rating. Aus Kostengründen wird in der Regel ein internes Rating durchgeführt. Das Grundkonzept des internen Rating setzt sich bei gewerblichen Krediten aus mehreren Bereichen zusammen. Zu beachten ist dabei, dass die verschiedenen Kriterien je nach Bedeutung **unterschiedlich** gewichtet werden.

Beim **Rating** kommen u. a. folgende Faktoren in Betracht:

- Finanzkennzahlen (Vermögenslage, Finanzlage, Ertragslage)
- Qualitative Faktoren
  - **Harte** Faktoren: z. B. Dauer der Kundenbeziehung, Rechtsform, Nachfolgeregelung, Kundenstruktur
  - **Weiche** Faktoren: z. B. Unternehmensstrategie, Marktstellung, Betriebsorganisation
- Warnsignale: Unpünktliche Ratenzahlungen, Kontoüberziehung, verspätete Bilanzeinreichung.

Basisrente

Die Basisrente, umgangssprachlich auch als „Rürup-Rente" bezeichnet, ist eine seit 2005 staatlich subventionierte Altersvorsorge. Die Basisrente geht auf den Ökonomen Bert Rürup zurück und beruht auf einem Rentenversicherungsvertrag. Sie entspricht in ihren Leistungskriterien der gesetzlichen Rente, ist allerdings nicht umlagefinanziert, sondern kapitalgedeckt. Im Unterschied zur klassischen Rentenversicherung gibt es ähnlich wie bei der Riester-Rente bei der Basisrente kein Kapitalwahlrecht. Das heißt der angesparte Betrag darf nicht in einer Summe ausgezahlt werden, sondern wird lebenslang verrentet.

Bauabzugssteuer

Der Leistungsempfänger einer Bauleistung muss 15 % der Gegenleistung für im Inland ausgeführte Bauleistungen gemäß § 48 Abs. 1 EStG an das Finanzamt abführen. Der Steuerabzug muss unterhalb bestimmter Bagatellgrenzen (5.000 bzw. 15.000 €) nicht erfolgen. Einzelheiten zum Steuerabzug bei Bauleistungen siehe §§ 48 - 48d EStG.

Baureife Grundstücke

1. Innerhalb der unbebauten Grundstücke bilden die baureifen Grundstücke (§ 73 Abs. 1 BewG) eine besondere Grundstücksart. Baureife Grundstücke (§ 73 Abs. 2 BewG) sind unbebaute Grundstücke, wenn sie in einem Bebauungsplan als Bauland festgelegt sind, ihre sofortige Bebauung innerhalb des Plangebietes in benachbarten Bereichen begonnen hat oder schon durchgeführt ist.
2. Die Bewertung nach BewG erfolgt zum > **gemeinen Wert** (§ 9 BewG) für die Grundsteuer.

Im Übrigen bestimmt sich der Wert eines unbebauten Grundstücks regelmäßig nach seiner Fläche und dem um 20 % ermäßigten Bodenrichtwert des Gutachterausschusses (§ 145 BewG).

Bausparkassenbeiträge

Für prämienbegünstigte Aufwendungen (§ 2 WoPG) gilt folgende Bausparförderung (§ 3 WoPG):

Verheiratete	**€**
Einkommenshöchstgrenze[1] prämienbegünstigt bis	70.000 1.400

Alleinstehende	**€**
Einkommenshöchstgrenze[1] prämienbegünstigt bis	35.000 700

Die Prämie beträgt 10 v. H. der Aufwendungen (§ 3 Abs. 1 WoPG).

[1] Zu versteuerndes Einkommen im Sparjahr.

Bebaute Grundstücke

1. Bebaute Grundstücke (§§ 74 BewG, 180 ff.) sind Grundstücke, auf denen sich benutzbare Gebäude befinden (Ausnahme § 72 Abs. 2 und 3 BewG). Wird ein Gebäude in Bauabschnitten errichtet, so ist der fertiggestellte und bezugsfertige Teil als benutzbares Gebäude anzusehen.
2. Bei der Bewertung bebauter Grundstücke sind die folgenden Grundstücksarten (§ 75 Abs. 1 BewG) zu unterscheiden:
   a) > **Mietwohngrundstücke**,
   b) > **Geschäftsgrundstücke**,
   c) > **gemischt genutzte Grundstücke**,
   d) > **Einfamilienhäuser**,
   e) > **Zweifamilienhäuser**,
   f) > **sonstige bebaute Grundstücke**.
3. Der Wert des Grundstücks ist, von Ausnahmen abgesehen, im Wege des Ertragswertverfahrens zu ermitteln für:
   a) > **Mietwohngrundstücke**,
   b) > **Geschäftsgrundstücke**,
   c) > **gemischt genutzte Grundstücke**,
   d) > **Einfamilienhäuser**,
   e) > **Zweifamilienhäuser**.

Für die sonstigen bebauten Grundstücke ist der Wert im Wege des > **Sachwertverfahrens** festzusetzen.

Diese Bewerbungsverfahren gelten für Zwecke der Grundsteuer.

Im Übrigen erfolgt die Bewertung nach den Regelungen des § 182 Abs. 2 BewG (Vergleichswertverfahren, Ertragswertverfahren, Sachwertverfahren, Nachweis eines niedrigeren Werts).

Bedarfsbewertung

> **Betriebsvermögen/Bewertungsgesetz**

Beförderung

> **Lieferungen**

BFH

> Bundesfinanzhof

Behinderte Menschen

> Außergewöhnliche Belastungen in besonderen Fällen > Betreuungsfreibetrag

Beiträge

> Steuern

Bekanntgabe

Ein Verwaltungsakt (Verfügung, Entscheidung, hoheitliche Maßnahme i. S. d. § 118 AO, so z. B. ein Steuerbescheid) wird gegenüber demjenigen, für den er bestimmt ist, mit seiner Bekanntgabe wirksam, § 124 Abs. 1 AO.

Regelungen zur Bekanntgabe enthält § 122 AO.

Ein schriftlicher Verwaltungsakt, der durch die Post übermittelt wird, gilt mit dem dritten Tage nach der Aufgabe zur Post als bekanntgegeben, außer wenn er nicht oder zu einem späteren Zeitpunkt zugegangen ist (§ 122 Abs. 2 AO). Im Zweifel hat die Behörde den Zugang des Verwaltungsakts und den Zeitpunkt des Zugangs nachzuweisen. Entsprechendes gilt für elektronisch übermittelte Verwaltungsakte (§ 122 Abs. 2a AO).

> Verwaltungszustellungsgesetz

Belastung, zumutbare

> Außergewöhnliche Belastungen

Beleg

> Buchungsbeleg

Belegschaftsrabatt

Bei der Bewertung des Preisvorteils im Falle von Belegschaftsrabatten und entsprechender geldwerter Vorteile wird der im allgemeinen Geschäftsverkehr vom Arbeitgeber selbst tatsächlich geforderte Endpreis zugrunde gelegt (§ 8 Abs. 3 EStG). In den Fällen, in denen der Arbeitgeber seine Waren nicht fremden Letztverbrauchern anbietet, ist der Endpreis maßgebend, den der dem Arbeitgeber am nächsten gelegene Einzelhändler fordert. Von diesem Endpreis wird ein Preisabschlag von 4 v. H. vorgenommen. Um den Verwaltungsaufwand in vertretbaren Grenzen zu halten, werden die Preisvorteile nur besteuert, soweit sie 1.080 € übersteigen. Diese Regelung ist auf Waren- und Dienstleistungen beschränkt, die im Unternehmen des Arbeitgebers hergestellt, vertrieben oder erbracht werden. Sie gilt nicht für Arbeitnehmer von Konzerngesellschaften.

Der Rabattfreibetrag gilt für jedes einzelne Dienstverhältnis. Bei mehreren Dienstverhältnissen, die gleichzeitig nebeneinander oder im Laufe eines Kalenderjahrs nacheinander eingegangen werden, ist eine mehrfache Gewährung dieses Rabattfreibetrags möglich.

Für die private Nutzung eines betrieblichen Kraftfahrzeugs zu privaten Fahrten gilt § 6 Abs. 1 Nr. 4 Satz 2 EStG entsprechend.

Belegvorhaltepflicht

Zum 01.01.2018 wurde ab dem Veranlagungszeitraum 2017 die Beleg**vorlage**pflicht durch eine Beleg**vorhalte**pflicht ersetzt. Papierbelege müssen nicht mehr mit der ESt-Erklärung beim Finanzamt eingereicht, sondern nur noch zu Nachweiszwecken im Rahmen der gesetzlichen Fristen aufbewahrt werden (§ 147 AO).

Bemessungsgrundlage, umsatzsteuerliche

1. Bemessungsgrundlage

Die Bemessungsgrundlage für **> Lieferungen**, **> sonstige Leistungen** und für den innergemeinschaftlichen Erwerb und ist in § 10 UStG geregelt, für die Einfuhr in § 11 UStG.

a) Bemessungsgrundlage für Lieferungen, sonstige Leistungen, innergemeinschaftlichen Erwerb **> Entgelt** (**> vereinbarte Entgelte > vereinnahmte Entgelte**).

b) Bemessungsgrundlage für die Einfuhr: **> Einfuhr**

Die Umsatzsteuer gehört nicht zur Bemessungsgrundlage.

2. Änderung der Bemessungsgrundlage

Hat sich die Bemessungsgrundlage für einen steuerpflichtigen Umsatz geändert, so haben

a) der Unternehmer, der diesen Umsatz ausgeführt hat, den dafür geschuldeten Steuerbetrag, und

b) der Unternehmer, an den dieser Umsatz ausgeführt worden ist, den dafür in Anspruch genommenen Vorsteuerabzug entsprechend zu berichtigen (§ 17 UStG).

Die Berichtigungen sind für den Besteuerungszeitraum vorzunehmen, in dem die Änderungen des Entgelts eingetreten sind.

Die Berichtigung gilt sinngemäß, wenn das vereinbarte Entgelt für eine steuerpflichtige Leistung uneinbringlich geworden ist.

Wird das Entgelt nachträglich vereinnahmt, sind Steuerbetrag und Vorsteuerabzug erneut zu berichtigen (§ 17 Abs. 2 UStG).

Ist EUSt, die als Vorsteuer abgezogen worden ist, herabgesetzt, erlassen oder erstattet worden, so hat der Unternehmer den Vorsteuerabzug entsprechend zu berichtigen (§ 17 Abs. 3 UStG).

Werden die Entgelte für unterschiedlich besteuerte Lieferungen und sonstige Leistungen eines bestimmten Zeitabschnitts gemeinsam geändert (z. B. Jahresboni, Jahresrückvergütungen), so hat der Unternehmer dem Leistungsempfänger einen Beleg zu erteilen, aus dem zu ersehen ist, wie sich die Änderung der Entgelte auf die unterschiedlich besteuerten Umsätze verteilt (§ 17 Abs. 4 UStG).

Bemessungszeitraum

> Einkommensteuer

Berichtigung

> Bemessungsgrundlage, umsatzsteuerliche

Berichtigungsfeststellung

> Neue Tatsachen oder Beweismittel

Berufsausbildung

> Ausbildungskosten
> Fortbildungskosten

Berufsgeheimnis

> Auskunft

Berufskleidung

Die typische Berufskleidung, die der Arbeitgeber seinem Arbeitnehmer unentgeltlich oder verbilligt überlässt, ist steuerfrei (§ 3 Nr. 31 EStG). Dasselbe gilt für eine Barablösung eines nicht nur einzelvertraglichen Anspruchs auf Gestellung von typischer Berufskleidung, wenn die Barablösung betrieblich veranlasst ist und die entsprechenden Aufwendungen des Arbeitnehmers nicht offensichtlich übersteigt.

> **Werbungskosten**

Berufsrecht

Das Berufsrecht des steuerberatenden Berufes ist im > **Steuerberatungsgesetz** (StBerG) geregelt, das Recht der vereidigten Buchprüfer, Wirtschaftsprüfer und Wirtschaftsprüfungsgesellschaften in der > **Wirtschaftsprüferordnung**.

Bescheid

> **Steuerbescheid**

Beschränkt abzugsfähige Sonderausgaben

> **Sonderausgaben**

Beschränkte Einkommensteuerpflicht

Personen, die im > **Inland** weder einen > **Wohnsitz** noch einen > **gewöhnlichen Aufenthalt** haben, sind beschränkt einkommensteuerpflichtig, d. h. sie werden nur mit ihren inländischen Einkünften besteuert.

Beschränkt Stpfl. dürfen Betriebsausgaben oder Werbungskosten nur insoweit abziehen, als sie mit inländischen Einkünften im wirtschaftlichen Zusammenhang stehen (§ 50 Abs. 1 EStG).

Beschwer

Befugt, Einsprüche einzulegen, ist nur, wer geltend macht, durch einen Verwaltungsakt oder dessen Unterlassung beschwert (= sog. Aktivlegitimation) zu sein (§ 350 AO). Es muss also eine Beschwer vorliegen.

Beschwerde

Im **gerichtlichen** > Rechtsbehelfsverfahren ist die Beschwerde (§ 128 FGO) an den BFH gegeben gegen Entscheidungen der FG, die nicht Urteile oder Vorbescheide sind.

Über die Beschwerde entscheidet der BFH mit Beschluss (§ 132 FGO). Die Beschwerde ist innerhalb von zwei Wochen nach Bekanntgabe der Entscheidung beim FG einzureichen.

Besitzgesellschaft

> Betriebsaufspaltung

Besitzsteuern

Besitzsteuern ruhen auf Besitzwerten (Einkommen, Ertrag, Vermögen). Zu den Besitzsteuern rechnen die Steuern vom Einkommen und Ertrag (ESt, KSt, GewSt, KiSt) und vom Vermögen (ErbSt, GrSt).

> Verkehrsteuern

Bestandskraft

Ein Verwaltungsakt wird mit dem Inhalt wirksam, mit dem er bekannt gegeben wird (§ 124 Abs. 1 AO). Sowohl Adressat (i. d. R. der Steuerpflichtige), als auch die erlassende Behörde sind an den Inhalt des Verwaltungsakts/Steuerbescheids gebunden (= sog. **materielle Bestandskraft**).

Von der materiellen Bestandskraft unterscheidet man die **formelle Bestandskraft**. Ist ein Steuerbescheid – z. B. nach Ablauf der einmonatigen Einspruchsfrist – nicht mehr anfechtbar, so ist er formell bestandskräftig (= Unanfechtbarkeit).

Bestandsveränderungen

> Gesamtkostenverfahren

Bestandsvergleich

> Gewinnermittlung

Bestechungsgelder

Die Zuwendung von Vorteilen sowie damit zusammenhängende Aufwendungen, wenn die Zuwendung der Vorteile eine rechtswidrige Handlung darstellt, die den Tatbestand eines Strafgesetzes oder eines Gesetzes verwirklicht, das die Ahndung mit einer Geldbuße zulässt, sind nicht als Betriebsausgaben abzugsfähig (§ 4 Abs. 5 Nr. 10 EStG). Hierunter fallen Schmier- und Bestechungsgelder.

Gerichte, Staatsanwaltschaften oder Verwaltungsbehörden haben Tatsachen, die sie dienstlich erfahren und die den Verdacht einer Tat in diesem Sinne begründen, der Finanzbehörde für Zwecke des Besteuerungsverfahrens und zur Verfolgung von Steuerstraftaten und Steuerordnungswidrigkeiten mitzuteilen.

Die Finanzbehörde teilt Tatsachen, die den Verdacht einer Straftat oder einer Ordnungswidrigkeit begründen, der Staatsanwaltschaft oder der Verwaltungsbehörde mit. Diese unterrichten die Finanzbehörde von dem Ausgang des Verfahrens und den zugrunde liegenden Tatsachen.

Das Abzugsverbot greift bereits dann, wenn die Gewährung von Zuwendungen eine rechtswidrige Tat i. S. d. im Einzelnen genannten Vorschriften darstellt. Auf ein Verschulden des Zuwendenden oder auf die Stellung eines Strafantrags kommt es nicht an.

Bestimmungslandprinzip

Bestimmungslandprinzip (Grundlage > **Umsatzsteuer-Binnenmarktgesetz**) bedeutet, dass eine Besteuerung in dem EU-Staat erfolgt, in den der Gegenstand gelangt.

Bei Besteuerung des innergemeinschaftlichen Erwerbs von Gegenständen („sog. Erwerbsteuer“) ist der Abnehmer Steuerschuldner. Er kann unter gewissen Voraussetzungen die „Erwerbsteuer“ als Vorsteuer absetzen.

Beteiligte

1. Kreis der Beteiligten

Der Gesetzgeber hat bestimmt, wer an dem Verfahren zur Durchführung der Besteuerung beteiligt ist. Es sind nach § 78 AO:

- Antragsteller und Antragsgegner,
- diejenigen, an die die FinBeh den Verwaltungsakt richten will oder gerichtet hat.

2. Bevollmächtigte und Beistände

Ein Beteiligter kann sich durch einen Bevollmächtigten vertreten lassen (§ 80 Abs. 1 AO). Ein Beteiligter kann zu Verhandlungen und Besprechungen mit einem Beistand erscheinen (§ 80 Abs. 4 AO).

Bevollmächtigter und Beistände sind zurückzuweisen, wenn:

- sie geschäftsmäßig Hilfe in Steuersachen leisten, ohne dazu befugt zu sein (§ 80 Abs. 5 AO),
- sie zum schriftlichen Vortrag oder mündlichen Vortrag nicht geeignet sind (§ 80 Abs. 6 AO).

Beteiligung

> **Wesentliche Beteiligung**

Beteiligungsfinanzierung

Als Beteiligungsfinanzierung wird die Zuführung von Eigenkapital verstanden, die von außerhalb des Unternehmens erfolgt. Das Eigenkapital kann zugeführt werden als:

- Geldeinlagen, die am häufigsten geleistet werden und problemlos sind, da ihr nomineller Wert feststeht und Bewertungen damit nicht notwendig werden.
- Sacheinlagen, die beispielsweise in Form von Maschinen, Rohstoffen oder Waren bereitgestellt werden. Hier taucht das Problem einer „gerechten" Bewertung auf.
- Rechte, die beispielsweise in Form von Patenten oder Wertpapieren eingebracht werden. Auch hier kommt es zum Problem einer „gerechten" Bewertung.

Betreuungsbedarf

> **Kinderbetreuung**

Betreuungsfreibetrag

§ 32 Abs. 6 EStG sieht einen typisierenden Betreuungsfreibetrag von 2.928 € für ein Elternpaar (1.464 € für jeden Elternteil), der unabhängig von tatsächlich entstandenen Aufwendungen abgezogen wird, vor.

Da im Einkommensteuerrecht grundsätzlich das Jahresprinzip gilt, werden die Freibeträge als Jahresbeträge angegeben und es ist eine Zwölftelung (Berechnung nach Monaten) für Fälle vorgesehen, in denen ein Kind nicht das ganze Jahr berücksichtigt werden kann.

Das Kindergeld wird sowohl auf den > **Kinderfreibetrag** als auch auf den > **Betreuungsfreibetrag** angerechnet. Rechtsgrundlage ist § 31 EStG („Familienleistungsausgleich").

Betriebliche Renten

Man unterscheidet Veräußerungs- und Versorgungsrenten.

1. Betriebliche Veräußerungsrenten

Eine betriebliche Veräußerungsrente liegt vor, wenn ein Betrieb (Teilbetrieb) gegen Zahlung einer Leibrente veräußert wird. Die Rente muss dabei einen angemessenen Gegenwert für den Kaufpreis (einschließlich stiller Rerserven und Firmenwert) darstellen. Der Rentenverpflichtete muss die Rentenlast nach versicherungsmathematischen Grundsätzen in der Eröffnungsbilanz passivieren. Der sich von Jahr zu Jahr vermindernde Kapitalwert muss jeweils neu festgestellt werden. Die laufenden Rentenzahlungen werden als Betriebsausgaben behandelt.

Beim Rentenberechtigten sind die Rentenzahlungen nachträgliche Betriebseinnahmen, die jedoch bis zum Erreichen des Kapitalkontos zum Veräußerungszeitpunkt nicht steuerpflichtig sind. Erst beim Übersteigen sind die Rentenbezüge voll als nachträgliche Einkünfte steuerpflichtig. Der Stpfl. kann wahlweise den Veräußerungsgewinn sofort versteuern.

2. Betriebliche Versorgungsrenten

Betriebliche Versorgungsrenten (z. B. an ehemalige ausgeschiedene Gesellschafter) sind gegeben, wenn die Rente als Vergütung für treue Dienste im Betrieb gezahlt wird. Die Rente ist in diesem Fall kein Äquivalent für veräußerte Wirtschaftsgüter. Beim Rentenverpflichteten sind die Rentenzahlungen voll Betriebsausgaben, eine Passivierung entfällt.

Der Rentenberechtigte muss die Zahlungen erst dann als nachträgliche Einkünfte aus ehemaliger Tätigkeit versteuern, wenn sein Kapitalkonto ausgeglichen ist.

Betriebsabrechnungsbogen

Die Kostenstellenrechnung wird in der betrieblichen Praxis mithilfe des Betriebsabrechnungsbogens (BAB) durchgeführt. Er wird meist monatlich aufgestellt.

Betriebsaufgabe

Die Betriebsaufgabe wird steuerlich als Veräußerung angesehen. Etwaige „Aufgabegewinne“ gehören zu den Einkünften aus Gewerbebetrieb, selbstständiger Arbeit oder Land- und Forstwirtschaft.

Auf Gewinne, die anlässlich einer Betriebsaufgabe anfallen, kann die Tarifbegünstigung nach § 34 Abs. 1, 3 EStG angewendet werden (> **außerordentliche Einkünfte**).

Betriebsaufgabe kann angenommen werden, wenn die einzelnen dem Betrieb gewidmeten Wirtschaftsgüter veräußert oder ins Privatvermögen überführt werden. Dabei sind die Veräußerungspreise bzw. die gemeinen Werte anzusetzen. Der bisherige Betrieb existiert nach der Aufgabe nicht mehr.

> **Geschäftsveräußerung** > **außerordentliche Einkünfte**

Betriebsaufspaltung

Steuerlich wird die Aufspaltung eines Betriebs in Besitz- und Betriebsgesellschaft anerkannt.

Meist handelt es sich um die Gründung einer Besitz-Personengesellschaft und einer Betriebs-Kapitalgesellschaft (sog. „echte“, „eigentliche“ Betriebsaufspaltung).

Die Gesellschafter beider Gesellschaften sind meist dieselben, ihre Beteiligungen sind gleich oder unterscheiden sich nur unwesentlich. Die Anteile der Betriebs-Kapitalgesellschaft gehören zum notwendigen Betriebsvermögen der Besitz-Personengesellschaft. Bei enger sachlicher und personeller Verflechtung zwischen Besitz- und Betriebsgesellschaft werden bei Vermietung von Grundbesitz der Besitzgesellschaft an die Betriebsgesellschaft gewerbliche Einkünfte (statt V+V) angenommen (H 15.7 Abs. 4 EStH).

Eine „unechte“, „uneigentliche“ Betriebsaufspaltung liegt hingegen vor, wenn ein Besitzunternehmen und ein Betriebsunternehmen selbstständig gegründet werden.

Betriebsausgaben

Betriebsausgaben entstehen bei den Einkünften aus Land- und Forstwirtschaft, Gewerbebetrieb und selbstständiger Tätigkeit.

Betriebsausgaben sind Aufwendungen, die durch den Betrieb veranlasst sind (§ 4 Abs. 4 EStG). Es bleibt dem Stpfl. überlassen, ob er Ausgaben für betriebsnotwendig erachtet.

Eine betriebliche Veranlassung liegt vor, wenn nach objektiven Maßstäben ein Zusammenhang mit dem Betrieb besteht und subjektiv die Aufwendungen zur Förderung des Betriebs geleistet werden; aber auch Zwangsaufwendungen rechnen zu den Betriebsausgaben. Wie auch > **Betriebseinnahmen** können Betriebsausgaben in Geld oder Sachwerten erfolgen.

Vorweggenommene Betriebsausgaben können vorliegen, wenn Aufwendungen geleistet werden, die erst zu einem späteren Zeitpunkt zu tatsächlichen Einnahmen führen, es muss jedoch ein hinreichend bestimmbarer Zusammenhang zwischen Aufwendungen und Einkunftsart bestehen.

Nachträgliche Betriebsausgaben können z. B. entstehen, wenn im Zeitpunkt der Betriebsveräußerung eine Schlussbilanz nicht erstellt wurde und in späteren Jahren noch Betriebssteuern oder andere Aufwendungen anfallen, sofern dies nicht zur Erlangung ungerechtfertigter Steuervorteile geführt hat.

Das EStG sieht gewisse Einschränkungen hinsichtlich der Abzugsfähigkeit vor (§ 4 Abs. 5 EStG): Aufwendungen für Jagd- oder Fischerei, für Segel- oder Motorjachten, Geschenke an Geschäftsfreunde (ausgenommen > **Geschenke** bei betrieblicher Veranlassung bis 35 € pro Empfänger im Wirtschaftsjahr).

Betriebsbuchhaltung

Die Betriebsbuchhaltung – im Unterschied zur Finanzbuchhaltung – stellt die Kostenrechnung einschließlich der ihr eingegliederten Leistungsrechnung dar. Sie erfasst rechnerisch die innerbetrieblichen Vorgänge.

Die Betriebsbuchhaltung lässt sich so organisieren, dass sie mit der Finanzbuchhaltung (Geschäftsbuchhaltung) **eine** Einheit bildet („Einkreissystem"). Das Einkreissystem hat den Nachteil, dass der Abschluss der Finanzbuchhaltung den Abschluss der Betriebsbuchhaltung erfordert. Beim Zweikreissystem erfolgt eine strikte Trennung zwischen Betriebsbuchhaltung und Finanzbuchhaltung in **zwei** Kreise (mithilfe von Spiegelbild- oder Übergangskonten).

Betriebseinnahmen

Betriebseinnahmen sind alle Einnahmen, die im Rahmen einer gewerblichen, land- und forstwirtschaftlichen Tätigkeit oder selbstständigen Arbeit zufließen. Sie können in Geld oder Geldeswert (Sachwert) bestehen; ein unmittelbarer, betrieblicher Zusammenhang braucht nicht gegeben zu sein (sog. Hilfsgeschäft, z. B. Pkw-Verkauf). Betriebseinnahmen sind betrieblich veranlasste Wertzugänge zum Betriebsvermögen, sofern es sich nicht um > **Einlagen** handelt. Betriebseinnahmen entstehen hauptsächlich bei Veräußerung von Gegenständen des Betriebsvermögens sowie aber auch bei Erbringung von sonstigen Leistungen (Dienst- und Werkleistungen). Ob die Betriebseinnahmen aus Haupt- oder Nebengeschäften stammen, ist unbeachtlich.

Betriebsfinanzamt

Betriebsfinanzamt (§ 18 Abs. 1 Nr. 2 AO) ist das FA, in dessen Bezirk sich bei einem inländischen Betrieb die Geschäftsleitung befindet.

Bei inländischen Betriebsstätten eines ausländischen Betriebs befindet sich das Betriebsfinanzamt am Ort der inländischen Betriebsstätte. Bei mehreren inländischen Betriebsstätten ist die wirtschaftlich bedeutendste maßgebend.

Betriebsgeheimnis

> Steuergeheimnis

Betriebsgesellschaft

> Betriebsaufspaltung

Betriebsgewöhnliche Nutzungsdauer

Unter der betriebsgewöhnlichen Nutzungsdauer versteht man die Zahl der Jahre, in denen das einzelne Wirtschaftsgut voraussichtlich im Betrieb des Stpfl. verwendet werden wird. Auf die Gesamtlebensdauer des Wirtschaftsgutes kommt es also nicht an.

Das Bundesfinanzministerium hat Abschreibungs-Tabellen für einzelne Anlagegüter erstellt, wobei zurzeit an eine stärkere Bindung dieser Sätze an die technische Lebensdauer gedacht ist.

> Absetzung für Abnutzung

Betriebsgrundstück

Betriebsgrundstück i. S. d. BewG (§ 99 Abs. 1) ist der zu einem Gewerbebetrieb gehörige **> Grundbesitz**, soweit er, losgelöst von seiner Zugehörigkeit zu dem Gewerbebetrieb,

1. zum Grundvermögen gehören oder
2. einen Betrieb der Land- und Forstwirtschaft bilden würde.

Betriebsgrundstücke sind entweder wie **> Grundvermögen** oder wie **> land- und forstwirtschaftliches Vermögen** zu bewerten (§ 99 Abs. 3 BewG).

Betriebsprüfung

> Außenprüfung

Betriebssteuern

Hierzu rechnen Grunderwerbsteuer bei betrieblichem Grundstückserwerb, Gewerbesteuer, Grundsteuer, Kraftfahrzeugsteuer u. a.

Betriebsveranstaltung

Betriebsveranstaltungen sind Veranstaltungen auf betrieblicher Ebene, die gesellschaftlichen Charakter haben. Dazu zählen: Betriebsausflüge, Weihnachtsfeiern, Jubiläumsfeiern, Feierlichkeiten einzelner Abteilungen, Pensionärstreffen oder Jubilarfeiern.

Zuwendungen des Arbeitgebers an die Arbeitnehmer bei Betriebsveranstaltungen gehören als Leistungen im ganz überwiegenden betrieblichen Interesse des Arbeitgebers nicht zum Arbeitslohn, wenn es sich um herkömmliche (übliche) Betriebsveranstaltungen und um bei diesen Veranstaltungen übliche Zuwendungen handelt.

Abgrenzungsmerkmale für die Herkömmlichkeit (Üblichkeit) sind Häufigkeit oder besondere Ausgestaltung der Betriebsveranstaltung. In Bezug auf die Häufigkeit ist eine Betriebsveranstaltung üblich, wenn nicht mehr als zwei Veranstaltungen jährlich durchgeführt werden.

Zuwendungen sind alle Aufwendungen des Arbeitgebers einschließlich Umsatzsteuer unabhängig davon, ob sie einzelnen Arbeitnehmern individuell zurechenbar sind oder ob es sich um einen rechnerischen Anteil an den Kosten der Betriebsveranstaltung handelt, die der Arbeitgeber gegenüber Dritten für den äußeren Rahmen der Betriebsveranstaltung aufwendet.

Soweit solche Zuwendungen den Betrag von 110 € je Betriebsveranstaltung und teilnehmendem Arbeitnehmer nicht übersteigen, gehören sie nicht zu den Einkünften aus nichtselbstständiger Arbeit, wenn die Teilnahme an der Betriebsveranstaltung allen Angehörigen des Betriebs oder eines Betriebsteils offensteht (Freibetrag). Die Zuwendungen sind mit den anteilig auf den Arbeitnehmer und dessen Begleitpersonen entfallenden Aufwendungen des Arbeitgebers anzusetzen.

Siehe auch § 19 Abs. 1 Nr. 1a EStG sowie R 19.5 LStR.

Betriebsveräußerung

> Geschäftsveräußerung
> Veräußerungsgewinn

Betriebsvermögen

Zu unterscheiden ist bilanzsteuerrechtlich (§§ 4 Abs. 1, 5 EStG) zwischen **> notwendigem Betriebsvermögen** und **> gewillkürtem Betriebsvermögen**.

Zum Betriebsvermögen gehören grundsätzlich sämtliche Wirtschaftsgüter, die aus einer betrieblichen Veranlassung heraus angeschafft, hergestellt oder eingelegt werden, d. h. zwischen dem einzelnen Wirtschaftsgut und dem Betrieb muss ein objektiver Zusammenhang bestehen. Dieser Zusammenhang wird dadurch hergestellt, dass das Wirtschaftsgut dem Betrieb dient und die Anschaffung einen betrieblichen Vorgang darstellt. Auf die tatsächliche oder beabsichtigte Nutzung des Wirtschaftsgutes kommt es in diesem Zusammenhang nicht an.

Als notwendige Folge des betrieblich veranlassten Erwerbs kann der Zugang des angeschafften Gegenstandes zum Betriebsvermögen dann angesehen werden, wenn das angeschaffte Wirtschaftsgut ein Entgelt für ein hingegebenes Wirtschaftsgut des Betriebsvermögens oder für eine sonstige Wertabgabe aus dem Betriebsvermögen darstellt.

Daneben gibt es Vermögen, das nicht Betriebsvermögen sein kann (> **notwendiges Privatvermögen**).

> **Anlagevermögen** > **Bewertung** > **Umlaufvermögen**

Zu den Einzelheiten siehe die gesetzlichen Vorschriften.

Betriebsvermögensvergleich

Nach § 4 Abs. 1 EStG wird der Gewinn durch Bestandsvergleich (= Betriebsvermögensvergleich) ermittelt. Gewinn ist der Unterschiedsbetrag zwischen dem Betriebsvermögen am Schluss des Wirtschaftsjahres und dem Betriebsvermögen am Schluss des vorangegangenen Wirtschaftsjahres vermehrt um den Wert der > **Entnahmen** und vermindert um den Wert der > **Einlagen**.

§ 4 Abs. 1 EStG gilt für Land- und Forstwirte, freie Berufe und sonstige selbstständig Tätige. Für die Gewerbetreibenden gilt der Bestandsvergleich nach § 5 EStG. Hierbei sind die Grundsätze > **ordnungsgemäßer Buchführung** und die handelsrechtlichen Bewertungsvorschriften zu beachten. Auch Stpfl., die unter § 141 AO fallen, ermitteln ihren Gewinn nach § 5 EStG.

> **Einnahmen-Überschussrechnung**

Betriebsverpachtung

> **Verpachtung eines Gewerbebetriebs**

Betriebsvorrichtung

Zum Grundvermögen gehören nicht Maschinen und sonstige Anlagen aller Art, die zu einer Betriebsanlage gehören (= sog. Betriebsvorrichtungen), auch wenn sie wesentliche Bestandteile eines Grundstücks sind (§ 176 Abs. 2 BewG).

Bevollmächtigte

Wer durch Abwesenheit oder sonst verhindert ist, steuerliche Pflichten zu erfüllen oder ihm zustehende steuerliche Rechte wahrzunehmen, kann dies durch Bevollmächtigte tun (§ 80 AO).

Zur geschäftsmäßigen Hilfeleistung in Steuersachen sind in erster Linie StB und Steuerberatungsgesellschaften nach den Vorschriften des > **Steuerberatungsgesetzes** befugt.

Ferner sind u. a. befugt Rechtsanwälte, Notare, Wirtschaftsprüfer, Wirtschaftsprüfungsgesellschaften, Lohnsteuerhilfevereine zur Hilfeleistung in Lohnsteuersachen für ihre Mitglieder.

> **Unbefugte Hilfeleistung in Steuersachen**

Bewegungsbilanzen

Bewegungsbilanzen sind Zeitraumrechnungen, die Mittelherkunft und Mittelverwendung gegenüberstellen, also die Bewegungen in den einzelnen Bilanzpositionen im Verlaufe einer Periode aufzeigen.

Die Bewegungsbilanz ist Grundlage, um die Finanzlage eines Unternehmens im Rahmen einer (externen) Bilanzanalyse zu beurteilen.

Beweismittel

Die FinBeh bedient sich der Beweismittel (§ 92 AO), die sie nach pflichtgemäßem Ermessen zur Ermittlung des Sachverhalts für erforderlich hält. Beweismittel sind insbesondere:

- Auskünfte jeder Art von Beteiligten und anderen Personen,
- Sachverständigengutachten,
- Urkunden und Akten,
- Augenschein.

Bewertung

1. Wirtschaftsgüter des Anlagevermögens, die der Abnutzung unterliegen, sind mit den > **Anschaffungskosten** oder > **Herstellungskosten**, vermindert um die > **AfA** nach §§ 7 ff. EStG anzusetzen. Ist der > **Teilwert** niedriger, so **kann** dieser abgesetzt werden (§ 6 Abs. 1 Nr. 1 EStG). Ist der Teilwert bei voraussichtlich **dauernder Wertminderung** niedriger, so **muss** dieser angesetzt werden.
2. Nicht abnutzbare Wirtschaftsgüter des Anlagevermögens und Wirtschaftsgüter des Umlaufvermögens sind grundsätzlich mit den > **Anschaffungskosten** oder > **Herstellungskosten** zu bewerten. Wenn der > **Teilwert** aufgrund einer voraussichtlich dauernden Wertminderung niedriger ist, kann dieser angesetzt werden.

Wirtschaftsgüter, die bereits am Schluss des vorangegangenen Wirtschaftsjahres zum Anlagevermögen des Steuerpflichtigen gehört haben, sind in den folgenden Wirtschaftsjahren gemäß § 6 Abs. 1 Satz 1 EStG anzusetzen, es sei denn, der Steuerpflichtige weist nach, dass ein niedrigerer Teilwert angesetzt werden kann („voraussichtlich dauernde Wertminderung", § 6 Abs. 1 Satz 2 EStG). Man spricht vom **Wertaufholungsgebot**.

INFO

Diese Vorschrift gilt auch für Grund und Boden, Beteiligungen und Umlaufvermögen. Es muss also in den erstellten Bilanzen überprüft werden, inwieweit „stille Reserven" (gestiegener Teilwert) aufzudecken sind. Ist keine dauernde Wertminderung gegeben, so ist eine Zuschreibung **bis zu den fortgeführten Anschaffungskosten** erforderlich. Die Wertaufholung ist auf die ursprünglichen Anschaffungskosten/Herstellungskosten beschränkt.

> BilMoG

Bewertungsgesetz

Der **erste** Teil (§§ 1 - 16 BewG) umfasst die besonderen Bewertungsvorschriften, die ganz oder zum Teil für die GrSt, ErbSt, GrESt gelten.

Die besonderen Bewertungsvorschriften (= **zweiter** Teil) gliedern sich in einen **ersten** Abschnitt (= Einheitsbewertung, §§ 19 - 109a BewG) und in einen **zweiten** Abschnitt (§§ 110 - 124 BewG), der Sondervorschriften enthält.

Der **dritte** Abschnitt enthält Vorschriften für die Bewertung von Vermögen in dem in Art. 3 des Einigungsvertrages genannten Gebiet („fünf neue Länder").

Die Abschnitte vier bis sechs enthalten Vorschriften über die Bewertung von Grundbesitz und Betriebsvermögen für die Erbschaftsteuer sowie für die Grunderwerbsteuer, wobei Abschnitt sechs aktuelle Bewertungsvorschriften enthält.

Bewertungsvereinfachungen

> Rechnungslegungsvorschriften

Bewertungsverfahren

1. Einkommensteuer: **> Fifo > Lifo**
2. Bewertungsgesetz: **> Ertragswertverfahren > Sachwertverfahren > Vergleichsverfahren**

Bewertungsvorschriften

> Rechnungslegungsvorschriften

Bewirtungsaufwendungen

Aufwendungen für die Bewirtung von Geschäftsfreunden in der Wohnung des Stpfl. gehören zu den Kosten der Lebenshaltung (§ 12 Nr. 1 EStG), ebenso Aufwendungen für die Bewirtung von Personen aus geschäftlichem Anlass, soweit sie 70 v. H. der Aufwendungen übersteigen, die nach der allgemeinen Verkehrsauffassung als angemessen anzusehen und deren Höhe und betriebliche Veranlassung nachgewiesen sind.

Zum Nachweis der Höhe und der betrieblichen Veranlassung der Aufwendungen hat der Stpfl. schriftlich die folgenden Angaben zu machen:

- Ort und Tag,
- Teilnehmer und Anlass der Bewirtung sowie
- Höhe der Aufwendungen.

Hat die Bewirtung in einer Gaststätte stattgefunden, so genügen Angaben zu dem Anlass und den Teilnehmern der Bewirtung; die Rechnung mit Einzelpositionen, die maschinell erfasst und registriert sind, über die Bewirtung ist beizufügen.

Einzelheiten siehe § 4 Abs. 5 Nr. 2 EStG; R 4.10 Abs. 5 EStR sowie 4.10 (5 - 9) EStH.

Bilanz

Die Bilanz ist die kontenmäßige Darstellung der Aktiva und Passiva eines Unternehmens zu einem bestimmten Stichtag, z. B. dem 31.12.2023.

> Abschluss
> Bilanzierungsvorschriften
> Rechnungslegungsvorschriften

Bilanzanalyse

Unter der Bilanzanalyse versteht man die kritische Beurteilung und wirtschaftliche Auswertung von Bilanzen einschließlich der dazugehörigen GuV-Rechnung und gegebenenfalls der Lageberichte.

Die Bilanzanalyse führt zu zusätzlichen Informationen, wenn vergleichbare Daten vorliegen. So sagt beispielsweise der Tatbestand, dass ein Unternehmen eine Rentabilität von 10 % erwirtschaftet habe, nichts aus, wenn keine Beurteilungsmaßstäbe vorhanden sind. Diese können – im Rahmen eines Objektsvergleiches – gegeben sein, wenn beispielsweise bekannt ist, ein ähnlich strukturiertes Unternehmen habe eine Rentabilität von 10 % erzielt oder der Branchendurchschnitt liege bei einer Rentabilität von 12 %.

Auch ist es möglich, einen Zeitvergleich vorzunehmen, mithilfe dessen die Rentabilität des betreffenden Unternehmens in mehreren aufeinanderfolgenden Perioden betrachtet wird. Eine Rentabilität, die in den letzten Jahren bei 10 %, 11 %, 12 %, 9 % lag, gibt dem Bilanzanalytiker Hinweise für die Beurteilung des Unternehmens.

> **Rentabilität**

Bilanzberichtigung

Ist ein Ansatz in der Bilanz unrichtig, so darf der Stpfl. nach § 4 Abs. 2 Satz 1 EStG die Unrichtigkeit nach Einreichung der Bilanz beim Finanzamt ändern (Bilanzänderung i. S. einer Bilanzberichtigung). Ein Ansatz in der Bilanz ist unrichtig, wenn er unzulässig ist, d. h. wenn er gegen zwingende Vorschriften des Einkommensteuerrechts oder des Handelsrechts oder gegen die einkommensteuerrechtlich zu beachtenden handelsrechtlichen Grundsätze ordnungsmäßiger Buchführung verstößt.

Darüber hinaus Änderung der Bilanz nur in engem zeitlichen und sachlichen Zusammenhang mit Änderung nach Satz 1 – siehe oben – (§ 4 Abs. 2 Satz 2 EStG).

Bilanzdelikte

Hier kann es sich um Bilanzfrisuren, Bilanzverschleierungen oder Bilanzfälschungen handeln. Solche Bilanzdelikte sind strafbar.

Bilanzgewinn

Als Bilanzgewinn bezeichnet man den Betrag, der maximal bei Aktiengesellschaften als Dividende oder bei der GmbH an die Gesellschafter ausgeschüttet werden kann.

Nach § 268 HGB kann die Bilanz vor, nach teilweiser oder nach vollständiger Verwendung des Jahresergebnisses aufgestellt werden. Dabei wird unter Ergebnisverwendung (= Zuführung zu den Rücklagen) und Gewinnverwendung (= Beschluss der Haupt- bzw. Gesellschafterversammlung über die Verwendung des Bilanzgewinns) unterschieden.

Der Bilanzgewinn entsteht nur dann, wenn die Bilanz nach **teilweiser** Ergebnisverwendung aufgestellt wurde. Wenn die den Jahresabschluss feststellenden Organe über die Ergebnisverwendung des Jahresüberschusses entschieden haben, verbleibt der Bilanzgewinn als die Größe, über die die Anteilseigner entscheiden können.

Der Bilanzgewinn oder -verlust berechnet sich wie folgt:

	Jahresüberschuss nach § 275 HGB
±	Gewinn- oder Verlustvortrag aus dem Vorjahr
+	Entnahmen aus der Kapitalrücklage
+	Entnahmen aus Gewinnrücklagen
-	Einstellungen in die Gewinnrücklagen
=	Bilanzgewinn/Bilanzverlust

(vgl. § 158 AktG)

Bilanzgliederung

> **Rechnungslegungsvorschriften**

Bilanzidentität

> **Bilanzkontinuität**

Bilanzielle Abschreibung

> **Abschreibungen**

Bilanzierungsverbote

> **Rechnungslegungsvorschriften**

Bilanzierungsvorschriften

1. Die Bilanzierungsvorschriften sind im HGB und in verschiedenen Gesetzen über einzelne Gesellschaftsformen enthalten. Sie haben Bedeutung für die Feststellung des Bilanzgewinns.

   In § 120 HGB wird bestimmt, dass am Schluss eines jeden Geschäftsjahres der Gewinn oder Verlust des Jahres aufgrund der Bilanz ermittelt wird und für jeden Gesellschafter der Anteil zu berechnen ist. Der einem Gesellschafter zustehende Gewinn wird dem Kapitalanteil des Gesellschafters zugeschrieben. Der anteilige Verlust sowie die Entnahmen werden vom Kapitalanteil abgeschrieben.

2. Die Bewertungsvorschriften der §§ 252 ff. HGB sind am bedeutendsten für den Jahresabschluss. Dabei ist zwischen Bewertung des Anlagevermögens und Bewertung des Umlaufvermögens zu unterscheiden.

3. Gegenstände des Anlagevermögens sind mit den Anschaffungs- oder Herstellungskosten vermindert um > **Abschreibungen** anzusetzen (§ 253 Abs. 3 HGB). Die Anschaffungs- oder Herstellungskosten sind bei abnutzbarem Anlagevermögen um planmäßige Abschreibungen zu vermindern.

   Die Abschreibungssätze müssen den > **Grundsätzen ordnungsmäßiger Buchführung** entsprechen. Bei einer außerordentlichen Wertminderung sind außerordentliche Abschreibungen vorzunehmen.
4. Die Gegenstände des Umlaufvermögens sind ebenfalls mit den Anschaffungs- oder Herstellungskosten ggf. mit dem niedrigeren Zeitwert (Abschreibungen auf den niedrigeren Börsen- oder Marktpreis) anzusetzen (§ 253 Abs. 4 HGB).
5. Neben den Bewertungsvorschriften haben Aktivierungs- und Passivierungsvorschriften eine ebenso große Bedeutung.
6. Unter welchen Voraussetzungen Rückstellungen und Rechnungsabgrenzungsposten gebildet werden können, ist in §§ 249, 250 HGB geregelt.

Bilanzklarheit

Die Posten des Jahresabschlusses müssen eindeutig bezeichnet und in der vorgeschriebenen Reihenfolge gegliedert sein (ergibt sich aus § 243 Abs. 2 HGB).

Bilanzkontinuität

Man unterscheidet zwischen formeller und materieller Bilanzkontinuität:

1. Formelle Bilanzkontinuität

Die formelle Bilanzkontinuität wird auch Bilanzzusammenhang, Bilanzstetigkeit oder Bilanzidentität genannt. Sie beruht auf der „Zweischneidigkeit" der Bilanz, d. h., dass jede materielle Änderung eines Bilanzansatzes in der folgenden Anfangsbilanz ihre Auswirkungen hat. Buchhaltungstechnisch bildet die Anfangsbilanz das Spiegelbild der vorangegangenen Schlussbilanz (§ 252 Abs. 1 HGB).

2. Materielle Bilanzkontinuität

Die materielle Bilanzkontinuität bezieht sich auf die einzelnen Bilanzposten und fordert, dass gleiche Bewertungsgrundsätze zur Wahrung des Wertzusammenhangs und der Wertfortführung angewendet werden (§ 252 Abs. 1 Nr. 6 HGB).

> **Bilanzwahrheit**

Bilanzregel

> Goldene Bilanzregel

Bilanzzusammenhang

> Bilanzkontinuität

Billigkeitsgründe

Steuern können niedriger festgesetzt werden und einzelne Besteuerungsgrundlagen, die die Steuern erhöhen, können bei der Festsetzung der Steuer unberücksichtigt bleiben, wenn die Erhebung der Steuer nach Lage des einzelnen Falles unbillig wäre (§ 163 Abs. 1 AO).

Börsenkurs

Wertpapiere und Schuldbuchforderungen, die am Stichtag an einer deutschen Börse zum amtlichen Handel zugelassen sind, werden mit dem niedrigsten am Stichtag für sie im amtlichen Handel notierten Kurs angesetzt.

Einzelheiten siehe § 11 Abs. 1 BewG.

Börsenpreis

> Bewertung

Break-even-Analyse

> Gewinnschwellen-Analyse

Buchführung

Buchführung ist die planmäßige und lückenlose Aufzeichnung aller Geschäftsvorfälle eines Unternehmens nach Menge und Wert.

Buchführungspflicht

1. Nach der AO sind gewerbliche Unternehmen sowie Land- und Forstwirte auch dann, wenn sie nach den Vorschriften des Handelsgesetzbuches nicht der Buchführungspflicht unterliegen, verpflichtet, Bücher zu führen und aufgrund jährlicher Bestandsaufnahmen Abschlüsse zu machen, wenn sie nach den Feststellungen der Finanzbehörde für den einzelnen Betrieb nachstehende Besteuerungsmerkmale erzielt haben (§ 141 Abs. 1 AO):
   - Umsätze von mehr als 600.000 € im Kalenderjahr oder
   - selbstbewirtschaftete land- und forstwirtschaftliche Flächen mit einem Wirtschaftswert (§ 46 BewG) von mehr als 25.000 € oder
   - einen Gewinn aus Gewerbebetrieb von mehr als 60.000 € im Wirtschaftsjahr oder
   - einen Gewinn aus Land- und Forstwirtschaft von mehr als 60.000 € im Kalenderjahr.

   Freiberufler fallen nicht unter die Buchführungspflicht, da § 141 Abs. 1 AO nur von „gewerblichen" Unternehmern und Land- und Forstwirten spricht.
2. Die Buchführungspflicht ist vom Beginn des Wirtschaftsjahres an zu erfüllen, das auf die Bekanntgabe der Mitteilung folgt, durch die die FinBeh auf den Beginn dieser Verpflichtung hingewiesen hat (§ 141 Abs. 2 AO).

Nach Handelsrecht ist jeder Kaufmann verpflichtet, Bücher zu führen und in diesen seine Handelsgeschäfte und die Lage seines Vermögens nach den Grundsätzen ordnungsmäßiger Buchführung ersichtlich zu machen (§ 238 HGB). Die Buchführung muss so beschaffen sein, dass sie einem sachverständigen Dritten innerhalb angemessener Zeit einen Überblick über die Geschäftsvorfälle und über die Lage des Unternehmens vermitteln kann. Die Geschäftsvorfälle müssen sich in ihrer Entstehung und Abwicklung verfolgen lassen. Die handelsrechtliche Buchführungspflicht ist auch steuerrechtlich zu beachten (§ 140 AO, „abgeleitete Buchführungspflicht").

Buchführungssysteme

1. Die einfache Buchführung ist eine Einnahme-Ausgabe-Rechnung, die im Allgemeinen die Einnahmen und Ausgaben in einem Kassenbuch aufzeichnet. Alle anderen Geschäfte werden in einem Hauptbuch eingetragen.
2. Bei der doppelten Buchführung verbucht man jeden Geschäftsvorfall jeweils auf zwei verschiedene Konten. Jeder Geschäftsvorfall wird in einer Soll- und in einer Habenbuchung mit gleichem Betrag erfasst.

Buchführungsverletzungen

Je nach Einzelfall können Zuwiderhandlungen gegen die Buchführungspflicht bestraft werden. Das ist z. B. der Fall, wenn der Stpfl. es unterlässt, Bücher zu führen, Aufzeichnungen zu machen oder Geschäftspapiere aufzubewahren. Außerdem, wenn die Unterlagen vernichtet oder unordentlich geführt oder geändert werden. Wenn ein Stpfl. die nach Steuergesetzen angeordnete Buchführungspflicht nicht beachtet, so handelt er steuerordnungswidrig und kann nach § 379 AO mit Geldbußen bis zu 25.000 € belegt werden.

Darüber hinaus eröffnen Buchführungsverletzungen der Finanzverwaltung die Möglichkeit, eine Hinzuschätzung bei Umsatz und Gewinn vorzunehmen (§ 162 AO).

> Ordnungswidrigkeiten

Buchgeld

Das Buchgeld (auch Giralgeld genannt) ist kein gesetzliches Zahlungsmittel, hat aber in der betrieblichen Praxis eine wesentlich größere Bedeutung.

Arten des Buchgeldes sind:

- Sichteinlagen bei Kreditinstituten
- durch Kreditgewährung bereitgestellte Mittel.

Buchnachweis

In der UStDV (§§ 8 ff.) wird geregelt, wie der nach den §§ 6 - 8 UStG zu erbringende **> Ausfuhrnachweis** und Buchnachweis zu führen ist. Als Grundsatz wird bestimmt, dass die „buchmäßig nachzuweisenden Voraussetzungen" (= Buchnachweis) eindeutig und leicht nachprüfbar aus der Buchführung zu ersehen sein müssen.

Buchungsbeleg

Für eine ordnungsgemäße Buchführung gilt der Grundsatz, dass jede Buchung durch einen Beleg (= Buchungsbeleg) nachzuweisen ist.

Buchungssatz

Der Buchungssatz, auch Buchungsformel genannt, ist der Satz, der die beiden durch einen Geschäftsvorfall betreffenden Konten anspricht. Das erste Konto (Soll) wird belastet, das zweite Konto (Haben) wird erkannt.

Beispiel

Kasse an Warenverkaufskonto = Fall eines Barverkaufs

Buchwert

Unter Buchwert versteht man den Wert, mit dem ein Vermögens- oder Schuldposten „zu Buche" steht. Praktisch handelt es sich um den Wert, mit dem ein Wirtschaftsgut, insbesondere ein Wirtschaftsgut des Anlagevermögens, in der Bilanz geführt wird.

Bundesfinanzbehörden

Bundesfinanzbehörden (§ 1 FVG) sind als Mittelbehörden die > **Oberfinanzdirektionen** (OFD), als örtliche Behörden die Hauptzollämter. Die oberste Leitung der Bundesfinanzbehörden hat der Bundesminister der Finanzen (BdF).

Bundesfinanzbehörden sind (§ 1 FVG):

1. als oberste Behörde: der BdF
2. als Oberbehörden u. a.: die Bundesmonopolverwaltung für Branntwein, das > **Bundeszentralamt für Steuern**.
3. als Mittelbehörden: die OFD
4. als örtliche Behörden u. a. die Hauptzollämter.

> **Landesfinanzbehörden**

Bundesfinanzhof

1. Der Bundesfinanzhof (BFH) mit Sitz in München ist das oberste Bundesgericht für die Finanzgerichtsbarkeit (§ 2 FGO).
2. Der BFH entscheidet über die > **Rechtsmittel**:
   a) der > **Revision** gegen Urteile des FG und gegen Entscheidungen, die Urteilen des FG gleichstehen;
   b) der > **Beschwerde** gegen andere Entscheidungen des FG oder des Vorsitzenden des Senats (§ 36 FGO).
3. Der BFH besteht aus dem Präsidenten und aus den Senatspräsidenten und weiteren Bundesrichtern. Beim BFH werden Senate gebildet (11). Die Senate des BFH entscheiden in der Besetzung von fünf Richtern, bei Beschlüssen außerhalb der mündlichen Verhandlung in der Besetzung von drei Richtern (§ 10 FGO).
4. Will ein Senat des BFH in einer Rechtsfrage von der Entscheidung eines anderen Senats abweichen (§ 11 Abs. 2 FGO), so entscheidet der „Große Senat" (§ 11 Abs. 1 FGO).

> **Finanzgericht** > **Rechtsbehelfsverfahren**

Weitere Informationen unter www.bundesfinanzhof.de

Bundessteuern

Man spricht von Bundessteuern, wenn die > **Ertragshoheit** (Art. 106 GG) dem Bund zusteht.

Beispiele

- Zoll
- Energiesteuer
- Stromsteuer
- Tabaksteuer
- Schaumweinsteuer

> **Gemeindesteuern** > **Gemeinschaftsteuern** > **Landessteuern**

Bundeszentralamt für Steuern

Das Bundeszentralamt für Steuern, Bonn, hat nach § 5 FVG insbesondere die Aufgabe, bei Außenprüfungen mitzuwirken, es wird aber auch im Rahmen der Abzugssteuern oder Steuervergütungen bei Auslandsbezug tätig und hat die Fachaufsicht beim Kindergeld.

Ferner wird die Umsatzsteuer-Identifikationsnummer vom Bundeszentralamt für Steuern (Außenstelle Saarlouis) erteilt.

Weitere Informationen unter www.bzst.de

Bürgergeld

Das Bürgergeld ist ein Grundeinkommen bzw. eine Grundsicherung für arbeitssuchende und bedürftige Menschen; es handelt sich um eine Form der sozialen, staatlichen Hilfe. Es tritt an die Stelle des bisherigen Arbeitslosengeldes II, auch bekannt unter dem Namen Hartz IV. Seit dem 01.01.2023 wird in Deutschland das Bürgergeld gezahlt.

Beim Bürgergeld handelt sich nicht um ein bedingungsloses Bürgergeld oder bedingungsloses Grundeinkommen, sondern um ein Bürgergeld, dessen Zahlung an bestimmte Bedingungen geknüpft ist. Wichtigste Bedingung dabei ist die Bedürftigkeit bei grundsätzlicher Erwerbsfähigkeit.

Der Regelsatz des Bürgergeldes wird 502 € betragen. Hinzu kommen:

451 €	– für eheliche oder nichteheliche Partner einer Lebensgemeinschaft
420 €	– für Kinder im Alter von 14 bis 17 Jahren
348 €	– für Kinder im Alter von 6 bis 13 Jahren
318 €	– für Kinder bis einschließlich 5 Jahren

Bürgerliches Recht

Das Bürgerliche Recht ist im Bürgerlichen Gesetzbuch (BGB) festgelegt. Es regelt die Rechtsverhältnisse natürlicher und juristischer Personen. Natürliche Personen sind Menschen, juristische Personen sind Gesellschaften, die über eine eigene Rechtsfähigkeit verfügen, beispielsweise die GmbH, AG, KGaA.

Das BGB besteht aus:

- einem Allgemeinen Teil
- dem Schuldrecht
- dem Sachenrecht
- dem Familienrecht
- dem Erbrecht.

Bürgschaft

Die Bürgschaft (§§ 765 ff. BGB) ist ein Vertrag zwischen dem Bürgen und dem Gläubiger eines Dritten, in dem sich der Bürge dem Gläubiger gegenüber verpflichtet, für die Erfüllung der Verbindlichkeiten des Dritten einzustehen. Die Bürgschaft ist in ihrer Höhe vom Bestand der Hauptschuld abhängig. Erhöht diese sich durch Zinsen und sonstige Kapitalkosten, haftet der Bürge auch für diese weiteren Verbindlichkeiten. Verringert sich die Hauptschuld, mindert sich die Bürgschaft in ihrer Höhe entsprechend. Es ist möglich, die Bürgschaft betragsmäßig und zeitlich zu begrenzen.

Businessplan

Der Businessplan bzw. das Gründungskonzept ist der Fahrplan in die Selbstständigkeit. Der Existenzgründer beschreibt hier detailliert, wie er seine Geschäftsidee gewinnbringend umsetzen möchte. Der Businessplan enthält eine genaue Beschreibung des Angebotes bzw. der Leistung, der zukünftigen Kunden, der Konkurrenten, der Werbemaßnahmen usw.

Auf Grundlage des Businessplans beurteilen z. B. Kreditinstitute, ob die Gründungsidee tragfähig ist und das Projekt Erfolg verspricht.

Weitere Informationen unter www.existenzgruender.de

Bußgeldbefreiende Selbstanzeige

Eine Geldbuße wird nicht festgesetzt, soweit der Täter unrichtige oder unvollständige Angaben bei der FinBeh berichtigt oder ergänzt oder unterlassene Angaben nachholt, bevor ihm oder seinem Vertreter die Einleitung eines Straf- oder Bußgeldverfahrens wegen der Tat bekanntgegeben worden ist (§ 378 Abs. 3 AO).

Bußgeldverfahren

Das Bußgeldverfahren wird wegen einer > **Steuerordnungswidrigkeit** eingeleitet. Für das Bußgeldverfahren wegen > **Steuerordnungswidrigkeiten** gelten die verfahrensrechtlichen Vorschriften des Gesetzes über Ordnungswidrigkeiten, außerdem bestimmte Vorschriften der AO, die in § 409 AO aufgeführt sind, z. B. Zuständigkeit des FA oder des Gerichts.

Die Geldbuße wird in einem Bußgeldbescheid festgesetzt.

C

Cashflow

Der Cashflow gibt im Allgemeinen an, wie viel Geld das Unternehmen erwirtschaftet hat.

Zwei Arten des Cashflow lassen sich unterscheiden:

- **Der Cashflow im engeren Sinne**

  Der Cashflow im engeren Sinne zeigt das Ausmaß der Unternehmensfinanzierung aus den Umsatzerlösen, der über die reine Aufwandsdeckung hinausreicht und dem Unternehmen zur Finanzierung von Investitionen, zur Rückzahlung von Verbindlichkeiten und zur Ausschüttung zur Verfügung steht.

  Neben der Ertragslage dokumentiert die Kennzahl den Selbstfinanzierungsspielraum eines Unternehmens.

	Nicht entnommener Gewinn
+	neugebildete Rücklagen
+	Abschreibungen
+	Pauschalwertberichtigungen
=	Cashflow im engeren Sinne

- **Cashflow im weiteren Sinne**

  Demgegenüber will der Cashflow im weiteren Sinne nicht mehr allein die aus Selbstfinanzierung stammenden Mittel erfassen, sondern zudem auch fremdfinanzierte Mittel, die bis zum Zeitpunkt ihrer Inanspruchnahme im Unternehmen verbleiben.

  Sämtliche Liquidationszuflüsse sollen gezeigt werden.

	Jahresgewinn bzw. -verlust
-	Gewinnvortrag
+	Verlustvortrag
+	Erhöhung der Rücklagen zulasten des Ergebnisses
-	Auflösung der Rücklagen zugunsten des Ergebnisses
+	Erhöhung der langfristigen Rückstellungen
-	Auflösung langfristiger Rückstellungen zugunsten des Ergebnisses
+	Abschreibungen und Wertberichtigungen auf Sachanlagen und Beteiligungen
+	außerordentliche, betriebs- und periodenfremde Aufwendungen
-	außerordentliche, betriebs- und periodenfremde Erträge
=	Cashflow im weiteren Sinne

Coronahilfen

Die Bundesregierung hat Unternehmen, Selbständige und Beschäftigte seit Beginn der Corona-Krise mit rund 170 Mrd. € gestützt. Es wurden Hilfen von rund 60 Mrd. € ausgezahlt und Kredite von knapp 55 Mrd. € gewährt. Hinzu kommen die Ausgaben für das Kurzarbeitergeld. Laut Bundesagentur für Arbeit wurden in den Jahren 2020 und 2021 rund 24,6 Mrd. € an Kurzarbeitergeld und rund 17,6 Mrd. € für die Erstattung von Sozialversicherungsbeiträgen an Arbeitgeber ausgegeben (zusammen rund 42,1 Mrd. €). Hinzu kamen Rekapitalisierungen und Garantien durch den Wirtschaftsstabilisierungsfonds sowie Bürgschaften. Landesprogramme haben die Bundeshilfen ergänzt.

Die wichtigsten Coronahilfen waren:

Name des Programms	Förderzeitraum
Soforthilfe	März bis Mai 2020 (Antragszeitraum)
Überbrückungshilfe I	Juni bis August 2020
Überbrückungshilfe II	September bis Dezember 2020
Überbrückungshilfe III	November 2020 bis Juni 2021
Überbrückungshilfe III Plus	Juli bis Dezember 2021
Überbrückungshilfe IV	Januar bis Juni 2022

Name des Programms	Förderzeitraum
Neustarthilfe	Januar bis Juni 2021
Neustarthilfe Plus	Juli bis Dezember 2021
Neustarthilfe 2022	Januar bis Juni 2022
Novemberhilfe	November 2020
Dezemberhilfe	Dezember 2020
Härtefallhilfen	März 2020 bis Juni 2022

Coronaprämie

Nach § 3 Nr. 11a EStG konnten Arbeitgeber ihren Beschäftigten in der Zeit vom 01.03.2020 bis zum 31.03.2022 Beihilfen und Unterstützungen bis zu einem Betrag von insgesamt 1.500 € steuerfrei auszahlen. Die Zuschüsse und Bonuszahlungen waren auch nicht dem sozialversicherungspflichtigen Arbeitsentgelt zuzurechnen und damit beitragsfrei. Voraussetzung war, dass die Beihilfen und Unterstützungen zur Abmilderung der zusätzlichen Belastung durch die Corona-Krise und zusätzlich zum ohnehin geschuldeten Arbeitslohn geleistet wurden. Die Steuerbefreiung war damit insbesondere im Rahmen von einem Gehaltsverzicht oder von Gehaltsumwandlungen ausgeschlossen.

Cum-Ex-Geschäfte

Cum-Ex-Transaktionen sind Aktiengeschäfte, bei denen Aktien vor oder am Dividendenstichtag mit Dividendenanspruch (cum) gekauft, jedoch erst nach dem Stichtag ohne Dividende (ex) geliefert werden.

Solche über den Dividendenstichtag durchgeführte Transaktionen waren für sich genommen rechtlich unkritisch. Missbräuchlich waren Cum-Ex-Transaktionen, wenn sie so gestaltet wurden, dass Kapitalertragsteuererstattungen mehrfach (beispielsweise vom Verkäufer und Käufer der Aktie) beansprucht wurden.

An- und Verkäufe von Aktien über den Dividendenstichtag hinweg fanden auch mehrfach statt. Banken stellten für jeden Besitzerwechsel Bescheinigungen über Kapitalertragsteuern aus, auch wenn diese tatsächlich nicht gezahlt wurden. Beim Finanzamt wurde eine Erstattung der Steuerbeträge dennoch eingefordert.

Der Bundesfinanzhof hat (beispielsweise) mit Urteil vom 02.02.2022 (I R 22/20) entschieden, dass bei Cum-Ex-Geschäften ein Anspruch auf Erstattung von Kapitalertragsteuern regelmäßig nicht besteht.

Im Fall von Cum-Cum-Deals schiebt ein Investor aus dem Ausland, der in Deutschland kein Recht auf die Erstattung der Kapitalertragssteuer hat, seine Wertpapiere am Stichtag gegen eine Gebühr zu einer inländischen Bank. Diese lässt sich die Kapitalertragssteuer auf die Dividenden erstatten. Hinterher werden die Aktien wieder zurückgekauft.

D

Damnum

Ein Damnum oder Abgeld ist der Unterschiedsbetrag zwischen dem Nennbetrag einer Darlehensschuld (z. B. Hypothek) und dem tatsächlich an den Darlehensnehmer gezahlten Betrag. Das Damnum ist zu aktivieren und auf die Laufzeit des Darlehens zu verteilen.

Datenzugriff

Sind steuerlich relevante Unterlagen i. S. d. § 147 Abs. 1 AO mithilfe eines Datenverarbeitungssystems erstellt worden, hat die Finanzbehörde im Rahmen einer Außenprüfung das Recht, Einsicht in die gespeicherten Daten zu nehmen und das Datenverarbeitungssystem zur Prüfung dieser Unterlagen zu nutzen (§ 147 Abs. 6 AO). Sie kann im Rahmen einer Außenprüfung verlangen, dass die Daten nach ihren Vorgaben maschinell ausgewertet oder ihr die gespeicherten Unterlagen und Aufzeichnungen auf einem maschinell verwertbaren Datenträger zur Verfügung gestellt werden (vgl. dazu BMF-Schreiben vom 28.11.2019, BStBl I S. 1269, Grundsätze zum Datenzugriff und zur Prüfbarkeit digitaler Unterlagen GoBD). Die Überlassung dieser Informationen in maschinell auswertbarer Form ist erforderlich, damit die Finanzbehörde sie mittels des Einsatzes ihrer Prüfsoftware „IDEA" auswerten kann.

> Außenprüfung

DATEV

Für Angehörige der steuer- und wirtschaftsberatenden Berufe wurde auf genossenschaftlicher Basis (DATEV) ein eigenes Rechenzentrum geschaffen, mit heute herausragender Bedeutung für den steuerberatenden Beruf und auch für rechtsberatende Berufe.

DATEV-Kontenrahmen

Es gibt zahlreiche DATEV-Konten. Hier eine Übersicht über die mit am meisten verbreiteten Spezialkontenrahmen.

Spezialkontenrahmen SKR 03:	
Klasse 0	Anlage- und Kapitalkonten
Klasse 1:	Finanz- und Privatkonten
Klasse 2:	Abgrenzungskonten
Klasse 3:	Wareneingangs- und Bestandskonten
Klasse 4:	Betriebliche Aufwendungen
Klasse 5:	–
Klasse 6:	–
Klasse 7:	Bestände an Erzeugnissen
Klasse 8:	Erlöskonten
Klasse 9:	Vortragskonten –Statistische Konten

Spezialkontenrahmen SKR 04:	
Klasse 0:	Anlagevermögenkonten
Klasse 1:	Umlaufvermögenkonten
Klasse 2:	Eigenkapitalkonten
Klasse 3:	Fremdkapitalkonten
Klasse 4:	Betriebliche Erträge
Klasse 5:	Betriebliche Aufwendungen
Klasse 6:	Betriebliche Aufwendungen
Klasse 7:	Weitere Erträge und Aufwendungen
Klasse 9:	Vortragskonten – Statistische Konten

Dauernde Lasten

Bei dauernden Lasten handelt es sich um vertraglich vereinbarte Leistungen, die dem Stpfl. über einen längeren Zeitraum hin auferlegt worden sind und die von den jeweiligen wirtschaftlichen Verhältnissen der Beteiligten abhängig sind. Stehen die dauernden Lasten mit einer Einkunftsart in Zusammenhang, so können sie als Betriebsausgaben oder Werbungskosten abgezogen werden; stehen sie mit keiner Einkunftsart in Verbindung, so sind sie unter engen Voraussetzungen nach § 10 Abs.1 Nr. 1a EStG in voller Höhe als Sonderausgaben zu berücksichtigen.

> **Renten**

Deckungsbeitrag

Die (einstufige) Deckungsbeitragsrechnung ist ein Kostenrechnungssystem.

Es trennt – ausgehend von den Erkenntnissen der Kostentheorie – die fixen und variablen Kosten, um den wesensmäßigen Unterschied der beiden Kostengattungen berücksichtigen zu können und damit die Gefahr von Fehlentscheidungen, welche die Proportionalisierung von fixen Kosten mit sich bringt, zu vermeiden. Man spricht z. B. von einer Preisbildung auf Teilkostenbasis, wenn vorübergehend auf einen Teil der (fixen) Kosten bei Preisbildung verzichtet wird.

Man unterscheidet:

- einstufige Deckungsbeitragsrechnungen und
- mehrstufige Deckungsbeitragsrechnungen.

Die **einstufige** Deckungsbeitragsrechnung ist ein Teilkostenrechnungssystem, das auch als **Direct Costing** bezeichnet wird. Die Kosten der Erzeugnisse werden als variable Kosten und als Kosten der Betriebsbereitschaft (fixe Kosten) unterschieden. Auf die Erzeugnisse werden nur die Einzelkosten als variable Kosten und die variablen Teile der Gemeinkosten verrechnet.

Der **Deckungsbeitrag** bei der einstufigen Deckungsbeitragsrechnung ergibt sich:

	Erlöse
-	variable Kosten
=	**Deckungsbeitrag**

Die **mehrstufige** Deckungsbeitragsrechnung ist ein erweitertes Verfahren, das die Vorteile der einstufigen Deckungsbeitragsrechnung aufweist, deren Nachteile jedoch vermeidet. Sie wird auch als **Fixkostendeckungsrechnung** bezeichnet.

Mit ihr soll ein Mittelweg zwischen der vollständigen Kostenüberwälzung der Vollkostenrechnung und dem vollständigen Verzicht auf die Verrechnung fixer Kosten auf die Erzeugnisse beschritten werden.

Der Deckungsbeitrag ergibt sich:

	Erlöse
-	variable Kosten
-	verschiedene fixe Kosten
=	**Deckungsbeitrag**

Delkredere

Delkredere ist die steuerlich erlaubte Wertberichtigung auf zweifelhafte oder uneinbringliche Forderungen. Sie wird auf der Passivseite der Bilanz ausgewiesen. Nach den Rechnungslegungsvorschriften sind bei Kapitalgesellschaften die Forderungen **direkt abzuschreiben**, ein **Passivposten entfällt**.

Es ist steuerlich unter bestimmten Voraussetzungen sowohl eine Einzel- als auch eine Pauschalwertberichtigung (gemischtes Verfahren) möglich.

DEÜV

Bei der DEÜV handelt es sich um die Verordnung über die Erfassung und Übermittlung von Daten für die Träger der Sozialversicherung (Datenerfassungs- und -übermittlungsverordnung). In ihr ist geregelt, nach welchen Maßgaben die sozialversicherungsrelevanten Daten der Beschäftigten in Unternehmen erfasst und an die Sozialversicherungsträger übermittelt werden.

Sie enthält Bestimmungen zu Art und Zeitpunkt und zur Erstellung der Meldungen. Außerdem gibt es Regelungen für das verbindliche elektronische Übermittlungsverfahren.

Dezemberhilfe

> **Coronahilfen**

Dienstvertrag

> **Arbeitsvertrag**

Direkte Steuern

Direkte Steuern treffen den Steuerschuldner, der gleichzeitig auch Steuerträger sein soll.

Beispiel

ESt, ErbSt. Direkte Steuern werden also von demjenigen erhoben, den sie auch wirtschaftlich treffen sollen.

> **Indirekte Steuern**

Dividenden

> **Kapitalertragsteuer**

Doppelbesteuerung

Stpfl. können in verschiedenen Staaten ihren > **Wohnsitz**, gewöhnlichen Aufenthalt oder ihren Arbeitsort haben. Aufgrund der verschiedenen Steuergesetze in den einzelnen Staaten würde vielfach das gleiche Einkommen mehrfach besteuert.

Die vereinbarten > **Doppelbesteuerungsabkommen**, die aber nicht mit allen Staaten geschlossen wurden, sollen eine Doppelbelastung ausschließen oder mindern.

Doppelbesteuerungsabkommen

In den Doppelbesteuerungsabkommen (DBA) haben die verschiedenen Staaten Vereinbarungen über die Berechtigung der Steuererhebung vom Einkommen oder Vermögen u. a. getroffen.

Die Besteuerungsrechte werden meist dem Staate zugesprochen, in dem das Vermögen belegen ist oder aus dem die Einkommen stammen.

Zurzeit sind mit über 100 Ländern Abkommen auf dem Gebiet der Steuern vom Einkommen und Vermögen geschlossen.

> **Doppelbesteuerung**

Doppelte Buchführung

> **Buchführungssysteme**

Doppelte Haushaltsführung

Notwendige Mehraufwendungen, die einem Arbeitnehmer wegen einer aus beruflichem Anlass begründeten doppelten Haushaltsführung entstehen, und zwar unabängig davon, aus welchen Gründen die doppelte Haushaltsführung beibehalten wird, sind Werbungskosten (§ 9 Abs. 1 Nr. 5 EStG).

Eine doppelte Haushaltsführung liegt nur vor, wenn der Arbeitnehmer außerhalb des Ortes, in dem er einen eigenen Hausstand unterhält, beschäftigt ist und auch am Beschäftigungsort wohnt.

Aufwendungen für die Wege vom Beschäftigungsort zum Ort des eigenen Hausstands und zurück (Familienheimfahrten) können jeweils nur für eine Familienheimfahrt wöchentlich abgezogen werden. Zur Abgeltung der Aufwendungen für eine Familienheimfahrt ist eine Entfernungspauschale von 0,30 € für jeden vollen Kilometer der Entfernung zwischen dem Ort des eigenen Hausstands und dem Beschäftigungsort anzusetzen (0,38 € ab dem 21. Entfernungskilometer).

Notwendige Mehraufwendungen

Als notwendige Mehraufwendungen wegen einer doppelten Haushaltsführung kommen in Betracht:

- die Fahrtkosten aus Anlass des Wohnungswechsels zu Beginn und am Ende der doppelten Haushaltsführung sowie für wöchentliche Heimfahrten an den Ort des eigenen Hausstands oder Aufwendungen für wöchentliche Familien-Ferngespräche.
- Verpflegungsmehraufwendungen und
- Aufwendungen für die Zweitwohnung (max 1.000 € monatlich).

Siehe auch R 9.11 LStR bzw. H 9.11 LStH.

> **Mehrverpflegungsaufwendungen**

Dreiecksgeschäft

Ein innergemeinschaftliches Dreiecksgeschäft nach § 25b Abs. 1 UStG liegt vor, wenn:

- drei Unternehmer über denselben Gegenstand Umsatzgeschäfte abschließen und dieser Gegenstand unmittelbar vom ersten Lieferer an den letzten Abnehmer gelangt,
- die Unternehmer in jeweils verschiedenen Mitgliedstaaten für Zwecke der Umsatzsteuer erfasst sind,
- der Gegenstand der Lieferungen aus dem Gebiet eines Mitgliedstaates in das Gebiet eines anderen Mitgliedstaates gelangt und
- der Gegenstand der Lieferungen durch den ersten Lieferer oder den ersten Abnehmer befördert oder verwendet wird.

Die Vorschrift gilt entsprechend, wenn der letzte Abnehmer eine juristische Person ist, die nicht Unternehmer ist oder den Gegenstand nicht für ihr Unternehmen erwirbt und die in dem Mitgliedstaat für Zwecke der Umsatzsteuer erfasst ist, in dem sich der Gegenstand am Ende der Beförderung oder Versendung befindet.

Die Steuer für die Lieferung an den letzten Abnehmer wird von diesem geschuldet, wenn folgende Voraussetzungen erfüllt sind:

- Der Lieferung ist ein innergemeinschaftlicher Erwerb vorausgegangen;
- der erste Abnehmer ist in dem Mitgliedstaat, in dem die Beförderung oder Versendung endet, nicht ansässig. Er verwendet gegenüber dem ersten Lieferer und dem letzten Abnehmer dieselbe Umsatzsteuer-Identifikationsnummer, die ihm von einem anderen Mitgliedstaat erteilt worden ist als dem, in dem die Beförderung oder Versendung beginnt oder endet;

- der erste Abnehmer erteilt dem letzten Abnehmer eine Rechnung i. S. d. § 14a Abs. 7 UStG, in der die Steuer nicht gesondert ausgewiesen ist, und
- der letzte Abnehmer verwendet eine Umstatzsteuer-Identifikationsnummer des Mitgliedstaates, in dem die Beförderung oder Versendung endet.

Drittlandgebiet

> Umsatzsteuer-Binnenmarktgesetz

Durchschnittsätze

1. **> Vorsteuerabzug**: Durchschnittsätze
2. Wenn die land- und forstwirtschaftlichen Betriebe die notwendigen Aufzeichnungspflichten nach dem UStG erfüllen müssten, wären sie überfordert. Für Umsätze im Rahmen land- und forstwirtschaftlicher Betriebe wurden in § 24 UStG daher Durchschnittsätze festgelegt. Bei Unternehmern, die Umsätze im Rahmen eines land- und forstwirtschaftlichen Betriebs ausführen, gelten bestimmte Durchschnittsätze. Einzelheiten über die verschiedenen Steuersätze s. § 24 UStG.

Durchschnittsbewertung

Enthält das Vorratsvermögen am Bilanzstichtag Wirtschaftsgüter, die im Verkehr nach Maß, Zahl oder Gewicht bestimmt werden (vertretbare Wirtschaftsgüter) und bei denen die Anschaffungs- oder Herstellungskosten wegen Schwankungen der Einstandspreise im Laufe des Wirtschaftsjahres im Einzelnen nicht mehr einwandfrei feststellbar sind, so ist der Wert dieser Wirtschaftsgüter im Schätzungswege zu ermitteln.

In diesen Fällen stellt die Durchschnittsbewertung – Bewertung nach dem gewogenen Mittel der im Laufe des Wirtschaftsjahrs erworbenen und gegebenenfalls zu Beginn des Wirtschaftsjahrs vorhandenen Wirtschaftsgüter – ein zweckentsprechendes Schätzungsverfahren dar.

E

E-Bilanz

Unter E-Bilanz versteht man die Regelung zur elektronischen Übermittlung von Bilanzen sowie Gewinn- und Verlustrechnungen.

Echte Betriebsaufspaltung

> Betriebsaufspaltung

Ehegattenarbeitsverhältnisse

Arbeitsverhältnisse zwischen Ehegatten sind steuerlich anzuerkennen, wenn sie ernsthaft vereinbart sind und tatsächlich durchgeführt werden. Maßstab für die Ernsthaftigkeit ist, dass vor allem das Entgelt dem vergleichbarer Mitarbeiter entspricht. Außerdem müssen die Entgelte zum üblichen Zeitpunkt tatsächlich gezahlt werden. Aus dem Arbeitsverhältnis müssen alle Folgerungen gezogen werden, z. B. Abschluss eines Arbeitsvertrags, Einbehaltung und Abführung der LSt, Sozialversicherung, Gewährung von Urlaub usw. Schriftform für den Arbeitsvertrag ist dringend zu empfehlen.

Ehegattenbesteuerung

Wenn Ehegatten beide unbeschränkt steuerpflichtig sind und nicht dauernd getrennt leben, können sie zwischen > **Einzelveranlagung** (§ 26a EStG) und > **Zusammenveranlagung** (§ 26b EStG) wählen (§ 26 Abs. 1 EStG).

Es genügt, wenn die Voraussetzungen in dem Veranlagungszeitraum nur für einen Tag gegolten haben. Bei der Einzelveranlagung wird die ESt für jeden Ehegatten gesondert nach der Grundtabelle ermittelt. Werden die Ehegatten zusammen veranlagt, kommt die Splitting-Tabelle zur Anwendung.

Ehrenamtspauschale

Einnahmen aus nebenberuflichen Tätigkeiten im Dienst oder Auftrag einer juristischen Person des öffentlichen Rechts, die in einem Mitgliedsstaat der Europäischen Union oder in einem Staat belegen ist, auf den das Abkommen über den Europäischen Wirtschaftsraum Anwendung findet, oder einer unter § 5 Abs. 1 Nr. 9 des Körperschaftsteuergesetzes fallenden Einrichtung zur Förderung gemeinnütziger, mildtätiger und kirchlicher Zwecke (§§ 52 bis 54 der Abgabenordnung) bleiben bis zur Höhe von insgesamt 840 € im Jahr steuerfrei, § 3 Nr. 26a EStG.

Die Steuerbefreiung ist ausgeschlossen, wenn für die Einnahmen aus der Tätigkeit – ganz oder teilweise – eine Steuerbefreiung nach § 3 Nr. 12, 26 oder 26b EStG gewährt wird. Überschreiten die Einnahmen den steuerfreien Betrag, dürfen die mit den nebenberuflichen Tätigkeiten in unmittelbarem wirtschaftlichen Zusammenhang stehenden Ausgaben abweichend von § 3c EStG nur insoweit als Betriebsausgaben oder Werbungskosten abgezogen werden, als sie den Betrag der steuerfreien Einnahmen übersteigen.

Eidesstattliche Versicherung

Das FA kann verlangen, dass der Stpfl. Tatsachen, die er im Ermittlungsverfahren behauptet, durch Versicherung an Eides Statt erhärtet (§ 95 AO).

Eigenkapitalrentabilität

> Rentabilität

Eigentumsvorbehalt

Von Eigentumsvorbehalt wird gesprochen, wenn ein Käufer zum Besitzer einer beweglichen Sache wird, der Verkäufer jedoch bis zur vollständigen Zahlung des Kaufpreises Eigentümer bleibt. Der Eigentumsvorbehalt ist eine vielfach verwendete Form der Kreditsicherung.

Vgl. auch § 449 BGB.

Eigenverantwortlichkeit

> Selbstständige Arbeit

Eigenverbrauch

Der Entnahmeeigenverbrauch und die unentgeltliche Abgabe von unternehmerischen Gegenständen gelten als entgeltliche Lieferung („einer Lieferung gegen Entgelt gleichgestellte Tatbestände"), während der Leistungseigenverbrauch und sonstige unentgeltliche Dienstleistungen (auch an Arbeitnehmer) als entgeltliche sonstige Leistungen gelten. Der Repräsentationseigenverbrauch wurde durch entsprechende Vorsteuerausschlüsse ersetzt („einer sonstigen Leistung gegen Entgelt gleichgestellte Tatbestände").

Einfache Buchführung

> Buchführungssysteme

Einfuhr

Die Einfuhr von Gegenständen aus dem Drittlandsgebiet im Inland oder in den österreichischen Gebieten Jungholz und Mittelberg unterliegt der Einfuhrumsatzsteuer (§ 1 Abs. 1 Nr. 4 UStG).

Der innergemeinschaftliche Erwerb im Inland gegen Entgelt ist keine Einfuhr, unter bestimmten Voraussetzungen aber ein steuerbarer Umsatz (§ 1 Abs. 1 Nr. 5 UStG = sog. Erwerbsteuer).

> Bestimmungslandprinzip

Einfuhrumsatzsteuer

> **Einfuhr**

Einheitswerte

Die Einheitswerte (EW) der wirtschaftlichen Einheiten, wirtschaftlichen Untereinheiten und Teile von wirtschaftlichen Einheiten und Untereinheiten werden nach §§ 19 - 109a BewG festgestellt (§ 19 BewG).

Unter einem EW ist grundsätzlich ein einheitlicher Wert zu verstehen, der als Bemessungsgrundlage für mehrere Steuerarten dient.

EW haben derzeit allein Bedeutung für die Grundsteuer.

Einkaufskommission

> **Kommissionsgeschäft**

Einkommen

Der > **Gesamtbetrag** der Einkünfte, vermindert um die > **Sonderausgaben** und die > **außergewöhnlichen Belastungen**, ist das Einkommen (§ 2 Abs. 4 EStG).

Einkommen, zu versteuerndes

Das Einkommen, vermindert um Freibeträge nach § 32 Abs. 6 EStG und um die sonstigen vom Einkommen abzuziehenden Beträge, ist das zu versteuernde Einkommen (§ 2 Abs. 5 EStG). Es bildet die Bemessungsgrundlage für die tarifliche > **Einkommensteuer**. Knüpfen andere Gesetze an den Begriff des zu versteuernden Einkommens an, ist für deren Zweck das Einkommen in allen Fällen des § 32 EStG um den Kinderfreibetrag zu vermindern.

Schaubild (vereinfacht; Einzelheiten vgl. R 2 EStR) – siehe Abbildung auf der nächsten Seite.

Die tarifliche Einkommensteuer (§ 32a Abs. 1 EStG) bemisst sich nach dem zu versteuernden Einkommen.

Die tarifliche Einkommensteuer, vermindert um die anzurechnenden ausländischen Steuern und die Steuerermäßigungen, vermehrt u. a. um die Steuer nach § 34c Abs. 5 EStG ist die festzusetzende Einkommensteuer (§ 2 Abs. 6 EStG). Einzelheiten s. dort.

Die Einkommensteuer ist eine Jahressteuer. Die Grundlagen für ihre Festsetzung sind jeweils für ein Kalenderjahr zu ermitteln.

	Gewinneinkünfte	Einkünfte: Überschuss der Einnahmen über die Werbungskosten
+	Land- und Forstwirtschaft	Nichtselbstständige Arbeit
+	Gewerbebetrieb	Kapitalvermögen
+	Selbstständige Arbeit	Vermietung und Verpachtung
+		Sonstige Einkünfte

Summe der Einkünfte

	Summe der Einkünfte
-	Altersentlastungsbetrag (§ 24a EStG)
-	Entlastungsbetrag für Alleinerziehende (§ 24b EStG)
-	Abzug nach § 13 Abs. 3 EStG
=	**Gesamtbetrag der Einkünfte**

	Gesamtbetrag der Einkünfte
-	Verlustabzug (§ 10d EStG)
-	Sonderausgaben (§§ 10 ff. EStG)
-	außergewöhnliche Belastungen (§§ 33 - 33c EStG)
=	**Einkommen**

	Einkommen
-	Freibeträge nach § 32 Abs. 6 EStG (soweit keine Steuerfreistellung durch -> Kindergeld)
-	Härteausgleich nach § 46 Abs. 3 EStG
=	**zu versteuerndes Einkommen**

Einkommensteuer

Die ESt wird nach dem > **Einkommen** berechnet, das der Stpfl. innerhalb eines Kalenderjahres bezogen hat (= Bemessungszeitraum). Die Veranlagung zur ESt wird jeweils für ein Kalenderjahr durchgeführt (= Veranlagungszeitraum). Für die Veranlagung ist es deshalb erforderlich, das Einkommen zu ermitteln, das als innerhalb des Kalenderjahres bezogen gilt (= Ermittlungszeitraum).

Die ESt ist eine Subjekt- oder Personensteuer, die das Einkommen natürlicher Personen erfasst. Die einzelnen Stpfl. werden nach ihrer steuerlichen Leistungsfähigkeit, d. h. nach der Höhe ihres Einkommens und nach ihren persönlichen Verhältnissen besteuert.

> **Einkommensteuertarif**

Einkommensteuerbefreiungen

In § 2 Abs. 1 EStG wird ausgeführt, welche Einkunftsarten der ESt unterliegen. Nach § 3 EStG sind zahlreiche Einnahmen steuerfrei, obwohl sie ihrem Wesen nach zu einer steuerpflichtigen Einkunftsart gehören. Im Einzelnen siehe dort.

Einkommensteuer Durchführungsverordnung

> **Einkommensteuergesetz**

Einkommensteuererklärung

Unbeschränkt Stpfl. haben zwecks Veranlagung jährlich eine Einkommensteuererklärung auf amtlichen Vordrucken abzugeben (§ 25 Abs. 3 EStG). Werden > **Gewinneinkünfte** erzielt, ist die Steuererklärung elektronisch (online) zu übermitteln (§ 25 Abs. 4 EStG). Die Fragen auf den Vordrucken müssen vollständig und richtig beantwortet werden. Der Veranlagungsbeamte kann in zumutbarer Weise Aufklärung über fragliche Punkte verlangen.

In der Erklärung hat der Stpfl. zu versichern, dass er seine Angaben nach bestem Wissen und Gewissen gemacht hat.

Einkommensteuergesetz

1. Die ESt ist eine Subjekt- oder Personensteuer. Sie besteuert das > **Einkommen** > **natürlicher Personen**. Die Stpfl. werden nach ihrer steuerlichen Leistungsfähigkeit, d. h. nach der Höhe des Einkommens und nach persönlichen Verhältnissen (Familienstand, Alter, Kinderzahl u. a.) erfasst. Die ESt wird teilweise durch > **Veranlagung**, teilweise im > **Steuerabzugsverfahren** erhoben.
2. Gesetzliche Grundlagen für die ESt sind das EStG und die EStDV.

   Zur einheitlichen Auslegung von Besonderheiten und Grenzfällen sind als Verwaltungsanweisung die Einkommensteuerrichtlinien (EStR) ergangen.

3. Das EStG gliedert sich in folgende Hauptabschnitte:
   - I. Steuerpflicht (§§ 1 - 1a)
   - II. Einkommen (§§ 2 - 24b)
   - III. Veranlagung (§§ 25 - 28)
   - IV. Tarif (§§ 31 - 34b)
   - V. Steuerermäßigungen (§§ 34c - 35b)
   - VI. Steuererhebung (§§ 36 - 46)
   - VII. Steuerabzug bei Bauleistungen (§§ 48 - 48d)
   - VIII. Besteuerung beschränkt Steuerpflichtiger (§§ 49 - 50a)
   - IX. Sonstige Vorschriften, Bußgeld-, Ermächtigungs- und Schlussvorschriften (§§ 50b - 58).
   - X. Kindergeld (§§ 62 - 78)
   - XI. Altersvorsorge (§§ 79 - 99)
   - XII. Förderbetrag zur betrieblichen Altersvorsorge (§ 100)
   - XIII. Mobilitätsprämie (§§ 101 - 109)
   - XIV. Sondervorschriften zur Bewältigung der Corona-Pandemie (§§ 110 - 111)
   - XV. Energiepreispauschale (§§ 112 - 122)

Einkommensteuerpflicht

1. Unbeschränkte Einkommensteuerpflicht

Die Voraussetzungen für die unbeschränkte Einkommensteuerpflicht sind in § 1 Abs. 1 EStG enthalten. Danach sind insbesondere natürliche Personen, die im Inland einen **> Wohnsitz** oder ihren **> gewöhnlichen Aufenthalt** haben, unbeschränkt einkommensteuerpflichtig.

Natürliche Personen sind alle lebenden Menschen. Zum Inland gehört auch der der Bundesrepublik Deutschlands zustehende Anteil am Festlandssockel, soweit dort Naturschätze des Meeresgrundes und des Meeresuntergrundes erforscht oder ausgebeutet werden.

2. Beschränkte Einkommensteuerpflicht

Beschränkt einkommensteuerpflichtig nach § 1 Abs. 4 EStG sind natürliche Personen, die im Inland weder einen Wohnsitz noch ihren gewöhnlichen Aufenthalt haben und inländische Einkünfte i. S. d. § 49 EStG beziehen.

Ausnahmen s. § 1 Abs. 2 und 3 EStG und § 1a EStG.

Einkommensteuerrichtlinien

Die EStR behandeln Zweifelsfragen des Einkommensteuerrechts von allgemeiner Bedeutung. Die EStR (Zitierweise R ... EStR) erscheinen in der Regel in Drei-Jahresabständen, **Hinweise** (H) zu den EStR alljährlich (Zitierweise H ... EStR). Jährlich legt der BMF ein „Amtliches Einkommensteuer-Handbuch" vor, in dem neben den Gesetzestexten (EStG, EStDV) die EStR eingearbeitet sind, ferner die genannten Hinweise (H).

Einkommensteuertarif

Die tarifliche Einkommensteuer bemisst sich nach dem zu versteuernden Einkommen (§ 32a EStG). Sie beträgt vorbehaltlich der §§ 32b, 32d, 34, 34a, 34b und 34c jeweils in Euro für zu versteuernde Einkommen (Werte 2023):

1. bis 10.908 € (Grundfreibetrag): 0;
2. von 10.909 € bis 15.999 €: (979,18 • y + 1.400) • y;
3. von 16.000 € bis 62.809 €: (192,59 • z + 2.397) • z + 966,53;
4. von 62.810 € bis 277.825 €: 0,42 • x - 9.972,98;
5. von 277.826 € an: 0,45 • x - 18.307,73.

„y" ist ein Zehntausendstel des 10.908 € übersteigenden Teils des auf einen vollen Euro-Betrag abgerundeten zu versteuernden Einkommens.

„z" ist ein Zehntausendstel des 15.999 € übersteigenden Teils des auf einen vollen Euro-Betrag abgerundeten zu versteuernden Einkommens.

„x" ist das auf einen vollen Euro-Betrag abgerundete zu versteuernde Einkommen. Der sich ergebende Steuerbetrag ist auf den nächsten vollen Euro-Betrag abzurunden.

Einkommensteuerveranlagung

1. Allgemeine Regelung

Die Einkommensteuer ist eine Veranlagungsteuer. Unter Veranlagung ist das Verfahren zu verstehen, in dem die Besteuerungsgrundlagen ermittelt werden und die Steuer festgesetzt wird. Nach § 25 EStG gilt die Einzelveranlagung (ledige, verwitwete und geschiedene Stpfl. sowie Ehegatten, bei denen die Voraussetzungen des § 26 Abs. 1 Satz 1 EStG vorliegen).

Ehegatten, die beide unbeschränkt steuerpflichtig sind und nicht dauernd getrennt leben, können zwischen:

- Zusammenveranlagung und
- Einzelveranlagung wählen.

2. Zusammenveranlagung von Ehegatten

Ehegatten werden zusammen veranlagt, wenn beide Ehegatten die Zusammenveranlagung wählen. Die zur Ausübung der Wahl erforderlichen Erklärungen sind beim Finanzamt schriftlich oder zu Protokoll abzugeben. Werden keine Erklärungen abgegeben, so wird die Zusammenveranlagung unterstellt (§ 26 Abs. 3 EStG). Bei der Zusammenveranlagung von Ehegatten werden die Einkünfte, die die Ehegatten erzielt haben, zusammengerechnet, den Ehegatten gemeinsam zugerechnet und die Ehegatten sodann gemeinsam als Stpfl. behandelt (§ 26b EStG).

3. Einzelveranlagung von Ehegatten

Ehegatten werden einzeln veranlagt, wenn einer der Ehegatten die > **Einzelveranlagung** wählt. Bei der Einzelveranlagung von Ehegatten sind jedem Ehegatten die von ihm bezogenen Einkünfte zuzurechnen. Sonderausgaben, außergewöhnliche Belastungen und die Steuerermäßigung nach § 35a EStG werden demjenigen Ehegatten zugerechnet, der die Aufwendungen wirtschaftlich getragen hat. Auf übereinstimmenden Antrag der Ehegatten werden sie jeweils zur Hälfte abgezogen.

Einkünfte

Nach § 2 Abs. 3 EStG ist der Gesamtbetrag der Einkünfte die Summe der Einkünfte, vermindert um den > **Altersentlastungsbetrag** (§ 24a EStG), den Entlastungsbetrag für Alleinerziehende (§ 24b EStG) und den Abzug nach § 13 Abs. 3 EStG („Landwirtschaftsfreibetrag“: 900 €, wenn Summe der Einkünfte < 30.700 €).

Das EStG (§ 2 Abs. 1 EStG) unterscheidet sieben Einkunftsarten:

- Einkünfte aus Land- und Forstwirtschaft, Gewerbebetrieb und selbstständiger Arbeit. Diese Einkunftsarten werden durch den > **Gewinn** bestimmt (= Gewinneinkünfte).
- Einkünfte aus nichtselbstständiger Arbeit, Kapitalvermögen, Vermietung und Verpachtung und sonstige Einkünfte i. S. d. § 22 EStG. Bei diesen Einkunftsarten ist der Überschuss der Einnahmen über die Werbungskosten maßgeblich (Überschuss-Einkünfte).

> Einkommen, zu versteuerndes

Einlage

> Privateinlagen

Einnahmen

Einnahmen sind alle Güter, die in Geld oder Geldeswert bestehen und dem Stpfl. im Rahmen einer der Einkunftsarten des § 2 Abs. 1 Nr. 4 - 7 EStG zufließen (§ 8 Abs. 1 EStG).

Einnahmen-Überschuss-Rechnung

Gemäß § 4 Abs. 3 EStG können nicht buchungspflichtige Unternehmer und Freiberufler ihren Gewinn durch Überschuss der Betriebseinnahmen über die Betriebsausgaben ermitteln.

Bei der Gewinnermittlung nach § 4 Abs. 3 EStG sind die Betriebseinnahmen und die Betriebsausgaben nach den Grundsätzen des Zufluss-Abfluss-Prinzips (§ 11 EStG) zu erfassen (vgl. auch R 4.5 EStR).

Der Steuererklärung ist eine Gewinnermittlung nach amtlich vorgeschriebenem Vordruck beizufügen (Anlage EÜR).

Einsatzwechseltätigkeit

Eine Einsatzwechseltätigkeit üben Arbeitnehmer aus, die keine regelmäßige Arbeitsstätte haben, sondern bei ihrer individuellen beruflichen Tätigkeit typischerweise an ständig wechselnden Tätigkeitsstätten eingesetzt werden.
Typische Beispiele sind Bau- oder Montagearbeiter, Leiharbeitnehmer, Mitglieder einer Betriebsreserve für Filialbetriebe, Glas- und Gebäudereiniger, Krankenpfleger in der häuslichen Krankenpflege, Politessen und Auszubildende ohne örtlichen Mittelpunkt während ihrer Ausbildung.

Die Anzahl der jährlichen Einsatzstellen ist dabei ohne Bedeutung. Entscheidend ist allein, dass der Arbeitnehmer damit rechnen muss, in mehr oder weniger langen Zeitabständen immer wieder an andere Einsatzstellen zu wechseln.

Die Tätigkeit auf einer Baustelle begründet keine regelmäßige Arbeitsstätte, auch wenn der Arbeitnehmer dort längerfristig eingesetzt ist.

Die Einsatzwechseltätigkeit ist eine besondere Form der beruflich veranlassten Auswärtstätigkeit.

Als Werbungskosten kommen in Betracht:

- **Fahrtkosten**

  0,30 € je gefahrenem Kilometer (nicht Entfernungskilometer)

- **Verpflegungsmehraufwendungen**

  Abwesenheit von der Wohnung ...

  24 Stunden: 28 €,
  weniger als 24 Stunden, jedoch mehr als 8 Stunden: 14 €.

  Für berufliche Auswärtstätigkeiten im Ausland sind die vom BMF für die einzelnen Staaten festgesetzten Auslandstagegelder maßgebend.

  Die gesetzliche 3-Monatsfrist, die den Ansatz von Verpflegungsmehraufwendungen bei einer längerfristigen Auswärtstätigkeit am selben auswärtigen Beschäftigungsort auf einen Zeitraum von längstens drei Monaten begrenzt, gilt auch bei Arbeitnehmern mit Einsatzwechseltätigkeit (§ 9 Abs. 4a Satz 6 EStG).

- **Übernachtungskosten**

  Kosten der Übernachtung sind lediglich bei Einzelnachweis der Aufwendungen abzugsfähig.

Vgl. § 9 Abs. 1 Nr. 5a EStG, R 9.4 - 9.8 LStR sowie H 9.4 - 9.8 LStH.

Einseitige Rechtsgeschäfte

> **Rechtsgeschäfte**

Einspruch

Einspruch ist ein außergerichtlicher > **Rechtsbehelf**, der gegen > **Verwaltungsakte** gegeben ist, insbesondere gegen Steuerbescheide (§ 347 AO). Ausschluss des Einspruchs s. § 348 AO. Über den Einspruch entscheidet das FA durch Einspruchsentscheidung (§ 367 Abs. 1 AO).

Durch Zurücknahme oder Änderung der angefochtenen Steuerbescheide kann das FA dem Begehren des Stpfl. durch > **Abhilfebescheid** entsprechen.

Ein Einspruch kann nur einlegen, wer „beschwert" (> **Beschwer**) ist (§ 350 AO). Ferner muss der Einspruch innerhalb eines Monats nach Bekanntgabe des Verwaltungsaktes (Einspruchsfrist) eingelegt werden (§ 355 Abs. 1 AO = Ausschlussfrist).

Einspruchsentscheidung

> **Einspruch**

Einzelbewertung

Nach diesem Bewertungsgrundsatz muss jeder Gegenstand bei der Bilanzerstellung einzeln erfasst und bewertet werden.

Sammelposten mit > **Gruppenbewertung** sind in manchen Fällen möglich.

Die Bewertungsvereinfachungsverfahren sind handelsrechtlich möglich:

- Festwertverfahren (§ 240 Abs. 3 HGB),
- Durchschnitts- oder Gruppenbewertungsverfahren (§ 240 Abs. 4 HGB),
- Verbrauchsfolgeverfahren (§ 256 HGB).

Die Rechtsprechung sieht in der Zusammenfassung von gleichartigen Wirtschaftsgütern keinen Verstoß gegen die Einzelbewertung mit dem Ergebnis, dass die handelsrechtlich zulässige Sammel-, Gruppen- und Festbewertung auch **steuerlich** anerkannt ist, jedoch lässt der Gesetzgeber nicht alle handelsrechtlich erlaubten Verbrauchsfolgeverfahren zu.

Einzelgewerbetreibender

Betätigt sich eine natürliche Person am allgemeinen Wirtschaftsverkehr und übt sie eine nachhaltige, selbstständige Tätigkeit aus, die mit Gewinnstreben verbunden ist, so spricht man von einem Einzelgewerbetreibenden.

Keine gewerbliche Tätigkeit ist gegeben, wenn die Betätigung als Ausübung von Land- und Forstwirtschaft oder als Ausübung einer selbstständigen Tätigkeit i. S. d. § 18 EStG anzusehen ist.

> Nachhaltigkeit
> Selbstständigkeit

Einzelkosten

> Kostenträgerrechnung

Einzelveranlagung von Ehegatten

Ehegatten können zwischen der Einzelveranlagung (§ 26a EStG) und der Zusammenveranlagung (§ 26b EStG) wählen, wenn:

1. beide unbeschränkt einkommensteuerpflichtig sind,
2. sie nicht dauernd getrennt leben und
3. bei ihnen o. g. Voraussetzungen zu Beginn des Veranlagungszeitraums vorgelegen haben oder im Laufe des Veranlagungszeitraums eingetreten sind.

Ehegatten werden einzeln veranlagt, wenn einer der Ehegatten die Einzelveranlagung wählt (§ 26 Abs. 2 EStG).

Bei der Einzelveranlagung von Ehegatten sind jedem Ehegatten die von ihm bezogenen Einkünfte zuzurechnen. Sonderausgaben, außergewöhnliche Belastungen und die Steuerermäßigung nach § 35a EStG werden demjenigen Ehegatten zugerechnet, der die Aufwendungen wirtschaftlich getragen hat. Auf übereinstimmenden Antrag der Ehegatten werden sie jeweils zur Hälfte abgezogen.

Die Wahl der Veranlagungsart (Einzel- oder Zusammenveranlagung von Ehegatten) kann nach Eintritt der Unanfechtbarkeit des Steuerbescheids nur noch geändert werden, wenn:

1. ein Steuerbescheid, der die Ehegatten betrifft, aufgehoben, geändert oder berichtigt wird und
2. die Änderung der Wahl der Veranlagungsart der zuständigen Finanzbehörde bis zum Eintritt der Unanfechtbarkeit des Änderungs- oder Berichtigungsbescheids schriftlich oder elektronisch mitgeteilt oder zur Niederschrift erklärt worden ist und
3. der Unterschiedsbetrag aus der Differenz der festgesetzten Einkommensteuer entsprechend der bisher gewählten Veranlagungsart und der festzusetzenden Einkommensteuer, die sich bei einer geänderten Ausübung der Wahl der Veranlagungsarten ergeben würde, positiv ist (sich in der Summe also eine Minderung der Steuerlast ergibt).

Einzugsermächtigung

Erteilt der Zahlungspflichtige dem Zahlungsempfänger unmittelbar seine Zustimmung zum Lastschriftverkehr, spricht man von einer Einzugsermächtigung. Der Zahlungsempfänger legt seinem Kreditinstitut bzw. Postbank das Lastschriftformular zusammen mit dem Sammeleinzugsauftrag vor.

ELSTAM

Mit der Einführung der elektronischen Lohnsteuerkarte wurde die bisherige Lohnsteuerkarte durch ein elektronisches Verfahren ersetzt. Die Angaben der bisherigen Vorderseite der Lohnsteuerkarte (Steuerklasse, Kinder, Freibeträge und Religionszugehörigkeit) wurden in einer Datenbank der Finanzverwaltung zum elektronischen Abruf für die Arbeitgeber bereitgestellt und als Elektronische LohnSteuerAbzugsMerkmale (ELStAM) bezeichnet.

Weitere Informationen siehe §§ 39 - 39e EStG sowie unter www.elster.de.

ELSTER

ELSTER (Elektronische Steuererklärung) ist ein Projekt der deutschen Steuerverwaltung, das die sichere elektronische Übermittlung von Steuerdaten zum Ziel hat.

Es bietet allen Arbeitnehmern, Rentnern, Pensionären, Unternehmern und Arbeitgebern die Möglichkeit, verschiedene Steuererklärungen elektronisch via Internet an das Finanzamt zu übermitteln. Dazu kann ElsterFormular, das kostenlose Steuerprogramm der deutschen Finanzverwaltung, oder aber jedes andere Softwareprodukt verwendet werden, in das die ELSTER-Schnittstelle integriert ist.

ElsterOnline, das Dienstleistungsportal der Finanzverwaltung, bietet nach der Registrierung verschiedene Steuererklärungen und Meldungen an. Diese können im ElsterOnline-Portal mit einem Internetbrowser online erfasst und abgegeben werden. Daneben können andere Verwaltungen und Organisationen (z. B. Kammern, Gemeinden) mithilfe der ELSTER-Software Steuerdaten via Internet mit der Finanzverwaltung austauschen. Dazu steht zum einen ElsterFT, das kostenlose Programm der Finanzverwaltung, sowie andere Softwareprodukte in die die ELSTER-Schnittstelle integriert ist, zur Verfügung.

Weitere Informationen unter www.elster.de.

Energiepreispauschale

Die Energiepreispauschale („EPP") von 300 € sollte im Jahr 2022 diejenigen Bevölkerungsgruppen entlasten, denen typischerweise Fahrtkosten im Zusammenhang mit ihrer Einkünfteerzielung entstehen und die aufgrund der Energiepreisentwicklung diesbezüglich stark belastet waren. Die EPP ist in der Regel steuerpflichtig.

Anspruch auf die EPP haben alle Personen, die während des Jahres 2022 (ggf. auch nur für einen Teil des Jahres) in Deutschland wohnen oder sich gewöhnlich dort aufhalten (unbeschränkte Einkommensteuerpflicht) und im Jahr 2022 Einkünfte aus einer der folgenden Einkunftsarten beziehen:

- § 13 EStG (Land- und Forstwirtschaft),
- § 15 EStG (Gewerbebetrieb),
- §18 EStG (selbständige Arbeit) oder
- § 19 Abs. 1 Nr. 1 EStG (Einkünfte als Arbeitnehmer aus einer aktiven Beschäftigung).

Die EPP wird in diesen Fällen jedoch nicht über den Arbeitgeber ausgezahlt. Entsprechende Arbeitnehmer erhalten die EPP nur mit der Abgabe einer Einkommensteuererklärung für das Jahr 2022 von ihrem deutschen Finanzamt. Der Anspruch auf die EPP besteht unabhängig davon, ob Deutschland auch das Besteuerungsrecht an den maßgeblichen Einkünften nach § 13, § 15, § 18 oder § 19 Abs. 1 Satz 1 Nr. 1 Einkommensteuergesetz zusteht.

Arbeitnehmer erhielten die Prämie in aller Regel über Ihren Arbeitgeber. Bezieher/innen von Gewinneinkünften wurde die Prämie zumeist über eine Minderung der Einkommensteuer-Vorauszahlungen gutgeschrieben.

In jedem Fall, in dem für das Jahr 2022 eine Einkommensteuererklärung abgegeben wird, prüft das Finanzamt, ob ein Anspruch auf die EPP besteht. Auch Arbeitnehmer, die ihre EPP noch nicht über den Arbeitgeber erhalten haben, bekommen sie anhand ihrer Angaben mit der Abgabe einer Einkommensteuererklärung für das Jahr 2022. Ein besonderer Antrag ist nicht erforderlich. Im Steuerbescheid wird dann neben der Einkommensteuer auch die EPP festgesetzt.

Entfernungspauschale

Aufwendungen des Arbeitnehmers für die Wege zwischen Wohnung und erster Tätigkeitsstätte sind Werbungskosten und somit steuerlich abzugsfähig.

Zur Abgeltung dieser Aufwendungen ist für jeden Arbeitstag, an dem der Arbeitnehmer die Arbeitsstätte aufsucht, eine Entfernungspauschale für jeden vollen Kilometer der Entfernung zwischen Wohnung und erster Tätigkeitsstätte von 0,30 € für die ersten 20 Entfernungskilometer sowie 0,38 € für jeden weiteren Entfernungskilometer anzusetzen, höchstens jedoch 4.500 € im Kalenderjahr; ein höherer Betrag als 4.500 € ist anzusetzen, soweit der Arbeitnehmer einen eigenen oder ihm zur Nutzung überlassenen Kraftwagen benutzt. Dies gilt nicht für eine Flugstrecke. Für die Bestimmung der Entfernung kann eine andere als die kürzeste Straßenverbindung zugrunde gelegt werden, wenn diese offensichtlich verkehrsgünstiger ist und vom Arbeitnehmer regelmäßig für die Wege zwischen Wohnung und Arbeitsstätte benutzt wird.

Hat ein Arbeitnehmer mehrere Wohnungen, so sind die Wege von einer Wohnung, die nicht der ersten Tätigkeitsstätte am nächsten liegt, nur zu berücksichtigen, wenn sie den Mittelpunkt der Lebensinteressen des Arbeitnehmers bildet und nicht nur gelegentlich aufgesucht wird.

Die Entfernungspauschale ist unabhängig von einem Verkehrsmittel. So erhalten Arbeitnehmer, die zu Fuß zur Arbeit gehen, mit dem Fahrrad fahren oder etwa die Bundesbahn oder Straßenbahn nehmen, diese Entfernungspauschale (§ 9 Abs. 1 Nr. 4 EStG).

Durch die Entfernungspauschale sind sämtliche Aufwendungen abgegolten, die durch die Wege zwischen Wohnung und Arbeitsstätte (und durch die Familienheimfahrten) veranlasst sind.

Aufwendungen für die Benutzung öffentlicher Verkehrsmittel können angesetzt werden, soweit sie – bezogen auf das Kalenderjahr – den als **Entfernungspauschale abziehbaren Betrag** übersteigen (§ 9 Abs. 2 Satz 2 EStG).

Behinderte,

1. deren Grad der Behinderung mindestens 70 v. H. beträgt,
2. deren Grad der Behinderung weniger als 70 v. H., aber mindestens 50 v. H. beträgt

und die in ihrer Bewegungsfähigkeit im Straßenverkehr erheblich beeinträchtigt sind, können anstelle der Entfernungspauschalen die **tatsächlichen Aufwendungen** für die Wege zwischen Wohnung und Arbeitsstätte und für die Familienheimfahrten ansetzen (§ 9 Abs. 2 Satz 3 EStG).

Ohne Einzelnachweis der tatsächlichen Aufwendungen können die Fahrtkosten mit 0,30 € je gefahrenen Kilometer angesetzt werden (R 9.10 Abs. 3 LStR i. V. m. R 9.5 Abs. 1 LStR). Vgl. auch R 9.10 LStR sowie H 9.10 LStH.

Entgelt

Der Umsatz wird bei > **Lieferung**, > **sonstigen Leistungen** und innergemeinschaftlichem Erwerb (§ 1 Abs. 1 Nr. 1 UStG) nach dem Entgelt (§ 10 Abs. 1 UStG) bemessen.

Entgelt ist alles, was der Leistungsempfänger aufwendet, um die Leistung zu erhalten, jedoch abzüglich der USt. Zum Entgelt gehört auch, was ein anderer als der Leistungsempfänger dem Unternehmer für die Leistung gewährt. Dabei sind Zuschüsse mit Entgeltcharakter, Zuschüsse an Dritte (zusätzliches Entgelt) und echte Zuschüsse (nichtsteuerbare!) zu unterscheiden.

Die Beträge, die der Unternehmer im Namen und für Rechnung eines anderen vereinnahmt und verausgabt (durchlaufende Posten), gehören nicht zum Entgelt. Beim Tausch (§ 3 Abs. 12 Satz 1 UStG), bei tauschähnlichen Umsätzen (§ 3 Abs. 12 Satz 2 UStG) und bei Hingabe an Zahlungsstatt gilt der Wert jedes Umsatzes als Entgelt für den anderen Umsatz (§ 10 Abs. 2 UStG).

Entlastungsbetrag für Alleinerziehende

Alleinerziehende erhalten nach § 24b EStG einen Entlastungsbetrag in Höhe von 4.260 €. Für das zweite und jedes weitere Kind erhöht sich der Entlastungsbetrag um jeweils 240 €. Dieser Entlastungsbetrag wird pro Kalenderjahr von der Summe der Einkünfte abgezogen, wenn zum Haushalt des Alleinerziehenden mindestens ein Kind gehört, für das ein Freibetrag nach § 32 Abs. 6 oder Kindergeld zusteht.

Die Zugehörigkeit zum Haushalt ist anzunehmen, wenn das Kind in der Wohnung des allein stehenden Steuerpflichtigen gemeldet ist. Einzelheiten siehe § 24b Abs. 1 und 2 EStG. Für jeden vollen Monat, in dem die Voraussetzungen nicht vorgelegen haben, ermäßigt sich der Entlastungsbetrag um ein Zwölftel.

Sofern die Alleinerziehenden Einkünfte aus nichtselbstständiger Arbeit beziehen, werden sie in die Lohnsteuerklasse II eingereiht (§ 38b Satz 2 EStG), sodass der Entlastungsbetrag in Höhe von 4.260 € (zzgl. 240 € je weiterem Kind) Berücksichtigung findet.

Entnahmen

> **Privatentnahmen**

Entschädigungen

Zu den steuerpflichtigen Einkünften gehören auch Entschädigungen (§ 24 EStG), die als Ersatz für entgangene oder entgehende Einnahmen oder für die Tätigkeit oder Nichtausübung einer Tätigkeit, für die Aufgabe einer Gewinnbeteiligung oder einer Anwartschaft auf eine solche gewährt worden sind. Zu den Entschädigungen gehören weiterhin die Ausgleichszahlungen an Handelsvertreter nach § 89b HGB.

Die Entschädigung muss als Ersatz eines echten Schadens (Schadensersatz) dienen, der Entschädigungsgrund muss unmittelbare Einwirkung haben und die Entschädigungsleistung darf nicht den Charakter einer Gegenleistung für eine andere Leistung haben.

Man rechnet die Entschädigung zu der Einkunftsart, zu der man die weggefallenen Einnahmen gerechnet hätte. Wenn es sich bei den Entschädigungen i. S. d. § 24 Nr. 1 EStG um außerordentliche Einkünfte handelt, werden diese auf Antrag nach einem besonderen Verfahren besteuert. Einzelheiten zu dem besonderen Berechnungsverfahren siehe § 34 Abs. 1 Sätze 2 - 4 EStG.

Die Einkommensteuer für das Einkommen ohne die außerordentlichen Einkünfte wird derjenigen Einkommensteuer für das Einkommen ohne die außerordentlichen Einkünfte zuzüglich eines Fünftels der außerordentlichen Einkünfte gegenübergestellt. Der Unterschiedsbetrag ist zu verfünffachen und der Einkommensteuer hinzuzurechnen.

Entschädigungen für entgangene oder entgehende Einnahmen für mehrere Jahre sind außerordentliche Einkünfte.

> **Abfindung an Arbeitnehmer**

Entscheidungen

Entscheidungen der Steuergerichte sind > **Urteile** und Beschlüsse. Unter Entscheidungen der Finanzbehörden versteht man > **Steuerverwaltungsakte**.

Entstehung einer Steuerschuld

> **Fälligkeit**
> **Steuerschuld**

Entwurfskosten

> **Herstellungskosten**

Erbbaurecht

Ein Grundstück kann in der Weise belastet werden, dass demjenigen, zu dessen Gunsten die Belastung erfolgt, das veräußerliche und vererbliche Recht zusteht, auf oder unter der Oberfläche des Grundstücks ein Bauwerk zu haben (Erbbaurecht, § 1 Abs. 1 Erbbaurechtsgesetz).

Ist ein Grundstück mit einem Erbbaurecht belastet, so ist sowohl für die wirtschaftliche Einheit des Erbbaurechts als auch für die wirtschaftliche Einheit des belasteten Grundstücks jeweils ein EW festzustellen.

Bei der Ermittlung der EW ist von einem Gesamtwert auszugehen, der für den Grund und Boden einschließlich der Gebäude und Außenanlagen festzustellen wäre, wenn die Belastung nicht bestünde.

Wird der Gesamtwert nach den Vorschriften über die Bewertung der > **bebauten Grundstücke** ermittelt, so gilt jede wirtschaftliche Einheit als bebautes Grundstück der Grundstücksart, von der bei der Ermittlung des Gesamtwerts ausgegangen wird. Einzelheiten siehe §§ 192 ff. BewG.

Erbschaftsteuer

1. Der Erbschaftsteuer unterliegen:
   - der Erwerb von Todes wegen („Erbschaftsteuer")
   - die Schenkungen unter Lebenden („Schenkungsteuer") sowie
   - Zweckzuwendungen (§ 1 Abs. 1 ErbStG) sowie
   - das Vermögen einer Stiftung.

   Rechtsgrundlage: Erbschaftsteuer- und Schenkungsteuergesetz mit Änderung v. 27.02.1997 (BGBl I S. 378) mit späteren Änderungen.

   Die Steuerpflicht ergibt sich auf § 2 ErbStG. Danach tritt die Steuerpflicht für den gesamten Erbfall insbesondere ein, wenn der Erblasser zurzeit seines Todes oder der Erwerber zurzeit der Entstehung der Steuerschuld ein Inländer ist.
2. Die Steuersätze (§ 19 ErbStG) betragen je nach Steuerklasse (§ 15 ErbStG) und Höhe des Erbes zwischen 7 v. H. (Klasse I, Bemessungsgrundlage bis 75.000 €) und 50 v. H. (Klasse III, Bemessungsgrundlage über 13 Mio. €).

   Das ErbStG sieht drei Steuerklassen vor. Einzelheiten siehe § 15 ErbStG.

   Das ErbStG enthält in § 13 ErbStG verschiedene Befreiungen, insbesondere auch für Betriebsvermögen.

   Die Bewertung (der Bereicherung – § 12 ErbStG) orientiert sich am Bewertungsgesetz. Hier einige Grundsätze:
   - Die Bewertung der Anteile an Kapitalgesellschaften (§ 12 Abs. 2 ErbStG) erfolgt nach den Vorschriften des § 11 Abs. 2 Satz 2 BewG – Ansatz zum gemeinen Wert.
   - Die Bewertung von Grundbesitz (§ 12 Abs. 3 ErbStG) erfolgt mit dem durch das Bewertungsgesetz festgestellten Grundbesitzwert für Zwecke der Erbschaftsteuer **im Bedarfsfall** (§§ 138, 157 BewG).

     Es erfolgt ein gesonderter Ansatz für Grundstücke und Betriebe der Land- und Forstwirtschaft.
   - Beim Betriebsvermögen bleibt es bei der fast gänzlichen Übernahme der ertragsteuerlichen Werte für das Betriebsvermögen (§ 12 Abs. 5 ErbStG, §§ 95 - 97 BewG).

   Dieser Wert wird nach den Verhältnissen zurzeit der Entstehung der Erbschaftsteuer ermittelt.

Ausnahme: Bewertung von Betriebsgrundstücken mit dem im Bedarfsfall festzustellenden Grundbesitzwert (§ 99 BewG). § 13a und b ErbStG regeln den Ansatz von Betriebsvermögen, von Betrieben der Land- und Forstwirtschaft und von Anteilen an Kapitalgesellschaften. § 13c ErbStG enthält eine besondere Steuerbefreiung für zu Wohnzwecken vermietete Grundstücke.

3. Der Aufbau der ErbStG

INFO

I. Steuerpflicht (§§ 1 - 9)
II. Wertermittlung (§§ 10 - 13d)
III. Berechnung der Steuer (§§ 14 - 19a)
IV. Steuerfestsetzung und Erhebung (§§ 20 - 35)
V. Ermächtigungs- und Schlussvorschriften (§§ 36 - 37a).

Erhaltungsaufwand

Erhaltungsaufwand liegt vor, wenn das Wirtschaftsgut in ordnungsmäßigem Zustand erhalten wird, die Ausgaben regelmäßig in ungefährer Höhe wiederkehren und die Wesensart des Wirtschaftsguts nicht verändert wird. Erhaltungsaufwand ist sofort als Betriebsausgabe oder Werbungskosten abzugsfähig. Im Gegensatz dazu steht der zu aktivierende **> Herstellungsaufwand**.

Vgl. auch R 21.1 EStR.

Vereinfachungsregel
Betragen die Aufwendungen nach Fertigstellung eines Gebäudes für die einzelne Baumaßnahme nicht mehr als 4.000 € (Rechnungsbetrag ohne Umsatzsteuer) je Gebäude, ist auf Antrag dieser Aufwand stets als Erhaltungsaufwand zu behandeln. Auf Aufwendungen, die der endgültigen Fertigstellung eines neu errichteten Gebäudes dienen, ist die Vereinfachungsregelung jedoch nicht anzuwenden.

Auf Antrag kann größerer Erhaltungsaufwand für:

- nicht zu einem Betriebsvermögen gehörende Gebäude,
- die überwiegend Wohnzwecken dienen

auf zwei bis fünf Jahre gleichmäßig verteilt werden (§ 82b EStDV).

Erhebungszeitraum

Der Erhebungszeitraum für die Festsetzung der GewSt ist in der Regel das Kalenderjahr.

Weicht bei Unternehmen, die Bücher nach den Vorschriften des HGB führen müssen, das Wirtschaftsjahr, für das sie regelmäßig Abschlüsse machen, vom Kalenderjahr ab, so gilt der Gewerbeertrag als in dem Erhebungszeitraum bezogen, in dem das Wirtschaftsjahr endet (§ 10 Abs. 2 GewStG).

Erinnerungswert

> **Absetzung für Abnutzung**

Erlass

Ein Erlass von Steuern ist ein Verzicht des Steuerfiskus auf die ihm zustehenden Steuern. Voraussetzung: Unbilligkeit bei Einziehung der Steuer (> **Billigkeitsgründe**).

Ein Erlass kommt nur in Ausnahmefällen in Betracht, z. B. wenn die Bestreitung des Lebensunterhaltes gefährdet ist. Rechtsgrundlage ist § 227 AO.

Abzugrenzen ist der Erlass von der > **Niederschlagung**.

Ermessen

Bei der Ausübung des Ermessens sind nicht nur die in einzelnen gesetzlichen Bestimmungen vorgeschriebenen Voraussetzungen, sondern auch die Grundsätze der Gleichmäßigkeit der Besteuerung, der Verhältnismäßigkeit der Mittel, der Erforderlichkeit, der Zumutbarkeit, der Billigkeit und von Treu und Glauben sowie das Willkürverbot und das Übermaßverbot zu beachten. Verwaltungsvorschriften, die die Ausübung des Ermessens regeln, sind für die FinBeh bindend. Vgl. § 5 AO.

Ermessensentscheidungen

Entscheidungen, die die FinBeh nach ihrem Ermessen zu treffen haben (= Ermessensentscheidungen), müssen sich in den Grenzen halten, die das Gesetz dem Ermessen zieht. Innerhalb dieser Grenzen sind Ermessensentscheidungen nach Recht und Billigkeit zu treffen (§ 5 AO).

Ermittlungszeitraum

> **Einkommensteuer**
Vgl. § 4a EStG.

Eröffnungsbilanz

Eine Eröffnungsbilanz wird bei Gründung eines Unternehmens oder zu Beginn eines neuen Wirtschaftsjahres oder bei Wechsel der Gewinnermittlungsart aufgestellt (§§ 242 Abs. 1, 252 Abs. 1 Nr. 1 HGB).

Ersatzbeschaffung

> **Rücklagen**

Erstattungsanspruch

Der Erstattungsanspruch unterscheidet sich von den übrigen Ansprüchen aus dem Steuerschuldverhältnis (§ 37 Abs. 1 AO) dadurch, dass er die vorherige Erfüllung eines Anspruchs aus dem Steuerschuldverhältnis voraussetzt, die ohne rechtlichen Grund erfolgt ist oder für die der rechtliche Grund später weggefallen ist (vgl. § 37 Abs. 2 AO). Der Erstattungsanspruch stellt sich daher als Umkehrung der sonstigen Ansprüche aus dem Steuerschuldverhältnis dar.

Ertragsanteil

> **Private Renten**

Ertragshoheit

Unter Ertragshoheit versteht man das Recht des Steuergläubigers (Bund, Länder, Gemeinden), die Steuereinnahmen zu beanspruchen. Die Steuereinnahmen werden zwischen Bund, Ländern und Gemeinden nach Art. 106 GG wie folgt verteilt:

1. Dem Bund stehen zu: die Zölle, die Verbrauchsteuern (Ausnahme: Biersteuer), die Versicherungsteuer und die Abgaben im Rahmen der Europäischen Union.
2. Den Ländern stehen zu: die ErbSt, die KraftSt, die Verkehrsteuern (soweit sie nicht dem Land oder dem Bund und den Ländern gemeinsam zustehen), die Biersteuer und die Abgabe von Spielbanken.
3. Bund und Ländern stehen gemeinsam > **Gemeinschaftsteuern** zu: die ESt, die KSt, die USt. Das Aufkommen aus der ESt und KSt entfällt auf Bund und Länder. Die Anteile von Bund und Länder an der USt werden durch Bundesgesetz festgesetzt. Die Gemeinden erhalten gleichfalls einen Anteil des Steueraufkommens.
4. Den Gemeinden stehen zu: die Realsteuern (GewSt, GrSt), die örtlichen Verbrauchs- und Aufwandsteuern. Die Gemeinden erhalten ferner einen Anteil an dem Aufkommen der ESt, der von den Ländern an ihre Gemeinden auf der Grundlage der Einkommensteuerleistungen ihrer Einwohner weiterzuleiten ist. Bund und Länder können durch eine Umlage an dem Aufkommen der GewSt beteiligt werden.

Ertragsteuerbilanz

Die Ertragsteuerbilanz – man spricht meist von Steuerbilanz – ist eine Bilanz, die unter Berücksichtigung steuerrechtlicher Vorschriften (z. B. § 6 EStG) aufgestellt wird. Die Steuerbilanz wird aus der Handelsbilanz abgeleitet („Maßgeblichkeit der Handelsbilanz für die Steuerbilanz").

Ertragswert

1. Durch die Nutzung von Vermögenswerten (Aktien, Grundstücke, Unternehmungen als Ganzes) fallen im Regelfall Erträge ab. Der Ertragswert solcher Wirtschaftsgüter bzw. eines ganzen Unternehmens ermittelt sich durch die Kapitalisierung der zu erwartenden durchschnittlichen Reinerträge unter Verwendung eines branchenüblichen Zinssatzes für langfristige Anlagen.

   Die Formel für die Berechnung des Ertragswertes lautet:

   $$\frac{\text{Ertrag}}{\text{Zinsfuß}} \cdot 100$$

2. Die Ermittlung des EW des land- und forstwirtschaftlichen Vermögens beruht auf einem Ertragswert (§ 36 Abs. 1 BewG). Dabei ist von der Ertragsfähigkeit auszugehen. Ertragsfähigkeit ist der bei ordnungsgemäßer und schuldenfreier Bewirtschaftung mit entlohnten fremden Arbeitskräften gemeinhin und nachhaltig erzielbare Reinertrag.

   Ertragswert ist das Achtzehnfache dieses Reinertrags (§ 36 Abs. 2 BewG).

Einzelheiten siehe §§ 37 ff. BewG.

> **Ertragswertverfahren**

Ertragswertverfahren

> **Mietwohngrundstücke**, > **Geschäftsgrundstücke**, > **Einfamilienhäuser**, > **Zweifamilienhäuser** sind für Zwecke der Grundsteuer in der Regel im Wege des Ertragswertverfahrens zu ermitteln (§ 76 Abs. 1 BewG). Der Grundstückswert nach dem Ertragswertverfahren (§§ 78 - 82 BewG) umfasst den Bodenwert, den Gebäudewert und den Wert der Außenanlagen. Er ergibt sich durch Anwendung eines > **Vervielfältigers** auf die > **Jahresrohmiete**. Gewisse Zu- bzw. Abschläge (§§ 81, 82 BewG) sind zu berücksichtigen. Beim Ertragswertverfahren handelt es sich um ein Bewertungsverfahren, bei dem der EW auf der Grundlage des Reinertrages ermittelt wird.

Auch bei der Bewertung von Grundvermögen für Zwecke der Erbschaftsteuer findet das Ertragswertverfahren Anwendung (Mietwohngrundstücke, Geschäftsgrundstücke, § 184 BewG).

> **Sachwertverfahren**

Erwerbstätigkeit

Nach Abschluss einer erstmaligen Berufsausbildung und eines Erststudiums wird ein volljähriges Kind i. S. d. § 32 Abs. 4 Nr. 2 EStG (Berufsausbildung, Übergangszeit, keine Ausbildung mangels Ausbildungsplatz, freiwilliges Jahr/Freiwilligendienst) nur berücksichtigt, wenn das Kind keiner Erwerbstätigkeit nachgeht. Eine Erwerbstätigkeit mit bis zu 20 Stunden regelmäßiger wöchentlicher Arbeitszeit, ein Ausbildungsdienstverhältnis oder ein geringfügiges Beschäftigungsverhältnis im Sinne der §§ 8 und 8a SGB IV sind unschädlich (§ 32 Abs. 4 Sätze 2 und 3 EStG).

Erwerbsteuer

> **Bestimmungslandprinzip**

Erziehungsbedarf

> **Kinderbetreuungsfreibeträge**

Erzwingungsgeld

> **Zwangsmittel**

Erzwingungshaft

> **Zwangsmittel**

EuRLUmsG

> **Richtlinien-Umsetzungsgesetz**

EÜR

> **Einnahmen-Überschuss-Rechnung** (§ 4 Abs. 3 EStG)

Existenzminimum

Die Steuerfreistellung des Existenzminimums soll durch Berücksichtigung des Grundfreibetrags zum Ausdruck kommen. Zu versteuernde Einkommen bis zur Höhe von 10.908 € bleiben demnach steuerfrei (Wert 2023, § 32a EStG). Bei Ehegatten verdoppelt sich der Betrag (bei Anwendung der Splittingtabelle).

F

Factoring

Das Factoring beruht auf einem Vertrag, der zwischen einem Unternehmen als Kunde und einem Finanzierungsinstitut als Factor geschlossen wird, wobei der Factor sich verpflichten kann, für den Kunden verschiedene Funktionen zu übernehmen:

- Dienstleistungsfunktion: Sie umfasst die Debitorenbuchhaltung, das Mahnwesen und das Rechnungsinkasso.
- Delkrederefunktion: Mit ihr wird das Risiko einer möglichen Zahlungsunfähigkeit des Abnehmers der Waren oder Dienstleistungen übernommen.
- Finanzierungsfunktion: Hier erfolgt die Bevorschussung der angekauften Forderungen.

Fahrlässigkeit

> **Steuerverkürzung**

Fahrtätigkeit

Arbeitnehmer, die bei ihrer individuellen beruflichen Tätigkeit typischerweise auf einem Fahrzeug tätig sind, üben eine Fahrtätigkeit aus (so z. B. Berufskraftfahrer, Zug- oder Lokführer sowie jeweiliges Begleitpersonal).
Diese Arbeitnehmer haben keine ortsfeste, regelmäßige Arbeitsstätte und üben demnach eine Auswärtstätigkeit aus. Als Werbungskosten (Reisekosten) sind demnach abzugsfähig:

- **Fahrtkosten**

  tatsächliche Kosten bzw. pauschal 0,30 € je **gefahrenen** Kilometer (z. B. für Fahrten zwischen Wohnung und Fahrzeug)

- **Verpflegungsmehraufwendungen**

  pauschaler Abzug der Verpflegungsmehraufwendungen nach Dienstreisegrundsätzen, was bedeutet

Abwesenheitsdauer	Pauschbetrag
bis zu 8 Stunden	0 €
mehr als 8 Stunden	14 €
mindestens 24 Stunden	28 €.

  Maßgebend ist die Dauer der Abwesenheit von der Wohnung des Arbeitnehmers. Die gesetzliche 3-Monatsfrist, die den Ansatz von Verpflegungsmehraufwendungen bei einer längerfristigen Auswärtstätigkeit am selben auswärtigen Beschäftigungsort auf einen Zeitraum von längstens drei Monaten begrenzt, hat bei Fahrtätigkeiten keine Gültigkeit (§ 9 Abs. 4a EStG).

- **Übernachtungskosten**

  Für die Übernachtung ist der Werbungskostenabzug als Einzelnachweis z. B. durch Vorlage der Hotelrechnung zulässig.

  Anstelle der tatsächlichen Aufwendungen, die dem Arbeitnehmer im Zusammenhang mit einer Übernachtung in dem Kraftfahrzeug entstehen, kann im Kalenderjahr einheitlich eine Pauschale von 8 € für jeden Kalendertag berücksichtigt werden (§ 9 Abs. 1 Nr. 5b) Satz 2 EStG).

Siehe auch § 9 Abs. 1 Nr. 5 EStG, R 9.4 - 9.7 LStR sowie H 9.4 - 9.7 LStH.

Fahrtkosten zwischen Wohnung und erster Tätigkeitsstätte

Aufwendungen für Wege zwischen Wohnung und erster Tätigkeitsstätte sind als Werbungskosten abzugsfähig.

> Entfernungspauschale
Für Unternehmer gilt eine entsprechende Regelung, § 4 Abs. 5 Nr. 6 EStG.

Die unentgeltliche oder verbilligte Sammelbeförderung eines Arbeitnehmers zwischen Wohnung und Arbeitsstätte mit einem vom Arbeitgeber gestellten Beförderungsmittel, z. B. Kraftfahrzeug, soweit die Sammelbeförderung für den betrieblichen Einsatz des Arbeitnehmers notwendig ist, ist steuerfrei (§ 3 Nr. 32 EStG).

Faktische Mitunternehmerschaft

> Mitunternehmerschaft

Fälligkeit

1. Die Fälligkeit einer **> Steuerschuld** (§ 220 AO) und deren Entstehung (§ 38 AO) sind zu unterscheiden. Die Fälligkeit von Ansprüchen aus dem Steuerschuldverhältnis richtet sich nach den Vorschriften der Steuergesetze (§ 220 Abs. 1 AO). So richtet sich die Fälligkeit der Veranlagungsteuern nach der im Steuerbescheid (z. B. Einkommensteuerbescheid) angegebenen Frist, wann die Steuer zu entrichten ist. Diese Frist beträgt gewöhnlich einen Monat ab Bekanntgabe (§ 36 Abs. 4 EStG).
2. Bei Eintritt der Fälligkeit einer Steuerschuld ist die Zahlung zu leisten. Wird eine Steuer nicht bis zum Ablauf des Fälligkeitstages entrichtet, so wird für jeden angefangenen Monat ein **> Säumniszuschlag** von 1 v. H. des rückständigen Steuerbetrags erhoben (§ 240 AO).

> Fälligkeitssteuern

Fälligkeitssteuern

Man spricht von Fälligkeitssteuern, wenn diese ohne besondere Aufforderung durch das FA fällig werden.

Beispiele

LSt und USt aufgrund von Voranmeldungen u. a. (§ 41 EStG, § 18 Abs. 1 Satz 4 UStG).

Familienleistungsausgleich

Die steuerliche Freistellung eines Einkommensbetrags in Höhe des Existenzminimums eines Kindes einschließlich der Bedarfe für Betreuung und Erziehung oder Ausbildung wird im gesamten Veranlagungszeitraum entweder durch die Freibeträge nach § 32 Abs. 6 EStG (Kinder-, Betreuungsfreibetrag) oder durch Kindergeld bewirkt. Im laufenden Kalenderjahr wird Kindergeld als Steuervergütung monatlich gezahlt. Bewirkt der Anspruch auf Kindergeld für den gesamten Veranlagungszeitraum die gebotene steuerliche Freistellung nicht vollständig und werden deshalb bei der Veranlagung zur Einkommensteuer die kindbedingten Freibeträge vom Einkommen abgezogen, erhöht sich die unter Abzug dieser Freibeträge ermittelte tarifliche Einkommensteuer um den Anspruch auf Kindergeld für den gesamten Veranlagungszeitraum; bei nicht zusammenveranlagten Eltern wird der Kindergeldanspruch im Umfang des Kinderfreibetrags angesetzt.

Siehe auch §§ 31 ff. EStG > **Kinderfreibeträge** > **Kinderbetreuungsfreibeträge** > **Betreuungsfreibetrag**

> **Kindergeld**

Fertigungsbetrieb

> **Halbreingewinn**

Fertigungsgemeinkosten

> **Herstellungskosten**

Fertigungskosten

> **Herstellungskosten**

Festsetzungsfrist

> Festsetzungsverjährung

Festsetzungs- und Erhebungsverfahren bei der Gewerbesteuer

Die GewSt wird in einem Veranlagungsverfahren ermittelt.

Den > **Betriebsfinanzämtern** und Gemeinden fallen dabei unterschiedliche Verwaltungsaufgaben zu.

1. Die > **Betriebsfinanzämter** entscheiden über die persönliche und sachliche Steuerpflicht, sie bestimmen über die Höhe des Gewerbesteuermessbetrages sowie über die Zerlegung dieses Messbetrages. Durch einen Gewerbesteuermessbescheid entweder unmittelbar durch das FA oder mittelbar durch die hebeberechtigte Gemeinde wird dem Stpfl. der Gewerbesteuermessbetrag mitgeteilt.
2. Die Gemeinden entscheiden über die Festsetzung und die Erhebung der GewSt. In der Regel werden dem Stpfl. die Entscheidungen durch einen Gewerbesteuerbescheid der zuständigen Gemeinde mitgeteilt.

Festsetzungsverjährung

Eine Steuerfestsetzung sowie ihre Aufhebung oder Änderung ist nicht mehr zulässig, wenn die Festsetzungsfrist abgelaufen ist (= Festsetzungsverjährung). Dies gilt auch für die Berichtigung wegen > **offenbarer Unrichtigkeit** nach § 129 AO. Die Festsetzungsfrist beginnt mit Ablauf des Kalenderjahres, in dem die Steuer entstanden ist (§ 170 Abs. 1 AO). In den meisten Fällen beginnt die Verjährungsfrist jedoch mit Ablauf des Jahres, in dem die Steuererklärung eingereicht wurde (spätestens drei nach Entstehung der Steuer, § 170 Abs. 2 Nr. 1 AO).

Die Festsetzungsfrist (§ 169 AO) beträgt:

1. ein Jahr für Zölle, Verbrauchsteuern, Zollvergütungen und Verbrauchsteuervergütungen und vier Jahre für die übrigen Steuern und Steuervergütungen (z. B. Einkommensteuer, Umsatzsteuer).
2. zehn Jahre für hinterzogene Steuern und fünf Jahre für leichtfertig verkürzte Steuern.

Besondere Umstände können dazu führen, dass sich der Ablauf der Verjährungsfrist verschiebt (sog. Ablaufhemmung nach § 171 AO).

Feststellungsbescheid

Die Feststellung der Besteuerungsgrundlagen bildet regelmäßig einen unselbstständigen Teil des Steuerbescheids (§ 157 Abs. 2 AO).

Abweichend davon werden Besteuerungsgrundlagen in folgenden Fällen durch Feststellungsbescheid gesondert festgestellt:

- Einheitswerte,
- Einkünfte aus Land- und Forstwirtschaft, Gewerbebetrieb oder freiberuflicher Tätigkeit, wenn das Wohnsitzfinanzamt nicht zugleich das Betriebsfinanzamt ist (z. B. Gewerbebetrieb in der Nachbargemeinde) oder
- wenn mehrere Personen an einer Einkunftsquelle beteiligt sind (aus der sie einkommen- bzw. körperschaftsteuerpflichtige Einkünfte erzielen; einheitliche und gesonderte Feststellung), § 180 Abs. 1 AO.

Feststellungsbescheide sind selbstständig anfechtbar. Sie werden als Grundlagenbescheide bezeichnet, da sie für die anderen Steuerfestsetzungen (z. B. Einkommensteuerbescheide) bindend sind, § 182 Abs. 1 AO. Folgebescheide werden an den Inhalt eines Grundlagensbescheids nach einer besonderen Berichtigungsvorschrift angepasst (§ 175 Abs. 1 Nr. 1 AO). Im Verhältnis vom Feststellungsbescheid zum Folgebescheid gilt eine besondere Ablaufhemmung für die Festsetzungsfrist (§ 171 Abs. 10 AO).

Feststellungsklage

> **Klagearten**

Festwert

Stehen Wirtschaftsgüter einem Unternehmen stets in gleichbleibender Größe, Wert- und Zusammensetzung ohne große Schwankungen zur Verfügung, so können im Rahmen der Bilanzierung dafür Festwerte angenommen werden. Die Festwerte können für bestimmte abnutzbare **Wirtschaftsgüter des Anlagevermögens** (z. B. Gerüst- und Schalungsteile, Werkzeuge, Ersatzteile) gebildet werden. Siehe R 5.4 EStR.

Für **Roh-, Hilfs- und Betriebsstoffe** ist die Bildung eines Festwertes ebenfalls möglich. Nach § 240 Abs. 3 HGB, R 5.4 Abs. 3 EStR muss in der Regel an jedem dritten Bilanzstichtag eine körperliche Inventur erfolgen, um festzustellen, ob der Ansatz der bisherigen Mengen und Werte noch gerechtfertigt ist.

Anstatt einer AfA wird im Falle von **abnutzbaren Wirtschaftsgütern des Anlagevermögens** sowohl der gesamte Erhaltungs- als auch Erneuerungsaufwand im Jahr der Entstehung als Aufwand abgesetzt. Entsprechend wird der Einkauf an Roh-, Hilfs- und Betriebsstoffen als Aufwand verbucht. Erhöht sich der Bestand in der Bilanz wesentlich, so muss der Festwert um die Anschaffungskosten des abgelaufenen Wirtschaftsjahres erhöht werden.

Sofern diese Bestände nicht als Festwerte geführt werden, kann man auch eine **> Gruppenbewertung** vornehmen. Siehe auch Einzelheiten in R 6.8 Abs. 4 EStR.

Fifo

Fifo (engl. first in – first out) ist ein betriebswirtschaftliches Bewertungsverfahren zur Vorratsbewertung. Bei diesem Bewertungsverfahren wird unterstellt, dass die zuerst eingekauften Waren auch zuerst verbraucht werden. Die Vorräte werden deshalb mit den Preisen der letzten Wareneinkäufe bewertet. Steuerrechtlich ist dieses Bewertungsverfahren unter gewissen Voraussetzungen über § 256 HGB („GoB") zulässig.

> **Durchschnittsbewertung** > **Lifo**

Finanzamt

Die Finanzämter (FÄ) sind als örtliche Landesbehörden für die Verwaltung der den Ländern ganz oder zum Teil zufließenden Besitz- oder Verkehrsteuern und für die ihnen sonst übertragenen Aufgaben zuständig (§ 17 FVG).

Finanzgericht

1. Das Finanzgericht (FG) – ein oberes Landesgericht (§ 2 FGO) – besteht aus dem Präsidenten, den Senatspräsidenten und weiteren Richtern in der erforderlichen Anzahl.

   Bei den Gerichten werden Senate gebildet. Die Senate entscheiden in der Besetzung mit drei Richtern (§§ 14 - 15 FGO) und zwei ehrenamtlichen Finanzrichtern (§§ 16 - 30 FGO).

   Bei Beschlüssen außerhalb der mündlichen Verhandlung wirken die ehrenamtlichen Finanzrichter nicht mit (§ 4 FGO).

   Auch kann ein Senat den Rechtsstreit einem **Einzelrichter** zur Entscheidung übertragen (§ 6 FGO).
2. Das FG entscheidet im ersten Rechtszug über alle Streitigkeiten, für die der Finanzrechtsweg gegeben ist (§ 35 FGO), soweit nicht nach § 37 FGO der BFH zuständig ist (= sachliche Zuständigkeit).
3. Örtlich zuständig ist das FG, in dessen Bezirk die Behörde ihren Sitz hat, die den ursprünglichen Verwaltungsakt erlassen hat (§ 38 FGO).

> **Bundesfinanzhof** > **Finanzgerichtsbarkeit** > **Rechtsbehelfsverfahren**

Finanzgerichtsbarkeit

Die Finanzgerichtsbarkeit wird durch unabhängige, von den Verwaltungsbehörden getrennte besondere Verwaltungsgerichte ausgeübt (§ 1 FGO). Gerichte der Finanzgerichtsbarkeit sind in den Ländern die > **Finanzgerichte** als obere Landgerichte, im Bund der > **Bundesfinanzhof**.

Finanzgerichtsordnung

Die Finanzgerichtsordnung (FGO) brachte eine stärkere Formalisierung des Rechtsschutzsystems in Angleichung an andere Rechtsgebiete. Das > **Rechtsbehelfsverfahren** zerfällt in ein

- außergerichtliches Rechtsbehelfsverfahren (§§ 347 - 368 AO) und ein
- gerichtliches Rechtsbehelfsverfahren nach den Vorschriften der FGO.

Finanzierungsanalyse

Die Finanzierungsanalyse ist die Analyse der Kapitalseite mit dem Ziel, Informationen über die Quellen sowie die Zusammensetzung des Kapitals nach Art, Sicherheit und Fristigkeit zu gewinnen:

- Analyse der Finanzierungsstruktur
- Analyse der Finanzierungsdauer
- sonstige Finanzierungsanalyse.

Finanzplan

Der Finanzplan umfasst:

- Zahlungsmittel-Anfangsbestand
- Einnahmen
- Ausgaben
- Zahlungsmittel-Endbestand.

Er dient u. a. der Überwachung der > **Liquidität**.

Finanzverwaltungsgesetz

Das Finanzverwaltungsgesetz (FVG) regelt den Aufbau der Finanzbehörden.

Firmenwagen

> **Private Kfz-Nutzung**

Firmenwert

> **Geschäftswert**
> **Immaterielle Wirtschaftsgüter**

Fixe Kosten

Fixe Kosten zeigen innerhalb bestimmter Beschäftigungsgrenzen und innerhalb eines bestimmten Zeitraumes keine Veränderungen auf.

Beispiel

Monatsgehalt eines Angestellten.

Forderungsbewertung

> **Delkredere**

Forfaitierung

Die Forfaitierung ist der Ankauf von Forderungen, die meist aus dem Export von Investitionsgütern entstehen, wobei der Forfaitist das Ausfallrisiko übernimmt. Damit weist die Forfaitierung eine Ähnlichkeit zum Factoring auf. Wie der Factor nimmt der Forfaitist ebenfalls die:

- Delkrederefunktion
- Finanzierungsfunktion

wahr, die sich allerdings nicht auf sämtliche Forderungen oder eine Gesamtheit von Forderungen des Klienten beziehen, sondern einzeln veräußert werden. Aus diesem Grund kommt der Dienstleistungsfunktion hier keine Bedeutung zu.

Der Forfaitist ist bestrebt, sein Risiko so gering wie möglich zu halten, weshalb er Absicherungen verlangt.

Formelle Bilanzkontinuität

> **Bilanzkontinuität**

Förmlicher Steuerbescheid

> **Steuerbescheid**

Fortbildungskosten

> **Ausbildungskosten**

Siehe insbesondere auch R 9.2 LStR unter Berücksichtigung der neueren geänderten BFH-Rechtsprechung (vgl. auch H 9.2 LStH).

Fortschreibung

> **Artfortschreibung**
> **Wertfortschreibung**
> **Zurechnungsfortschreibung**

Franchising

Unter Franchising ist eine Form der Kooperation zu verstehen, bei welcher der Franchise-Geber aufgrund einer längeren vertraglichen Bindung rechtlich selbstständig bleibenden Franchise-Nehmern gegen Entgelt das Recht einräumt, bestimmte Waren oder Dienstleistungen unter Verwendung von Namen, Warenzeichen, Ausstattung oder sonstigen Schutzrechten sowie der technischen und gewerblichen Erfahrungen des Franchise-Gebers und unter Beachtung des von ihm entwickelten Absatz- und Organisationssystems anzubieten.

Beispiele

McDonald's, OBI

Freiberufliche Tätigkeit

Zur freiberuflichen Tätigkeit (§ 18 EStG) gehören u. a. die selbstständig ausgeübte wissenschaftliche, künstlerische, schriftstellerische, unterrichtende oder erzieherische Tätigkeit, die selbstständige Berufstätigkeit der Ärzte, Notare, Ingenieure, Architekten, Rechtsanwälte, Wirtschaftsprüfer, StB und ähnliche Berufe.

Wird die freiberufliche Tätigkeit eigenverantwortlich und leitend ausgeübt, so ist die Mitarbeit gleichwertiger Fachkräfte nicht schädlich für die freiberufliche Tätigkeit (z. B. großes Architekturbüro oder große Anwaltssozietät). Vgl. H 15.6 EStH.

> **Vervielfältigungstheorie**

Freibeträge

Das Steuerrecht kennt eine große Zahl von Freibeträgen, die in den Einzelsteuergesetzen aufgeführt sind. Freibeträge lassen einen Teil der steuerlichen Bemessungsgrundlage außer Ansatz. Im Unterschied zu > **Freigrenzen** kommt ein Freibetrag in jedem Fall oder aber in einem gewissen Bereich (Höhe des Einkommens, Höhe des Umsatzes) zur Anwendung.

Beispiel

Freibetrag 10.000 €. Beträgt die Bemessungsgrundlage 10.001 €, so ist lediglich der den Freibetrag übersteigende Teil steuerpflichtig, also 1 €.

Nachfolgend seien einige wichtige Freibeträge im **Einkommensteuerrecht** aufgeführt:

- Altersentlastungsbetrag (§ 24a EStG), höchstens 1.900 €
- ESt-Grundfreibetrag von 2023: 10.908 €
- Kinderfreibetrag von jährlich 3.012 € für jedes zu berücksichtigende Kind, bei Zusammenveranlagung jährlich 6.024 €, Betreuungsfreibetrag 1.464 € bei Zusammenveranlagung 2.928 €; § 32 Abs. 6 EStG),
- Freibetrag (45.000 € unter bestimmten Voraussetzungen) bei der Veräußerung eines Gewerbebetriebes u. Ä. oder eines Anteils an Kapitalgesellschaften (§ 16 Abs. 4, § 14, § 18 Abs. 3, § 17 Abs. 3 EStG),
- Arbeitnehmer-Pauschbetrag von 1.230 € (bei Einnahmen aus nichtselbstständiger Arbeit, wenn es sich um Versorgungsbezüge handelt: 102 €), Rechtsquelle: § 9a Nr. 1 EStG,
- Versorgungs-Freibetrag in Höhe von 40 % der Versorgungsbezüge aus nichtselbstständiger Tätigkeit, im Kalenderjahr höchstens 3.000 € (§ 19 Abs. 2 EStG)

  Zuschlag zum Versorgungsfreibetrag: max. 900 €.

  > **Versorgungs-Freibetrag**
- Freibetrag zur Abgeltung eines Sonderbedarfs bei Berufsausbildung eines volljährigen Kindes

  > **Ausbildungs-Freibetrag**

Freie Berufe

Dem Betrieb eines Gewerbes i. S. d. BewG steht die Ausübung eines freien Berufes i. S. d. § 18 Abs. 1 Nr. 1 EStG gleich (§ 96 Abs. 1 BewG). Der Freiberufler verfügt somit über > **Betriebsvermögen**.

Freigrenzen

Man spricht von einer Freigrenze im Unterschied zu > **Freibeträgen**, wenn die Steuer bei Übersteigen einer bestimmten steuerlichen Bemessungsgrundlage einsetzt, dann aber die Freigrenze selbst mit einschließt.

Beispiel

Freigrenze 10.000 €.
Beträgt die Bemessungsgrundlage
10.001 €, so bemisst sich die Steuer von 10.001 €.

Beispiele

- Geschenke bis 35 €, § 4 Abs. 5 Nr. 1 EStG,
- Sachbezüge bis 50 € monatlich, § 8 Abs. 2 Satz 11 EStG,
- private Veräußerungsgeschäfte unter 600 €, § 23 Abs. 3 Satz 5 EStG.

Fremdfinanzierung

Die Fremdfinanzierung – dem Charakter nach eine Außenfinanzierung – dient dazu, dem Unternehmen Fremdkapital zuzuführen.

Das müssen nicht notwendigerweise finanzielle Mittel sein, beispielsweise in Form eines Bankkredites. Möglich ist auch, dem Unternehmen Sachgüter zuzuführen, die jedoch nicht sofort zu bezahlen sind, also nicht unmittelbar einen Abfluss finanzieller Mittel zur Folge haben.

Unter den Arten der Finanzierung (Beteiligungsfinanzierung, Fremdfinanzierung, Innenfinanzierung) hat die Fremdfinanzierung eine besonders bedeutsame Stellung. Die Fremdfinanzierung wird auch Kreditfinanzierung genannt.

Fremdkapital

Als Fremdkapital kann die Gesamtheit der Schulden angesehen werden, die auf der Passiv-Seite der Bilanz ausgewiesen sind (Rückstellungen, Verbindlichkeiten).

Fristen

Fristen (§ 108 AO) sind abgegrenzte Zeiträume wie z. B. Einspruchsfristen, Verjährungsfristen. Innerhalb einer solchen Frist muss eine bestimmte Rechtshandlung vorgenommen werden oder es tritt nach Ablauf einer bestimmten Frist eine bestimmte Rechtswirkung ein.

Termine (§ 108 AO) sind bestimmte Zeitpunkte, an welchen sich ein rechtserheblicher Vorgang ereignen soll, z. B. eine Verhandlung oder Aussage vor einer Behörde.

Für die Berechnung der Fristen und die Bestimmung von Terminen gelten die Bestimmungen der §§ 187 - 193 BGB, soweit nicht der Gesetzgeber etwas anderes bestimmt hat (§ 108 AO).

Fusion

Als Fusion (engl.: merger) wird die Verschmelzung von zwei oder mehreren rechtlich selbstständigen Unternehmen zu einer neuen wirtschaftlichen und rechtlichen Einheit verstanden.

Fusionsbilanzen

Sie sind zu erstellen, wenn mehrere rechtlich selbstständige Unternehmen zu einem Rechtsgebilde verschmolzen werden.

G

Gaspreisbremse

Die Bundesregierung hat beschlossen, mit einem über Kredite finanzierten 200 Mrd. €-Paket die hohen Energiekosten für die Verbraucherinnen und Verbraucher abzufedern.

Für Verbraucher soll bei einem Gaspreisdeckel ein „Basisverbrauch" staatlich subventioniert werden – für diese Gasmenge sollen niedrigere Preise gelten. Ein solcher allgemeiner „Basisverbrauch" soll auch für kleine und mittlere Unternehmen festgelegt werden, für große Firmen soll die subventionierte Gasmenge individueller gefasst werden.

Gebäudeabbruch

> **Abbruchkosten**

Gebäude-Abschreibung

Bei Gebäuden wird die Abschreibung von den > **Anschaffungskosten** oder > **Herstellungskosten** (ohne Grund und Boden) vorgenommen.

Zu den Anschaffungskosten oder Herstellungskosten des Gebäudes gehören auch Architektenhonorar, Gebühren, Bauversicherung, Kosten für Richtfest, Anschlusskosten an Versorgungsnetze, Anwaltskosten wegen Rechtsstreit (Baumangel).

Gemäß § 7 Abs. 4 EStG beträgt die jährliche normale Gebäude-Abschreibung 2 % (nach dem 31.12.1924 fertiggestellte Gebäude) und 2,5 % (auf vor dem 01.01.1925 fertiggestellte Gebäude), bei zu einem Betriebsvermögen gehörende Gebäude, die nicht Wohnzwecken dienen, bei Bauantrag nach dem 31.03.1985 3 %.

Gebäude auf fremdem Grund und Boden

Bei Gebäuden auf fremdem Grund und Boden ist der > **Bodenwert** dem Eigentümer des Grund und Bodens und der Gebäudewert dem wirtschaftlichen Eigentümer zuzurechnen (§§ 94 Abs. 1, 195 BewG).

Außenanlagen (Umzäunungen, Wegebefestigungen) rechnen zum Gebäude.

Gebäudewert

Der Gebäudewert ist Bestandteil des > **Sachwertverfahrens** (Einheitswert für die Grundsteuer). Bei der Ermittlung des Gebäudewerts ist zunächst ein Wert auf der Grundlage von durchschnittlichen Herstellungskosten (Baupreisverhältnisse 1958) zu errechnen.

Dieser Wert ist auf die Verhältnisse im Hauptfeststellungszeitpunkt umzurechnen (Gebäudenormalherstellungswert). Bestimmte Zu- bzw. Abschläge (§§ 86 - 87 BewG), z. B. Wertminderung wegen Alters, sind zu berücksichtigen. Man erhält dann den Gebäudesachwert.

Gebühren

> **Steuern**

Gehaltsbuchhaltung

> **Kostenartenrechnung**

Gehaltslieferung

Hat ein Arbeitnehmer dem Lieferer die Nebenerzeugnisse oder Abfälle, die bei der Bearbeitung oder Verarbeitung des ihm übergebenen Gegenstandes entstehen, zurückzugeben, so beschränkt sich die Lieferung auf den Gehalt des Gegenstandes an den Bestandteilen, die dem Abnehmer verbleiben (sog. Gehaltslieferung, § 3 Abs. 5 UStG).

Gelangensbestätigung

Bei innergemeinschaftlichen Lieferungen (§ 6a Abs. 1 UStG) hat der Unternehmer durch Belege nachzuweisen, dass er oder der Abnehmer den Gegenstand der Lieferung in das übrige Gemeinschaftsgebiet befördert oder versendet hat. Als geeigneter Nachweis gilt insbesondere:

1. das Doppel der Rechnung (§§ 14 und 14a UStG) und
2. eine Bestätigung des Abnehmers, dass der Gegenstand der Lieferung in das übrige Gemeinschaftsgebiet gelangt ist (Gelangensbestätigung).

Zum Inhalt der Bestätigung siehe § 17a UStDV.

Geldbeschaffungskosten

> **Bauzinsen**

Geldbuße

> **Bußgeldverfahren**
> **Steuergefährdung**

Geldstrafe

> **Steuerhinterziehung**

Geldwerter Vorteil

> **Belegschaftsrabatt**

Gelegenheitsgeschenke

> **Geschenke**

Gemeindesteuern

Man spricht von Gemeindesteuern, wenn die > **Ertragshoheit** (Art. 106 GG) den Gemeinden zusteht.

> **Bundessteuern** > **Gemeinschaftssteuern** > **Landessteuern**

Gemeiner Wert

Soweit das BewG nichts anderes vorschreibt, ist der gemeine Wert der Bewertung zugrunde zu legen (§ 9 Abs. 1 BewG). Der gemeine Wert wird durch den Preis bestimmt, der im gewöhnlichen Geschäftsverkehr nach der Beschaffenheit des Wirtschaftsgutes bei einer Veräußerung zu erzielen wäre.

Dabei sind alle Umstände, die den Preis beeinflussen, zu berücksichtigen. Ungewöhnliche oder persönliche Verhältnisse scheiden aus (§ 9 Abs. 2 BewG). Als persönliche Verhältnisse sind auch Verfügungsbeschränkungen anzusehen, die in der Person des Stpfl. oder eines Rechtsvorgängers begründet sind (§ 9 Abs. 3 BewG). Der gemeine Wert stellt also den erzielbaren Einzelveräußerungspreis dar. Nicht erforderlich ist, dass tatsächlich eine Veräußerung stattgefunden hat.

Ein tatsächlich im gewöhnlichen Geschäftsverkehr unter gewöhnlichen Verhältnissen zustande gekommener Wert bildet ein wichtiger Anhaltspunkt zur Bemessung des gemeinen Wertes.

> **Unbebaute Grundstücke** werden z. B. mit dem gemeinen Wert angesetzt.

> **auch Betriebsaufgabe**

Gemeinkosten

Die Gemeinkosten sind Kosten, welche den Kostenträgern nicht unmittelbar zugerechnet werden. Sie fallen für verschiedene Erzeugnisse gemeinsam an. Die Gemeinkosten werden auch als indirekte Kosten bezeichnet.

> **Kostenstellenrechnung**

Gemeinnützigkeit

> **Steuerbegünstigte Zwecke**

Gemeinschaftsgebiet

Das Gemeinschaftsgebiet i. S. d. Umsatzsteuergesetzes umfasst das Inland (§ 1 Abs. 2 [a] Satz 1 UStG) und die Gebiete der übrigen Mitgliedstaaten der Europäischen Gemeinschaft, die nach dem Gemeinschaftsrecht als Inland dieser Mitgliedstaaten gelten (übriges Gemeinschaftsgebiet).

Gemeinschaftsteuern

Man spricht von Gemeinschaftsteuern, wenn die > **Ertragshoheit** (Art. 106 Abs. 3 GG) Bund und Ländern gemeinsam zusteht. Dies ist z. B. bei der ESt und USt der Fall.

> **Bundessteuern** > **Gemeindesteuern** > **Landessteuern**

Gemischtgenutzte Grundstücke

Gemischtgenutzte Grundstücke (§ 75 Abs. 4 BewG) sind Grundstücke, die teils Wohnzwecken, teils eigenen oder fremden gewerblichen oder öffentlichen Zwecken dienen und nicht Mietwohngrundstücke, Geschäftsgrundstücke, Einfamilienhäuser oder Zweifamilienhäuser sind.

Genossenschaft

Die Genossenschaft ist eine Gesellschaft von nicht geschlossener Mitgliederzahl, welche die Förderung des Erwerbs oder der Wirtschaft ihrer Mitglieder durch gemeinschaftlichen Geschäftsbetrieb bezweckt. Rechtliche Grundlage für die Genossenschaft ist das Genossenschaftsgesetz (GenG).

Gericht

> **Bundesfinanzhof** > **Finanzgericht**

Gerichtliches Rechtsbehelfsverfahren

> **Rechtsbehelfsverfahren**

Geringfügige Beschäftigung

1. Geringfügige Beschäftigung – 520 €-Jobs (Niedriglohnsektor)

Unabhängig vom zeitlichen Umfang stellt jede Beschäftigung mit einem Arbeitsentgelt von monatlich nicht mehr als 520 € eine geringfügige Beschäftigung dar, die den Arbeitnehmer von Sozialabgaben befreit.

Für eine geringfügige Beschäftigung fallen **30 % Pauschalabgaben** auf den Arbeitslohn an, die vom Arbeitgeber abzuführen sind:

- 15 % Rentenversicherungsbeitrag,
- 13 % Krankenversicherungsbeitrag und
- 2 % Pauschalsteuer (einschließlich Solidaritätszuschlag und Kirchensteuer) nach § 40a Abs. 2 EStG.

Die Knappschaft Bahn See (Deutsche Rentenversicherung). Sie ist als zentrale Stelle sowohl für die **Meldungen** von geringfügigen Beschäftigten als auch für die Entgegennahme der **pauschalen Abgaben** inklusive der Steuern zuständig, die von ihr dann weiterverteilt werden (§ 40a Abs. 6 EStG; § 28i Satz 5 SGB IV).

Alle geringfügigen Beschäftigungen werden zusammengerechnet (§ 8 Abs. 2 SGB IV). Liegen im Rahmen der Zusammenrechnung die Voraussetzungen für eine geringfügige Beschäftigung nicht mehr vor, tritt die **Versicherungspflicht erst mit dem Tag der Bekanntgabe der Feststellung** (§ 8 Abs. 2 Satz 3 SGB IV) durch die Einzugsstelle oder des Rentenversicherungsträgers ein.

Eine geringfügige Beschäftigung bleibt neben einer **versicherungspflichtigen Hauptbeschäftigung** von der Anrechnung ausgenommen (§ 8 Abs. 2 SGB IV), d. h. es kann neben **einer Hauptbeschäftigung eine geringfügige Beschäftigung ausgeübt werden, für die die Pauschalabgaben abzuführen sind.**

Eine Zusammenrechnung mit einer Hauptbeschäftigung setzt also erst **ab der zweiten geringfügigen Beschäftigung ein**.

2. 521 € - 2.000 €-Jobs (erweiterter Niedriglohnsektor)

Die geringfügigen Beschäftigungen werden sowohl im gewerblichen Bereich als auch im Privathaushalt zusammengerechnet. Dies führt zur Versicherungspflicht bei Überschreiten des Grenzwerts von 520 €, bei zusammengerechneten **Entgelten zwischen 520 € und 2.000 €** gilt eine Sonderregelung für den **sog. Übergangsbereich**.

Oberhalb von Arbeitsentgelten von 520 € besteht danach Versicherungspflicht in allen Zweigen der Sozialversicherung. Hier setzt **der volle Arbeitgeberanteil zur Sozialversicherung für das gesamte Arbeitsentgelt** ein. Für Arbeitsentgelte zwischen 520 € und 2.000 € steigt der vom **Arbeitnehmer für das gesamte Arbeitsentgelt zu zahlende Anteil linear bis zum vollen Arbeitnehmeranteil** an. Zur Glättung des Übergangs in die Gleitzone geht der Arbeitnehmeranteil von einem Startpunkt aus, der sich aus der Differenz der Hälfte des durchschnittlichen Gesamtsozialversicherungsbeitragssatzes (ca. 21 v. H.) zum Pauschalbetrag (30 v. H.) ergibt (zurzeit also rund 4 v. H.). Ab einem **Arbeitsentgelt über 520 €** erfolgt eine **individuelle Besteuerung**. Wird eine Nebenbeschäftigung von über 520 € bis 2.000 € neben einer versicherungspflichtigen Hauptbeschäftigung von mehr als 2.000 € ausgeübt, so gelten die Regelungen für die Gleitzone für die Nebenbeschäftigung nicht; hier werden Beiträge auf das zusammengerechnete Entgelt erhoben.

Beispiel

Bei einem Entgelt von 600 € hat der Arbeitgeber den normalen Beitrag zu entrichten, also 19,28 % von 600 € = 115,65 €. Der Arbeitnehmeranteil beträgt hingegen 95,80 € (= 15,97 %).

Geringwertige Wirtschaftsgüter

Geringwertige Wirtschaftsgüter (GWG) sind bewegliche, abnutzbare Wirtschaftsgüter des Anlagevermögens, deren Anschaffungs- oder Herstellungskosten nicht mehr als netto (abzüglich Skonti und Vorsteuer) 800 € betragen.

Gemäß § 6 Abs. 2 EStG können sie im Jahr der Anschaffung oder Herstellung voll als Betriebsausgaben abgesetzt werden, wenn die Wirtschaftsgüter einer selbstständigen Nutzung fähig sind. Einlage aus dem Privatvermögen in das Betriebsvermögen berechtigt ebenfalls dazu, die sog. „Bewertungsfreiheit" in Anspruch nehmen zu können.

> **Sammelposten**

Gesamtbetrag der Einkünfte

Die Summe der > **Einkünfte**, vermindert um den > **Altersentlastungsbetrag**, den > **Entlastungsbetrag** für Alleinerziehende und den Abzug nach § 13 Abs. 3 EStG („Landwirtschafts-Freibetrag"), ist der Gesamtbetrag der Einkünfte (§ 2 Abs. 3 EStG).

Gesamtkapitalrentabilität

> **Rentabilität**

Gesamtkostenverfahren

Das Gesamtkostenverfahren ist das üblicherweise verwendete Verfahren, um den Periodenerfolg des Unternehmens, z. B. jährlich, zu ermitteln. Dabei werden die **gesamten** Kosten der Rechnungsperiode – nach Kostenarten gegliedert – den **gesamten** betrieblichen Erträgen gegenübergestellt. Auf eine Kostenstellenrechnung und Kostenträgerrechnung könnte beim Gesamtkostenverfahren verzichtet werden.

Da meist nicht alle in einer Periode gefertigten Erzeugnisse auch in der gleichen Periode verkauft werden, ist es erforderlich, entsprechende **Bestandsveränderungen** an unfertigen und fertigen Erzeugnissen zu berücksichtigen, wenn das Betriebsergebnis nicht verfälscht werden soll.

Die Bestandsveränderungen sind mit den Herstellungskosten zu bewerten, sofern die Marktpreise über den Herstellkosten liegen. Im umgekehrten Fall sollten die niedrigeren Marktpreise angesetzt werden. Bestandsminderungen sind im Betriebsergebnis-Konto auf der Soll-Seite, Bestandsmehrungen auf der Haben-Seite auszuweisen.

Gesamtschuldner

Personen, die dieselbe steuerrechtliche Leistung schulden oder nebeneinander für dieselbe steuerrechtliche Leistung haften, sind Gesamtschuldner (§ 44 Abs. 1 AO). Personen, die zusammen zu veranlagen sind, sind stets Gesamtschuldner. Jeder Gesamtschuldner schuldet die ganze Leistung.

Gesamtumsatz

> **Kleinunternehmer**

Geschäftsfähigkeit

Geschäftsfähigkeit ist die Fähigkeit, Rechtsgeschäfte mit rechtlicher Wirksamkeit vorzunehmen, z. B. Verträge abzuschließen. Rechtsfähigkeit und Geschäftsfähigkeit unterscheiden sich grundsätzlich. Die Rechtsfähigkeit besitzen alle Menschen, die Geschäftsfähigkeit setzt eine entsprechende Einsicht voraus und hängt deshalb im Normalfall vom Alter ab.

Einzelheiten siehe §§ 104 - 113 BGB.

Geschäftsgeheimnis

> **Steuergeheimnis**

Geschäftsgrundstücke

Geschäftsgrundstücke (§ 181 Abs. 6 BewG) sind Grundstücke, die zu mehr als 80 v. H., berechnet nach der Wohn- und Nutzfläche, eigenen oder fremden gewerblichen oder öffentlichen Zwecken dienen.

Geschäftsleitungsfinanzamt

Für die Besteuerung von Körperschaften, Personenvereinigungen und Vermögensmassen nach dem Einkommen und Vermögen ist das FA örtlich zuständig, in dessen Bezirk sich die Geschäftsleitung befindet (§ 20 Abs. 1 AO).

Geschäftsreise

Eine Geschäftsreise lag vor, wenn der Stpfl. aus betrieblichen oder beruflichen Gründen von seiner vorübergehend tätig wurde. Regelmäßige Betriebsstätte oder Stätte der Berufsausübung war der Mittelpunkt der auf Dauer abgestellten Tätigkeit des Stpfl.

Nach gegenwärtiger Rechtslage wird auf eine > **Auswärtstätigkeit** abgestellt, die die frühere Geschäftsreise unter bestimmten Voraussetzungen einschließt.

> **Auswärtstätigkeit**
> **Verpflegungsmehraufwand**

Geschäftsveräußerung

1. Einkommensteuer

Eine Geschäftsveräußerung im ganzen liegt vor, wenn der Gewerbebetrieb mit seinen wesentlichen Grundlagen entgeltlich auf den Erwerber übertragen wird.

Der Erwerber muss in die Lage versetzt werden, den Betrieb als wirtschaftlichen Organismus fortzuführen.

Der Gewinn aus der Veräußerung eines ganzen Gewerbebetriebs (> **Veräußerungsgewinn**) gehört zu den nach einem besonderen Verfahren versteuerten außerordentlichen Einkünften gemäß § 34 EStG. Das gilt auch für die Veräußerung eines Teilbetriebs (R 16 EStR). Siehe insbesondere § 34 **Abs. 1** und § 34 **Abs. 3** EStG (> **„außerordentliche Einkünfte“**).

2. Umsatzsteuer

Die Umsätze im Rahmen einer Geschäftsveräußerung an einen anderen Unternehmer für dessen Unternehmen unterliegen nicht der Umsatzsteuer (§ 1 Abs. 1a UStG). Eine Geschäftsveräußerung liegt vor, wenn ein Unternehmen oder ein in der Gliederung eines Unternehmens gesondert geführter Betrieb im ganzen entgeltlich oder unentgeltlich übereignet oder in eine Gesellschaft eingebracht wird. Der erwerbende Unternehmer tritt an die Stelle des Veräußerers.

Geschäftswagen

> **Private Pkw-Nutzung**

Geschäftswert

Geschäftswert, auch Firmenwert genannt, ist der Inbegriff von Gewinnchancen, die der Erwerber eines Unternehmens über die Teilwerte der übrigen Wirtschaftsgüter hinaus dem Veräußerer vergüten würde.

> **Immaterielle Wirtschaftsgüter**

Geschenke

Nach § 4 Abs. 5 Nr. 1 EStG sind Aufwendungen für betrieblich veranlasste Geschenke an natürliche Personen (die nicht Arbeitnehmer des Stpfl. sind) oder an juristische Personen grundsätzlich nicht abzugsfähig. Eine Ausnahme von diesem generellen Abzugsverbot gilt für Geschenke bei betrieblicher Veranlassung, wenn die Anschaffungs- oder Herstellungskosten aller einem Empfänger in einem Wirtschaftsjahr zugewendeten Geschenke insgesamt 35 € nicht übersteigen.

Geschenke sind unentgeltliche Zuwendungen, die nicht als Gegenleistung für eine bestimmte Leistung des Empfängers gedacht sind und nicht in einem unmittelbaren zeitlichen oder wirtschaftlichen Zusammenhang mit einer solchen Leistung stehen.

Keine Geschenke sind demnach Schmiergelder und > **Bestechungsgelder**, um einen bestimmten Auftrag zu erhalten. Hier liegen keine Betriebsausgaben vor, wenn die Voraussetzungen nach § 4 Abs. 5 Nr. 10 EStG gegeben sind.

Gesellschaft des bürgerlichen Rechts

Die GdbR – auch GbR abgekürzt (§§ 705 - 740 BGB) – ist eine vertragliche Vereinigung von Personen zur Erreichung eines gemeinsamen Zieles.

Die Gesellschaft des bürgerlichen Rechts (GdbR) – auch BGB-Gesellschaft genannt – wird von mindestens zwei Gesellschaftern gebildet, die natürliche oder juristische Personen sein können. Sie führt keine eigene Firma und **ist nicht rechtsfähig**, auch nicht grundbuch-, prozess- oder deliktfähig. Die neuere BGH-Rechtsprechung hat zu einer größeren Selbstständigkeit der GdbR geführt.

Gesellschaft mit beschränkter Haftung

Die Gesellschaft mit beschränkter Haftung (GmbH) ist eine Handelsgesellschaft mit eigener Rechtspersönlichkeit, deren Gesellschafter mit Einlagen auf das in Geschäftsanteile zerlegte Stammkapital beteiligt sind.

Bei Errichtung einer GmbH sind folgende Punkte zu beachten:

Zahl der Gründer: Ein oder mehrere Gründer möglich.

Firma: Personen- oder Sachfirma bzw. gemischte Firma möglich, jeweils mit dem Zusatz „Gesellschaft mit beschränkter Haftung".

Mindestkapital: Stammkapital muss mindestens 25.000 € betragen.

Anteil: Der Betrag der Stammeinlage kann für die einzelnen Gesellschafter verschieden bestimmt werden. Der Gesamtbetrag der Stammeinlagen muss mit dem Stammkapital übereinstimmen.

Haftung: Die Haftung ist auf die Stammeinlage beschränkt. In der Regel keine persönliche Haftung des einzelnen Gesellschafters. Eine vertragliche Nachschusspflicht ist jedoch möglich.

Geschäftsführung und Vertretung: Die Geschäftsführung unterliegt dem ernannten Geschäftsführer, der auf unbestimmte Zeit bestellt werden kann.

Aufsichtsrat: Nur notwendig bei großen Gesellschaften.

Gesamtheit der Gesellschafter: Beschlüsse werden in der Gesellschafterversammlung getroffen.

> **Unternehmensgesellschaft** (haftungsbeschränkt)

Gesetz

1. Gesetz ist jede Rechtsnorm (§ 4 AO). Rechtsnormen können als Gesetze oder Verordnungen ergehen, z. B. das EStG und die EStDV. In beiden Fällen handelt es sich um Gesetze im materiellen Sinne. Zu den Rechtsnormen zählen auch die > **Doppelbesteuerungsabkommen**.
2. Das Gesetz muss ausgelegt werden. Dabei ist nicht allein der Wortlaut maßgebend; entscheidend ist der Wille des Gesetzgebers, evtl. kommt eine Auslegung „wider den Wortlaut" infrage.

> **Steuergesetze**

Gesetzgebungshoheit

Für die Abgrenzung der Gesetzgebungshoheit zwischen Bund und Ländern, die in Art. 105 GG festgelegt ist, ist zwischen ausschließlicher und konkurrierender Gesetzgebung des Bundes zu unterscheiden.

Im Falle der konkurrierenden Gesetzgebung steht den Ländern das Gesetzgebungsrecht zu, wenn der Bund von seinem Gesetzgebungsrecht keinen Gebrauch macht.

Nach Art. 105 GG ist die Gesetzgebungshoheit wie folgt aufgeteilt:

1. Der Bund hat die ausschließliche Gesetzgebung über die Zölle und Finanzmonopole. Der Bund hat die konkurrierende Gesetzgebung über die übrigen Steuern, wenn ihm das Aufkommen dieser Steuern ganz oder zum Teil zusteht oder wenn zur Wahrung der Rechtseinheit ein Bedürfnis nach einer bundesgesetzlichen Regelung vorhanden ist (Fall des Art. 72 Abs. 2 GG).
2. Den Ländern steht die Gesetzgebung über die örtlichen Verbrauchs- und Aufwandsteuern zu, solange und so weit sie nicht bundesgesetzlich geregelten Steuern gleichartig sind.

Bundesgesetze über Steuern, deren Aufkommen den Ländern oder den Gemeinden ganz oder zum Teil zufließt, bedürfen der Zustimmung des Bundesrates.

Gesetzliche Fristen

> **Fristen**

Gesetzliche Rücklagen

> **Rücklagen**

Gesonderte Feststellung

1. Die Besteuerungsgrundlagen werden nur in Ausnahmefällen gesondert festgestellt. Gesondert festgestellt werden nach § 180 AO insbesondere:
   - die Einheitswerte nach dem BewG,
   - die einkommensteuerpflichtigen und körperschaftsteuerpflichtigen Einkünfte, wenn daran mehrere Personen beteiligt sind,
   - die Einkünfte aus Land- und Forstwirtschaft, Gewerbebetrieb und freiberuflicher Tätigkeit, wenn das zuständige Finanzamt nicht auch für die Festsetzung der Steuern vom Einkommen zuständig ist,
   - der Wert vermögensteuerpflichtiger Wirtschaftsgüter, wenn diese mehreren Personen zuzurechnen sind (Vermögensteuer wird zurzeit nicht erhoben).

2. Die Feststellungsbescheide sind, auch wenn sie noch nicht unanfechtbar sind, für andere Feststellungsbescheide, Steuermessbescheide, Steuerbescheide bindend, soweit die in den Feststellungsbescheiden getroffenen Feststellungen für diese Bescheide von Bedeutung sind (§ 182 AO).

Werden die Feststellungsbescheide nach Erlass eines Steuerbescheides geändert, so sind als Folgewirkung auch die Steuerbescheide durch neue Bescheide zu ersetzen (§ 175 Abs. 1 Nr. 1 AO).

Gewerbebetrieb

Unter Gewerbebetrieb versteht man eine selbstständige (> **Selbstständigkeit**), nachhaltige (> **Nachhaltigkeit**) Betätigung am allgemeinen wirtschaftlichen Verkehr, die mit Gewinnerzielungsabsicht ausgeübt wird. Die Betätigung darf weder als Ausübung von Land- und Forstwirtschaft noch als Ausübung eines freien Berufes noch als eine andere selbstständige Tätigkeit i. S. d. Einkommensteuerrechts anzusehen sein (§ 15 Abs. 2 EStG).

Der Gewerbesteuer unterliegt jeder stehende Gewerbebetrieb. Unter Gewerbebetrieb ist ein gewerbliches Unternehmen i. S. d. Einkommensteuergesetzes zu verstehen.

Nach § 15 Abs. 3 EStG gilt als Gewerbebetrieb in vollem Umfang die mit Einkünfteerzielungsabsicht unternommene Tätigkeit

1. einer OHG, einer KG oder einer anderen Personengesellschaft, wenn die Gesellschaft auch eine Tätigkeit i. S. d. § 15 Abs. 1 Nr. 1 EStG ausübt,
2. einer Personengesellschaft, die keine Tätigkeit i. S. d. Abs. 1 Nr. 1 ausübt und bei der ausschließlich eine oder mehrere Kapitalgesellschaften persönlich haftende Gesellschafter sind und nur diese oder Personen, die nicht Gesellschafter sind, zur Geschäftsführung befugt sind (gewerblich geprägte Personengesellschaft). Ist eine gewerblich geprägte Personengesellschaft als persönlich haftender Gesellschafter an einer anderen Personengesellschaft beteiligt, so steht für die Beurteilung, ob die Tätigkeit dieser Personengesellschaft als Gewerbebetrieb gilt, die gewerblich geprägte Personengesellschaft einer Kapitalgesellschaft gleich.

Gewerbebetrieb kraft Rechtsform

Als Gewerbebetrieb (§ 2 Abs. 2 GewStG) gilt stets und in vollem Umfang die Tätigkeit der Kapitalgesellschaften (AG, KGaA, GmbH u. a.).

Gewerbebetrieb kraft wirtschaftlichen Gewerbebetriebs

Als Gewerbebetrieb gilt auch die Tätigkeit der sonstigen juristischen Personen des privaten Rechts und der nichtrechtsfähigen Vereine, soweit sie einen wirtschaftlichen Geschäftsbetrieb (ausgenommen Land- und Forstwirtschaft) unterhalten (§ 2 Abs. 3 GewStG).

Gewerbeertrag

Gewerbeertrag ist der nach den Vorschriften des EStG oder des KStG zu ermittelnde Gewinn aus dem Gewerbebetrieb, der für die Ermittlung des Einkommens für den dem Erhebungszeitraum (§ 14 Abs. 2 GewStG) entsprechenden Veranlagungszeitraum zu berücksichtigen ist, vermehrt und vermindert um die in §§ 8 und 9 GewStG bezeichneten Beträge (Hinzurechnungen und Kürzungen; § 7 GewStG).

Bei der Berechnung der Gewerbesteuer nach dem Gewerbeertrag ist von einem Steuermessbetrag auszugehen. Dieser ist durch Anwendung eines Hundertsatzes (Steuermesszahl) auf den Gewerbeertrag zu ermitteln, wobei der Gewerbeertrag auf volle 100 € nach unten abzurunden und bei natürlichen Personen sowie bei Personengesellschaften um einen Freibetrag von 24.500 € zu kürzen ist.

Die Steuermesszahl beträgt nach § 11 Abs. 2 GewStG 3,5 v. H.

Gewerbesteuer

Die Gewerbesteuer (GewSt) gehört zu den **> Objektsteuern**, **> Sach- oder Realsteuern**. Sie fällt den hebeberechtigten Gemeinden zu. Jeder inländische Gewerbebetrieb unterliegt der GewSt. Die Steuer wird nach der objektiven Steuerkraft der Gewerbebetriebe bemessen (= „Objektcharakter der GewSt“).

Die Gemeinden erheben die Gewerbesteuer als Gemeindesteuer (Festsetzung des Hebesatzes).

Gewerbesteuerbescheid

> Festsetzungs- und Erhebungsverfahren bei der Gewerbesteuer

Gewerbesteuergesetz

Die GewSt ist eine Objekt-, Sach- oder Realsteuer. Gegenstand der Besteuerung ist der Gewerbebetrieb.

Rechtsgrundlagen: a) das Gewerbesteuergesetz (GewStG)
b) die Gewerbesteuer-Durchführungsverordnung (GewStDV).

Den Gemeinden steht nach dem Gesetz die Berechtigung zur Erhebung der GewSt zu.

Gewerbesteuerrichtlinien

Zweifelsfragen und Auslegungsfragen von allgemeiner Bedeutung werden in den Gewerbesteuerrichtlinien (GewStR) behandelt, um eine einheitliche Anwendung des Gewerbesteuerrechts sicherzustellen.

Gewerbetreibender

Jede natürliche Person ist Gewerbetreibender, wenn sie eine nachhaltig selbstständige Tätigkeit ausübt, die mit Gewinnerzielungsabsicht verbunden ist und als Beteiligung am allgemeinen Wirtschaftsverkehr anzusehen ist.

Nicht darunter fallen die Tätigkeit in der Land- und Forstwirtschaft und die Ausübung eines freien Berufs sowie die reine Vermögensverwaltung (§ 15 Abs. 2 EStG).

Gewerbliche Tätigkeit

> **Unternehmen**

Gewerblicher Betrieb

> **Betriebsvermögen** (BewG)

Gewerblicher Grundstückshandel

Eine Betätigung im Bereich des An- und Verkaufs von (unbebauten oder bebauten) Grundstücken/Grundstücksteilen bzw. der Errichtung/Aufteilung von Gebäuden und deren Veräußerung kann unter bestimmten Voraussetzungen (z. B. Überschreiten der „Drei-Objekt-Grenze") über die private Vermögensverwaltung hinausgehen und damit gewerblich sein.

Der gewerbliche Grundstückshandel ist nicht gesetzlich definiert. Vielmehr hat sich dieser „Einkunftstatbestand“ aufgrund der BFH-Rechtsprechung entwickelt. Mit Schreiben vom 26.03.2004 (Az. IV A 6 – S 2240 - 46/04) hat das BMF zur Abgrenzung zwischen privater Vermögensverwaltung und gewerblichem Grundstückshandel Stellung genommen.

Ein gewerblicher Grundstückshandel ist nur anzunehmen, wenn die Betätigung nach allgemeiner Verkehrsanschauung als unternehmerisch zu werten ist. Deshalb müssen alle Tatbestandsmerkmale eines Gewerbebetriebs zwingend erfüllt sein; d. h. die Betätigung muss:

- selbstständig,
- nachhaltig,
- mit Gewinnerzielungsabsicht und
- unter Beteiligung am allgemeinen wirtschaftlichen Verkehr

ausgeübt werden (§ 15 Abs. 2 EStG, § 2 Abs. 1 GewStG).

Neben diesen positiven Tatbestandsmerkmalen müssen die Grundstücksveräußerungen über die Vermögensverwaltung hinausgehen.

Ob die Veräußerungen zur Gewerblichkeit führen oder noch dem Bereich der privaten Vermögensverwaltung zuzuordnen sind, richtet sich im Wesentlichen nach der sog. **Drei-Objekt-Grenze**. Danach gilt:

1. Verkauf von bis zu drei Objekten innerhalb von fünf Jahren = regelmäßig kein gewerblicher Grundstückshandel
2. Verkauf von mehr als drei Objekten innerhalb von fünf Jahren = in der Regel gewerblicher Grundstückshandel

Die Einordnung von Grundstücksgeschäften als gewerblicher Grundstückshandel ist für mehrere Punkte von Bedeutung:

- Der gewerbliche Grundstückshandel ist gewerbesteuerpflichtig.
- Verluste aus einem Grundstückshandel können – im Gegensatz zu Verlusten aus § 23 EStG – uneingeschränkt mit anderen positiven Einkünften verrechnet werden.
- Auch zu eigenen Wohnzwecken genutzte Immobilien können in einen gewerblichen Grundstückshandel einfließen.
- Ein privates Veräußerungsgeschäft ist nicht anzunehmen, wenn die Veräußerungsfrist für das Grundstück schon abgelaufen ist. Alleine die Bebauung/Modernisierung ist kein Tatbestand i. S. d. § 23 EStG (vgl. II.). Demgegenüber kann eine solche Tätigkeit in den gewerblichen Grundstückshandel einfließen.

Gewillkürtes Betriebsvermögen

Wenn Wirtschaftsgüter weder zum notwendigen Betriebsvermögen gehören noch notwendiges Privatvermögen darstellen und in einem gewissen objektiven Zusammenhang zum Betriebszweck stehen, kann man sie in der Steuerbilanz als gewillkürtes Betriebsvermögen behandeln.

Die Zuordnung eines gemischt genutzten Wirtschaftsguts zum gewillkürten Betriebsvermögen scheidet aus, wenn das Wirtschaftsgut nur in **geringfügigem** Umfang, d. h. zu weniger als 10 v. H., betrieblich genutzt wird. Der Nachweis der **Zuordnung** zum gewillkürten Betriebsvermögen ist in unmissverständlicher Weise durch entsprechende zeitnah erstellte Aufzeichnungen zu erbringen. Ein sachverständiger Dritter, z. B. ein Betriebsprüfer, muss daher ohne eine weitere Erklärung des Steuerpflichtigen die Zugehörigkeit des erworbenen oder eingelegten Wirtschaftsguts zum Betriebsvermögen erkennen können. Es gelten folgende Grundsätze:

Der Steuerpflichtige trägt für die Zuordnung eines Wirtschaftsguts zum gewillkürten Betriebsvermögen die Beweislast. Er hat die Zuordnung sowie den Zeitpunkt der Zuordnung nachzuweisen. Hierfür hat er entsprechende Beweisvorsorge zu treffen. Zweifel gehen zu seinen Lasten. Eine rückwirkende Zuordnung zum gewillkürten Betriebsvermögen scheidet aus.

Als Nachweis ausreichend ist die zeitnahe Aufnahme in ein laufend zu führendes Bestandsverzeichnis oder vergleichbare Aufzeichnungen. Die Aufzeichnung hat dabei in einer Form zu erfolgen, die Zweifel in Bezug auf die Zuordnung eines Wirtschaftsguts zum gewillkürten Betriebsvermögen sowie deren Zeitpunkt ausschließt. Der Nachweis kann auch in anderer Weise geführt werden, z. B. durch eine zeitnahe schriftliche Erklärung gegenüber dem zuständigen Finanzamt. Der Behandlung von Einnahmen und Ausgaben im Zusammenhang mit dem Wirtschaftsgut als Betriebseinnahmen und Betriebsausgaben kommt bei der Zuordnungsentscheidung Indizwirkung zu.

Die Aufzeichnungen haben zeitnah, spätestens bis zum Ende des Veranlagungszeitraumes zu erfolgen. Bei einer späteren Aufzeichnung, z. B. nach Ablauf des Veranlagungszeitraums im Rahmen der Erstellung der Einnahmenüberschussrechnung, ist die Zuordnung zum gewillkürten Betriebsvermögen erst zum Zeitpunkt des Eingangs der Einnahmenüberschussrechnung beim zuständigen Finanzamt anzuerkennen, es sei denn, der Steuerpflichtige kann auf andere Art und Weise einen früheren Zuordnungszeitpunkt nachweisen.

Die Unterlagen, aus denen sich der Nachweis sowie der Zeitpunkt der Zuführung eines Wirtschaftsgutes zum gewillkürten Betriebsvermögen ergeben, sind mit der Einnahmenüberschussrechnung beim Finanzamt einzureichen. Werden keine geeigneten Unterlagen zum Nachweis der Zuordnung eines Wirtschaftsguts zum gewillkürten Betriebsvermögen vorgelegt und ist die Zuordnung nicht durch andere Angaben belegt worden, ist die Zuordnung des Wirtschaftsgutes zum gewillkürten Betriebsvermögen erst zum Zeitpunkt des Eingangs der Einnahmenüberschussrechnung beim zuständigen Finanzamt anzuerkennen.

Beispiele

Grundstücke, Wertpapiere

Gewinn

Gemäß § 4 Abs. 1 EStG ist Gewinn der Unterschiedsbetrag zwischen dem **> Betriebsvermögen** am Schluss des Wirtschaftsjahres und dem Betriebsvermögen am Schluss des vorangegangenen Wirtschaftsjahres (= Betriebsvermögen am Anfang des Wirtschaftsjahres), vermehrt um den Wert der **> Entnahmen**, vermindert um den Wert der **> Einlagen**.

Gewinnabführungsvertrag

> Organschaft

Gewinnausschüttung

> Verdeckte Gewinnausschüttungen

Gewinneinkünfte

Die Einkünfte aus Land- und Forstwirtschaft, Gewerbebetrieb und selbstständiger Arbeit werden als Gewinn (Verlust) bezeichnet (§ 2 Abs. 2 EStG). Daher spricht man hier von Gewinneinkunftsarten, in Abgrenzung zu den Überschusseinkünften (Einkünfte aus nichtselbstständiger Arbeit, Kapitalvermögen, Vermietung und Verpachtung, sonstige Einkünfte i. S. d. § 22 EStG).

Gewinnermittlung

Das EStG kennt die Gewinnermittlung durch Bestandsvergleich nach

a) § 5 EStG für Gewerbetreibende und nach

b) § 4 Abs. 1 EStG für Land- und Forstwirte, freie Berufe und sonstige selbstständig Tätige.

c) Stpfl. können sodann den Gewinn nach dem Überschuss der Betriebseinnahmen über die Betriebsausgaben (§ 4 Abs. 3 EStG) ermitteln, wenn sie weder aufgrund gesetzlicher Bestimmungen zur Buchführung und zu regelmäßigen Abschlüssen verpflichtet sind (z. B. nach § 141 AO) noch freiwillig Bücher führen und Abschlüsse machen.

> Einnahmen-Überschuss-Rechnung
> Buchführungspflicht

Gewinnermittlungsart

Bei einem Wechsel der Gewinnermittlungsart dürfen Betriebsvorgänge nicht unberücksichtigt oder doppelt erfasst werden. Ist dies der Fall, so muss der erste nach der neuen Gewinnermittlungsart errechnete Gewinn (Gewinn des Übergangsjahres) durch entsprechende Zu- oder Abschläge korrigiert werden.

Der Totalgewinn der unternehmerischen Tätigkeit muss bei allen Gewinnermittlungsarten identisch sein.

Ein Wechsel der Gewinnermittlungsart kann notwendig werden bei:

- Über- und Unterschreiten der Grenzen für die Buchführungspflicht (§§ 140, 141 AO),
- Gewinnschätzung bei Überschussrechnung,
- Betriebsveräußerung zur Abgrenzung des laufenden Gewins vom Veräußerungs- oder Aufgabengewinn,
- Übergang von freiberuflicher oder land- und forstwirtschaftlicher Tätigkeit zu gewerblicher Tätigkeit.

Die Grundsätze beim Wechsel der Gewinnermittlungsart sind in R 4.6 EStR zusammengefasst. In einer – nicht in erschöpfenden – Übersicht (Anlage 1 zu den EStR) sind die wichtigsten Fälle der Gewinnberichtigungen zusammengestellt.

Gewinnermittlungsrichtsätze

> **Richtsätze**

Gewinnerzielungsabsicht

> **Unternehmer**

Gewinnschwellen-Analyse

Die Aufteilung der Gesamtkosten in fixe und variable Kosten ermöglicht eine gewinnorientierte Betrachtung des Unternehmens. Dazu dient die Gewinnschwellen-Analyse, die vielfach auch als Break-even-Analyse bezeichnet wird.

Mit ihrer Hilfe lassen sich die Beziehungen darstellen zwischen:

- Umsatz
- Kosten
- Gewinn
- Beschäftigung.

Gewinn- und Verlustrechnung

Der Jahreserfolg ergibt sich in einer **> doppelten Buchhaltung** aus der Bilanz und aus der Gewinn- und Verlustrechnung, daher spricht man auch von „doppelter" Buchhaltung.

Die Gewinn- und Verlustrechnung – Bestandteil des Jahresabschlusses – hat die Aufgabe, den Periodenerfolg (Gewinn) des Unternehmens aus dem Unterschied zwischen Ertrag und Aufwand zu ermitteln (§ 242 Abs. 3 HGB).

Gewinn-/Verlustausweis

Die Erfassung und Bewertung von Wirtschaftsgütern in der **> Steuerbilanz** bestimmen sich nach den handelsrechtlichen Grundsätzen ordnungsgemäßer Buchführung („Maßgeblichkeit der Handelsbilanz für die Steuerbilanz").

Abweichende steuerliche Bewertungsvorschriften (§ 6 EStG) sind zu beachten.

Zum handelsrechtlichen Grundsatz ordnungsgemäßer Buchführung gehört insbesondere der Grundsatz der Vorsicht: Dieser gebietet, dass noch nicht durch Umsatz realisierte Gewinne nicht ausgewiesen werden dürfen, nicht realisierte Verluste aber auszuweisen sind (sog. Imparitätsprinzip = „Ungleich"-Prinzip).

Gewinnverprobung

> Richtsätze

Gewöhnlicher Aufenthalt

Den gewöhnlichen Aufenthalt hat jemand dort, wo er sich unter Umständen aufhält, die erkennen lassen, dass er an diesem Ort oder in diesem Land nicht nur vorübergehend verweilt.

Unbeschränkte Steuerpflicht tritt jedoch stets dann ein, wenn der Aufenthalt im Inland länger als sechs Monate dauert. In diesem Fall erstreckt sich die Steuerpflicht auch auf die ersten sechs Monate (§ 9 AO).

Giralgeld

> Buchgeld

Gleichmäßigkeit der Besteuerung

Bei dem Prinzip der Gleichmäßigkeit der Besteuerung handelt es sich um einen möglichen Auslegungsgrundsatz von steuerlichen Gesetzesbestimmungen bzw. um Auslegung von Tatbeständen. Dieses Prinzip beinhaltet, dass die Vorschriften über Besteuerung und Rechtsschutz gegenüber allen Steuerschuldnern gleichmäßig angewandt werden (§ 85 AO).

Gnadensplitting

> **Splitting-Tabelle**

GoB – Grundsätze ordnungsmäßiger Buchführung

Die GoB sind ein unbestimmter Rechtsbegriff, der insbesondere durch Rechtsnormen und Rechtsprechung geprägt ist und von der Rechtsprechung und Verwaltung jeweils im Einzelnen auszulegen und anzuwenden ist (BFH-Urteil vom 12.5.1966, BStBl III S. 372; BVerfG-Beschluss vom 10.10.1961, 2 BvL 1/59, BVerfGE 13, 153).

Die GoB können sich durch gutachterliche Stellungnahmen, Handelsbrauch, ständige Übung, Gewohnheitsrecht, organisatorische und technische Änderungen weiterentwickeln und sind einem Wandel unterzogen.

Die GoB enthalten sowohl formelle als auch materielle Anforderungen an eine Buchführung.

Die formellen Anforderungen ergeben sich insbesondere aus den §§ 238 ff. HGB für Kaufleute und aus den §§ 145 bis 147 AO für Buchführungs- und Aufzeichnungspflichtige.

Materiell ordnungsmäßig sind Bücher und Aufzeichnungen nur dann, wenn alle Geschäftsvorfälle vollständig und richtig in ihrer Auswirkung zeitgerecht und ordentlich erfasst und anschließend unveränderbar verbucht bzw. verarbeitet sind.

Vgl. dazu auch das BMF-Schreiben zu den Grundsätzen zur ordnungsmäßigen Führung und Aufbewahrung von Büchern, Aufzeichnungen und Unterlagen in elektronischer Form sowie zum Datenzugriff (GoBD) vom 28.11.2019 (IV A 4 – S 0316/19/10003 :001).

Goldene Bilanzregel

- **Goldende Bilanzregel im engeren Sinne**

  Die goldene Bilanzregel im engeren Sinne fordert, dass das Anlagevermögen mit langfristigem Kapital zu finanzieren sei. Entsprechend muss das Umlaufvermögen durch kurzfristige Verbindlichkeiten abgedeckt werden. Nicht berücksichtigt wird, dass die einzelnen Vermögens- und Kapitalteile von unterschiedlicher Fristigkeit sind oder sein können. So sind Anlage- und Umlaufvermögen nicht automatisch mit den Attributen lang- bzw. kurzfristig gleichzusetzen.

- **Goldende Bilanzregel im weiteren Sinne**

  Realistischer wird das Problem der Fristigkeit bei der goldenen Bilanzregel im weiteren Sinne berücksichtigt, wenn gefordert wird, dass das Anlagevermögen und die dauernd gebundenen Teile des Umlaufvermögens (eisernen Bestände) mit langfristigem Kapital zu finanzieren sind. Nicht dauernd gebundene Teile des Umlaufvermögens sind durch kurzfristiges Kapital finanzierbar.

Gratifikationen

> **Arbeitslohn**

Grenzplankostenrechnung

Die Grenzplankostenrechnung stellt eine Fortführung der Plankostenrechnung auf der Basis der > **Deckungsbeitragsrechnung** dar. Sie unterscheidet sich im Wesentlichen dadurch von der Deckungsbeitragsrechnung, dass hier ausschließlich Planwerte angesetzt werden, während bei der Deckungsbeitragsrechnung hauptsächlich Istwerte verwendet werden.

Der wesentliche Unterschied zur flexiblen Plankostenrechnung mit Vollkosten besteht in der Eliminierung der fixen Kosten aus dem Soll-Ist-Vergleich. Es gibt damit keine Beschäftigungsabweichungen mehr, und es entfällt das Problem der Bestimmung einer Planbeschäftigung.

Grenzsteuersatz

> **Einkommen, zu versteuerndes**

Großer Senat

> **Bundesfinanzhof**

Gründungsbilanzen

Sie sind zu erstellen, wenn ein Unternehmen gegründet wird (§ 242 Abs. 1 HGB).

Gründungskosten

> **Anlaufkosten**

Grundbesitz

Grundbesitz (§ 19 BewG) sind

1. die wirtschaftlichen Einheiten des > **land- und forstwirtschaftlichen Vermögens** (§ 33 BewG),
2. die wirtschaftlichen Einheiten des > **Grundvermögens** (§ 68 BewG),
3. die > **Betriebsgrundstücke** (§ 99 BewG).

Grunderwerbsteuer

Der Steuersatz beträgt zwischen 5 und 6,5 v. H.

2006 haben die Bundesländer die Befugnis erhalten, die Höhe des Steuersatzes selbst zu bestimmen.

Übersicht über das Grunderwerbsteuergesetz (GrEStG):

INFO

- Erster Abschnitt: Gegenstand der Steuer (§§ 1 - 2)
- Zweiter Abschnitt: Steuervergünstigungen (§§ 3 - 7)
- Dritter Abschnitt: Bemessungsgrundlage (§§ 8 - 9)
- Vierter Abschnitt: Steuerberechnung (§§ 11 - 12)
- Fünfter Abschnitt: Steuerschuld (§§ 13 - 15)
- Sechster Abschnitt: Nichtfestsetzung der Steuer, Aufhebung oder Änderung der Steuerfestsetzung (§ 16)
- Siebenter Abschnitt: Örtliche Zuständigkeit, Feststellung von Besteuerungsgrundlagen, Anzeigepflichten und Erteilung der
- Unbedenklichkeitsbescheinigung (§§ 17 - 22)
- Achter Abschnitt: Durchführung (§ 22a)
- Neunter Abschnitt: Übergangs- und Schlussvorschriften (§ 23)

Grundfreibetrag

> **Einkommensteuertarif**

Grundlohn

> **Prämienlohn**

Grundpfandrecht

Das Grundpfandrecht ist eine Kreditsicherheit, die durch Verpfändung von unbeweglichem Vermögen entsteht. Sie hat besondere Bedeutung bei der Sicherung langfristiger Kredite, aber auch kurzfristige Kredite können auf diese Weise gesichert werden. Ein Grundpfandrecht entsteht durch Eintragung im Grundbuch, dem von einem Amtsgericht geführten Verzeichnis aller Grundstücke des betreffenden Amtsgerichtsbezirks.

Grundschuld

Die Grundschuld (§§ 1191 - 1198 BGB) ist – im Gegensatz zu der Hypothek – ein Grundpfandrecht, das nicht das Bestehen einer Forderung voraussetzt. So ist bei einem Kredit, der durch eine Grundschuld abgesichert wird, zwischen dem Kredit und der Grundschuld zwar ein wirtschaftlicher, aber kein rechtlicher Zusammenhang gegeben. Für die Grundschuld gelten – mit Ausnahme der rechtlichen Verbundenheit zwischen Grundpfandrecht und Forderung – die gleichen Vorschriften wie für die > **Hypothek**.

Grundsteuerreform

Die Grundsteuer ist eine Objektsteuer und knüpft an den vorhandenen Grundbesitz an.

Sie ist von den Eigentümerinnen und Eigentümern von Grundbesitz (Grundstücke, Eigentumswohnungen und Betriebe der Land- und Forstwirtschaft) jährlich zu zahlen.

Bisher wurde die Grundsteuer anhand von Einheitswerten berechnet. Diese Werte stammten aus dem Jahr 1964 (betrifft die alten Bundesländer) bzw. aus dem Jahr 1935 (betrifft die neuen Bundesländer). Die tatsächliche Wertentwicklung eines Grundstücks wurde durch diese Werte nicht widergespiegelt und gleichartige Grundstücke wurden unterschiedlich behandelt.

Deshalb hat das Bundesverfassungsgericht die bisherige Berechnungsmethode für verfassungswidrig erklärt. Zugleich forderte das Bundesverfassungsgericht eine gesetzliche Neuregelung der Grundsteuer. Dem ist der Gesetzgeber mit dem im November 2019 verabschiedeten Grundsteuer-Reformgesetz nachgekommen. Einige Länder haben zusätzlich im Anschluss an diese bundesgesetzliche Regelung von der Möglichkeit abweichender landesgesetzlicher Regelungen Gebrauch gemacht.

Auf Grundlage der von den Finanzämtern festgestellten Werte erheben die Städte und Gemeinden ab 2025 die neue Grundsteuer. Bis dahin ist die Grundsteuer wie bisher auf Grundlage der bisherigen Rechtslage zu zahlen.

Grundstück

1. Bewertungsgesetz

Jede wirtschaftliche Einheit des Grundvermögens bildet ein Grundstück i. S. d. BewG (§ 70 Abs. 1 BewG).

Als Grundstück gilt auch ein Gebäude, das auf fremdem Grund und Boden errichtet oder in sonstigen Fällen einem anderen als dem Eigentümer des Grund und Bodens zuzurechnen ist, selbst wenn es ein wesentlicher Bestandteil des Grund und Bodens geworden ist (§ 70 Abs. 3 BewG).

2. Einkommensteuer

Dienen Grundstücke ausschließlich eigenbetrieblichen Zwecken, so gehören sie zum notwendigen Betriebsvermögen des Gewerbebetriebs. Machen eigenbetrieblich genutzte Grundstücksteile nicht mehr als ein Fünftel des Wertes des gesamten Grundstücks und nicht mehr als 20.500 € (§ 8 EStDV) aus, so rechnet man sie nicht zum notwendigen Betriebsvermögen (eigenbetrieblich genutzte Grundstücke von untergeordnetem Wert).

Einzelheiten siehe R 4.2 Abs. 8 EStR.

Grundstücke im Zustand der Bebauung

Bei Grundstücken, die sich im Feststellungszeitpunkt im Zustand der Bebauung befinden, bleiben die nicht bezugsfertigen Gebäude oder Gebäudeteile (z. B. Anbauten oder Zubauten) bei der Ermittlung des Einheitswertes außer Betracht (§ 91 Abs. 1 BewG). Für Zwecke der Erbschaftsteuer werden sie hingegen berücksichtigt (§ 196 BewG).

Grundtabelle/Einkommensteuer

Das Einkommensteuergesetz unterscheidet hinsichtlich der Besteuerung zwischen:

- Einkommensteuer-Grundtabelle und
- Einkommensteuer-Splittingtabelle.

Grundsätzlich ist die tarifliche Einkommensteuer nach der Einkommensteuer-Grundtabelle abzulesen. Hierunter fallen: Ledige, Geschiedene, Verwitwete, Eheleute, die eine **> getrennte Veranlagung** oder die **> besondere Veranlagung** beantragt haben (§ 32a EStG).

> Splitting-Tabelle

Grundvermögen

1. Zum Grundvermögen (§ 176 Abs. 1 BewG) gehören:
   a) der Grund und Boden, die Gebäude, die sonstigen Bestandteile und das Zubehör,
   b) das Erbbaurecht,
   c) das Wohnungseigentum, Teileigentum, Wohnungserbbaurecht und Teilerbbaurecht nach dem Wohnungseigentumsgesetz, soweit es sich nicht um **> land- und forstwirtschaftliches Vermögen** (§ 158 BewG) oder um **> Betriebsgrundstücke** (§ 99 BewG) handelt.
2. In das Grundvermögen sind nicht einzubeziehen (§ 176 Abs. 2 BewG):
   a) Bodenschätze,
   b) die Maschinen und sonstigen Vorrichtungen aller Art, die zu einer Betriebsanlage gehören (Betriebsvorrichtungen), auch wenn sie wesentliche Bestandteile sind.

Zur Abgrenzung des Grundvermögens vom land- und forstwirtschaftlichen Vermögen siehe § 159 BewG.

Die Hinweise zu den Erbschaftsteuer-Richtlinien behandeln Zweifelsfragen und Auslegungsfragen von allgemeiner Bedeutung, um eine einheitliche Anwendung des Bewertungsrechts durch die Behörden der Finanzverwaltung sicherzustellen (R 176.1 - 198 ErbStH).

Gruppenbewertung

Grundsätzlich gehen die Bewertungsvorschriften des EStG von dem Prinzip der **> Einzelbewertung** aus. Eine zusammenfassende Bewertung (Gruppenbewertung, Sammelbewertung) ist jedoch zulässig, z. B. wenn es sich um gleichartige Waren handelt, die preislich nur unerheblich voneinander abweichen und durch Gruppenzuteilung und Durchschnittspreis charakterisiert werden können. Es handelt sich dabei meist um geringwertige Massengüter, für die eine Einzelbewertung nicht zumutbar ist.

Wenn diese Bestände nicht als **> Festwerte** geführt werden, sondern eine Gruppenbewertung vorgenommen wird, kann darauf eine Gruppenabschreibung festgelegt werden, wenn sich die Gruppierung im Rahmen der ordnungsgemäßen Buchführung hält. Einzelheiten siehe R 6.8 Abs. 4 EStR.

H

Haftung

Die AO kennt folgende Haftungsfälle:

- Haftung der Vertreter (§ 69 AO),
- Haftung des Vertretenen (§ 70 AO),
- Haftung des Steuerhinterziehers und des Steuerhehlers (§ 71 AO),
- Haftung bei Verletzung der Pflicht zur Kontenwahrheit (§ 72 AO),
- Haftung bei Organschaft (§ 73 AO),
- Haftung des Eigentümers von Gegenständen (§ 74 AO),
- Haftung des Betriebsübernehmers (§ 75 AO),
- Sachhaftung (§ 76 AO).

Haftungsbescheid

Wer kraft Gesetzes für eine Steuer haftet (Haftungsschuldner), kann nur durch Haftungsbescheid in Anspruch genommen werden (§ 191 Abs. 1 AO). Haftungsbescheide sind schriftlich zu erteilen.

Haftungsschuldner

> **Haftungsbescheid**

Halbeinkünfteverfahren

2001 wurde die Besteuerung von Kapitalgesellschaften vom sog. Anrechnungsverfahren auf eine endgültige Besteuerung mit einem Körperschaftsteuersatz von seinerzeit 25 % umgestellt. Da die Einkünfte auf Ebene der Körperschaft schon versteuert werden, sollten Einkünfte von natürlichen Personen, die mit einer Beteiligung an Körperschaften zusammenhängen, nicht nochmals in voller Höhe versteuert werden. Einkünfte in diesem Zusammenhang sind z. B. Dividenden und Gewinnausschüttungen, aber auch die Veräußerung dieser Anteile.

Diese Einkünfte wurden bis 2008 nach § 3 Nr. 40 EStG nur zur Hälfte versteuert. Aufwendungen hierfür waren ebenfalls nur zur Hälfte abzugsfähig – Halbeinkünfteverfahren. Durch die Reduzierung des Körperschaftsteuersatzes ab 2008 auf 15 % wurde das Halbeinkünfteverfahren für betriebliche Beteiligungseinkünfte durch das Teileinkünfteverfahren ersetzt. Hiernach waren ab 2009 nur noch 40 % der Einkünfte von natürlichen Personen steuerfrei, soweit diese mit einer Beteiligung an Körperschaften zusammenhängen.

Für Privatanleger, die Einkünfte aus Kapitalvermögen erzielen, gelten seit 2009 die Regelungen der Abgeltungsteuer; das Teileinkünfteverfahren gilt für Dividendeneinnahmen und Veräußerungserlöse im privaten Bereich nicht (§ 3 Nr. 40 Satz 2 EStG).

Bei Körperschaften gilt das Halb-/Teileinkünfteverfahren nicht. Stattdessen gelten die Sonderregelungen des § 8b KStG.

Halbfertige Arbeiten

Halbfertige Arbeiten – man spricht auch von unfertigen oder teilfertigen Arbeiten – müssen am Bilanzstichtag durch Inventur aufgenommen werden.

Aus den Unterlagen über diese bestandsmäßige Aufnahme muss in angemessenem Umfang unter Berücksichtigung der Verhältnisse des einzelnen Betriebes der auf halbfertige Arbeiten vorgenommene Aufwand ersichtlich sein, sodass auch eine entsprechende Nachprüfung möglich ist.

Halbreingewinn, wirtschaftlicher

Der wirtschaftliche Halbreingewinn ist:

- bei **Handelsbetrieben** der wirtschaftliche Rohgewinn abzüglich der in ihm noch nicht berücksichtigten, auf den Rechnungszeitabschnitt entfallenden Betriebsausgaben mit Ausnahme der Gehälter, Löhne, Aufwendungen für eigene oder gemietete gewerbliche Räume und der Gewerbesteuer;
- bei **Fertigungsbetrieben** der wirtschaftliche Rohgewinn abzüglich der in ihm noch nicht berücksichtigten, auf den Rechnungszeitabschnitt entfallenden Betriebsausgaben mit Ausnahme der Gehälter und Löhne, die nicht in der Fertigung anfallen, der Mieten und der Gewerbesteuer.

Der Halbreingewinnsatz ist die Verhältniszahl des wirtschaftlichen Halbreingewinns zum wirtschaftlichen Umsatz.

Formel:

$$\text{Halbreingewinnsatz in v. H.} = \frac{\text{Wirtschaftlicher Halbreingewinn}}{\text{Wirtschaftlicher Umsatz}} \cdot 100$$

Handelsbetriebe

> Halbreingewinn

Handelsbilanz

Die Erstellung einer Handelsbilanz wird nach § 242 HGB vorgeschrieben. Jeder Kaufmann muss bei Beginn seines Handelsgewerbes und jeweils am Schluss eines Geschäftsjahres eine Handelsbilanz aufstellen.

Die Steuerbilanz wird aus dieser Handelsbilanz abgeleitet, indem z. B. steuerrechtliche Bewertungsvorschriften (§ 6 EStG) berücksichtigt werden (sog. „Maßgeblichkeit der Handelsbilanz für die Steuerbilanz"). Soweit die eingereichte Handelsbilanz den steuerlichen Grundsätzen darüber entspricht, was zum Betriebsvermögen gehört oder abgezogen werden kann sowie den steuerlichen Bewertungsvorschriften entspricht, sich insbesondere bei Ausübung von Bewertungswahlrechten im Rahmen der steuerlichen Grenzpfähle hält, ist sie als Steuerbilanz der Besteuerung zugrunde zu legen.

> **Rechnungslegungsvorschriften**

Handelsbriefe

> **Rechnungslegungsvorschriften**

Handelsbücher

> **Rechnungslegungsvorschriften**

Handelsgesetzbuch

Das HGB enthält in den §§ 238 - 263 Rechnungslegungsvorschriften für alle Kaufleute und in den §§ 264 - 289 ergänzende Vorschriften für Kapitalgesellschaften.

Die Vorschriften für alle Kaufleute betreffen:

- die Buchführung (§§ 238, 239 HGB)
- Inventar und Inventur (§§ 240, 241 HGB)
- den Jahresabschluss (§§ 242 - 256 HGB).

Beim Jahresabschluss sind zu unterscheiden:

- allgemeine Vorschriften zur Aufstellung der Bilanz und der GuV-Rechnung (§§ 242 - 245 HGB)
- Ansatzvorschriften (§§ 246 - 251 HGB)
- Bewertungsvorschriften (§§ 252 - 256a HGB).

Handelsrecht

Das Handelsrecht regelt ausschließlich die Rechtsverhältnisse unter Kaufleuten.

> Handelsgesetzbuch

Handelsregister

Das Handelsregister ist ein öffentliches Register, das von den Amtsgerichten geführt wird (§ 8 HGB). Sie nehmen die Eintragung für alle Kaufleute vor, die in dem jeweiligen Gerichtsbezirk ihren Sitz haben.

Das Gericht hat die Eintragungen in das Handelsregister durch den Bundesanzeiger und durch mindestens ein anderes Blatt bekanntzumachen (§ 10 HGB). Die Einsicht des Handelsregisters sowie der Einblick in die zum Handelsregister eingereichten Schriftstücke ist jedem gestattet (§ 9 HGB).

> Unternehmensregister

Handwerkerleistung

Für die Inanspruchnahme von Handwerkerleistungen für Renovierungs-, Erhaltungs- und Modernisierungsmaßnahmen ermäßigt sich die tarifliche Einkommensteuer, vermindert um die sonstigen Steuerermäßigungen, auf Antrag um 20 % der Aufwendungen des Steuerpflichtigen, höchstens jedoch um 1.200 €. Dies gilt nicht für öffentlich geförderte Maßnahmen, für die zinsverbilligte Darlehen oder steuerfreie Zuschüsse in Anspruch genommen werden (§ 35a Abs. 3 EStG).

Diese Regelung gilt für alle handwerklichen Tätigkeiten, für Renovierungs-, Erhaltungs- und Modernisierungsmaßnahmen, die in einem inländisch, in der Europäischen Union oder dem Europäischen Wirtschaftsraum liegenden Haushalt des Steuerpflichtigen erbracht werden, unabhängig davon, ob es sich um regelmäßig vorzunehmende Renovierungsarbeiten oder kleine Ausbesserungsarbeiten handelt, die gewöhnlich durch Mitglieder des privaten Haushalts erledigt werden, oder um Erhaltungs- und Modernisierungsmaßnahmen, die im Regelfall nur von Fachkräften durchgeführt werden. Eine beispielhafte Aufzählung begünstigter und nicht begünstigter handwerklicher Tätigkeiten enthält Anlage 1 des BMF-Schreibens vom 09.11.2016 (Az. IV C 8 – S 2296-b/07/10003:008). Handwerkliche Tätigkeiten im Rahmen einer Neubaumaßnahme sind nicht begünstigt. Als Neubaumaßnahmen gelten alle Maßnahmen, die im Zusammenhang mit einer Nutz- oder Wohnflächenschaffung bzw. -erweiterung anfallen.

Hauptabschlussbilanz

> Hauptabschlussübersicht

Hauptabschlussübersicht

Die Hauptabschlussübersicht (HAÜ) ist eine tabellarische Aufstellung zur Ableitung des Abschlusses (Bilanz-, Gewinn- und Verlustrechnung) aus den Konten der Buchhaltung. Die Hauptabschlussübersicht enthält in horizontaler Reihe folgende Spalten:

1. Eröffnungsbilanz,
2. Summenzugänge des Kalenderjahres,
3. Summenbilanz,
4. Umbuchungen,
5. Saldenbilanz (= Saldierung oder Summenbilanz),
6. Hauptabschlussbilanz,
7. Gewinn- und Verlustrechnung.

Hauptfeststellung

Die Einheitswerte werden in Zeitabständen von je sechs Jahren allgemein festgestellt (Hauptfeststellung). Der Hauptfeststellung werden die Verhältnisse zu Beginn des Kalenderjahres (Hauptfeststellungszeitpunkt) zugrunde gelegt (§ 21 Abs. 2 Satz 1 BewG). Die Vorschriften des § 35 Abs. 2 BewG und den §§ 54 und 59 über die Zugrundelegung eines anderen Zeitpunkts bleiben unberührt (§ 21 Abs. 2 Satz 2 BewG).

Hauptfeststellungszeitpunkt

> **Hauptfeststellung**

Hauptkostenstellen

> **Kostenstellenrechnung**

Hauptzollämter

> **Bundesfinanzbehörden**

Hausgehilfin

> **haushaltsnahe Beschäftigungsverhältnisse/Dienstleistungen** (§ 35a EStG)

Haushaltsfreibetrag

> **Entlastungsbetrag für Alleinerziehende**

Haushaltsnahe Beschäftigungsverhältnisse/haushaltsnahe Dienstleistungen

Für haushaltsnahe Beschäftigungsverhältnisse, bei denen es sich um eine geringfügige Beschäftigung i. S. d. § 8a SGB IV handelt, ermäßigt sich die tarifliche Einkommensteuer, vermindert um die sonstigen Steuerermäßigungen, auf Antrag um 20 %, höchstens 510 €, der Aufwendungen des Steuerpflichtigen.

Für sozialversicherungspflichtige haushaltsnahe Beschäftigungsverhältnisse oder für die Inanspruchnahme von haushaltsnahen Dienstleistungen (ohne **> Handwerkerleistungen**) ermäßigt sich die tarifliche Einkommensteuer, vermindert um die sonstigen Steuerermäßigungen, auf Antrag um 20 %, höchstens 4.000 €, der Aufwendungen des Steuerpflichtigen. Die Steuerermäßigung kann auch für die Inanspruchnahme von Pflege- und Betreuungsleistungen sowie für Aufwendungen Anspruch genommen werden, die einem Steuerpflichtigen wegen der Unterbringung in einem Heim oder zur dauernden Pflege erwachsen, soweit darin Kosten für Dienstleistungen enthalten sind, die mit denen einer Hilfe im Haushalt vergleichbar sind.

Der Begriff des haushaltsnahen Beschäftigungsverhältnisses ist gesetzlich nicht definiert. Im Rahmen eines solchen Beschäftigungsverhältnisses werden Tätigkeiten ausgeübt, die einen engen Bezug zum Haushalt haben. Zu diesen Tätigkeiten gehören u. a. die Zubereitung von Mahlzeiten im Haushalt, die Reinigung der Wohnung des Steuerpflichtigen, die Gartenpflege und die Pflege, Versorgung und Betreuung von Kindern sowie von kranken, alten oder pflegebedürftigen Personen. Die Erteilung von Unterricht (z. B. Sprachunterricht), die Vermittlung besonderer Fähigkeiten sowie sportliche und andere Freizeitbetätigungen fallen nicht darunter.

Vgl. auch § 35a EStG, BMF-Schreiben vom 09.11.2016 (Az. IV C 8 – S 2296-b/07/10003:008).

> Geringfügige Beschäftigung
> Handwerkerleistungen

Hebesatz

Die Gewerbesteuer wird aufgrund des Steuermessbetrags mit einem Hundertsatz (= Hebesatz) festgesetzt und erhoben, der von der hebeberechtigten Gemeinde zu bestimmen ist (§ 16 Abs. 1 GewStG). Der Hebesatz (z. B. 490 v. H.) kann für ein Kalenderjahr oder mehrere Kalenderjahre festgesetzt werden (§ 16 Abs. 2 GewStG).

Der Hebesatz muss für alle in der Gemeinde vorhandenen Unternehmen der Gleiche sein. Er beträgt 200 v. H., wenn die Gemeinde **nicht** einen höheren Hebesatz bestimmt hat (§ 16 Abs. 4 Satz 2 GewStG).

Heizkostenzuschuss

Personen, die mindestens einen Monat im Zeitraum von Oktober 2021 bis März 2022 (für den ersten Heizkostenzuschuss) bzw. von September 2022 bis Dezember 2022 (für den zweiten Heizkostenzuschuss) Wohngeld bekommen haben, Leistungen nach dem BAföG bezogen haben und außerhalb der elterlichen Wohnung wohnten bzw. wohnen, sowie Personen, die einen Unterhaltsbeitrag nach dem AFBG oder Berufsausbildungsbeihilfe (BAB) oder Ausbildungsgeld bekommen haben bzw. bekommen, erhalten automatisch die Heizkostenzuschüsse.

Der erste Heizkostenzuschuss (Entlastungspaket I) beträgt für BAföG-Geförderte, die außerhalb der elterlichen Wohnung wohnen, sowie AFBG-Geförderte, die einen Unterhaltsbeitrag erhalten, pauschal einmalig **230 €**.

Der zweite Heizkostenzuschuss (Entlastungspaket III) beträgt für diesen Personenkreis einmalig pauschal **345 €**.

Herstellungsaufwand

Bei den Aufwendungen für bereits angeschaffte Wirtschaftsgüter, insbesondere für Gebäude, unterscheidet man zwischen **> Erhaltungsaufwand** und **> Herstellungsaufwand**.

Während der Erhaltungsaufwand in voller Höhe von den Einnahmen als Betriebsausgaben oder Werbungskosten abgesetzt werden kann, muss der Herstellungsaufwand auf die Gesamtnutzungsdauer verteilt werden. Herstellungsaufwand ist bei einem Gebäude im Allgemeinen anzunehmen, wenn dieses sich durch die Baumaßnahme in seiner Substanz vermehrt, in seinem Wesen verändert oder über seinen bisherigen Zustand hinaus erheblich verbessert wird (§ 255 Abs. 2 HGB).

Betragen die Aufwendungen für eine einzelne Baumaßnahme nicht mehr als 4.000 € (Rechnungsbetrag ohne USt) je Gebäude, so ist auf Antrag dieser Aufwand stets als Erhaltungsaufwand zu behandeln (R 21.1 Abs. 2 EStR).

Zur Abgrenzung von Herstellungsaufwand und Erhaltungsaufwendungen bei Instandsetzung und Modernisierung von Gebäuden siehe BMF-Schreiben v. 18.07.2003; BStBl 2003 I S. 386.

> Herstellungskosten

Herstellungskosten

Herstellungskosten i. S. d. § 6 EStG sind die Aufwendungen, die durch den Verbrauch von Gütern und die Inanspruchnahme von Diensten für die Herstellung eines Erzeugnisses entstehen.

Sie setzen sich zusammen aus den Materialkosten einschließlich den notwendigen Materialgemeinkosten und den Fertigungskosten (insbesondere Fertigungslöhne) einschließlich den notwendigen Fertigungsgemeinkosten.

Zu den Materialgemeinkosten und den Fertigungsgemeinkosten gehören u. a. Aufwendungen für folgende Kostenstellen:

- Lagerhaltung, Transport und Prüfung des Fertigungsmaterials,
- Vorbereitung und Kontrolle der Fertigung,
- Werkzeuglager,
- Betriebsleitung, Raumkosten, Sachversicherungen.

Sonderkosten, z. B. Entwurfskosten, Lizenzgebühren usw. gehören zu den Herstellungskosten, soweit sie zur Fertigstellung der Erzeugnisse aufgewendet werden und nicht zu den allgemeinen Verwaltungs- oder den Vertriebskosten zu rechnen sind.

Einzelheiten zu dem Umfang der Herstellungskosten siehe R 6.3 EStR.

Zum Begriff siehe auch § 255 Abs. 2 HGB.

Hilfsgeschäfte

Ist die > **Nachhaltigkeit** bezüglich einer Betätigung des Unternehmers gegeben, so werden damit auch die Hilfs- und Nebengeschäfte in die Umsatzsteuerpflicht einbezogen, ohne dass für sie eine besondere Nachhaltigkeit gegeben sein muss.

Hilfskostenstellen

> **Kostenstellenrechnung**

Hinterbliebenenpauschbetrag

> **Außergewöhnliche Belastungen**

Hinzurechnungen

Die gewerbesteuerlichen Hinzurechnungen zum Gewinn eines Gewerbebetriebs sind in § 8 GewStG geregelt.

Dem Gewinn aus Gewerbebetrieb (§ 7 GewStG) werden wegen des „Objektcharakters der > **Gewerbesteuer**" bestimmte Beträge wieder hinzugerechnet, soweit sie bei der Ermittlung des Gewinns abgesetzt worden sind, z. B. ein Viertel der Summe aus

a) Entgelten für Schulden,

b) Renten und dauernden Lasten (ohne Pensionszahlungen aufgrund einer unmittelbar vom Arbeitgeber erteilten Versorgungszusage),

c) Gewinnanteilen des stillen Gesellschafters,

d) einem Fünftel der Miet- und Pachtzinsen (einschließlich Leasingraten) für die Benutzung von beweglichen Wirtschaftsgütern des Anlagevermögens, die im Eigentum eines anderen stehen,

e) der Hälfte der Miet- und Pachtzinsen (einschließlich Leasingraten) für die Benutzung der unbeweglichen Wirtschaftsgüter des Anlagevermögens, die im Eigentum eines anderen stehen,

f) einem Viertel der Aufwendungen für die zeitlich befristete Überlassung von Rechten (insbesondere Konzessionen und Lizenzen, mit Ausnahme von Lizenzen, die ausschließlich dazu berechtigen, daraus abgeleitete Rechte Dritten zu überlassen) soweit die Summe den Betrag von 100.000 € übersteigt.

Weitere Hinzurechnungen siehe § 8 GewStG sowie R 8.1 bis 8.9 GewStR.

> **Kürzungen**

Homeoffice-Pauschale

Für jeden Kalendertag, an dem die betriebliche oder berufliche Tätigkeit überwiegend in der häuslichen Wohnung ausgeübt und keine außerhalb der häuslichen Wohnung belegene erste Tätigkeitsstätte aufgesucht wird, kann für die gesamte betriebliche und berufliche Betätigung ein Betrag von 6 € (Tagespauschale), höchstens 1.260 € im Wirtschafts- oder Kalenderjahr, abgezogen werden.

Steht für die betriebliche oder berufliche Tätigkeit dauerhaft kein anderer Arbeitsplatz zur Verfügung, ist ein Abzug der Tagespauschale zulässig, auch wenn die Tätigkeit am selben Kalendertag auswärts oder an der ersten Tätigkeitsstätte ausgeübt wird.

Der Abzug der Tagespauschale ist nicht zulässig, soweit für die Wohnung Unterkunftskosten im Rahmen einer doppelten Haushaltsführung abgezogen werden können.

Aufwendungen für Arbeitsmittel und Telefon-/Internetkosten sind durch die Homeoffice- Pauschale nicht abgegolten.

Hypothek

Die Hypothek (§§ 1113 - 1190 BGB) ist ein Pfandrecht an einem Grundstück, das der Sicherung einer Forderung dient. Die Forderung ist mit der Hypothek fest verbunden.

Die Hypothek kommt zustande durch:

- Einigung zwischen dem Kreditgeber und dem Grundstückseigentümer
- Eintragung der Hypothek in das Grundbuch.

I

IAS/IFRS

Seit 2005 haben alle kapitalmarktorientierten EU-Unternehmen – von Ausnahmen abgesehen – ihren Konzernabschluss nach IAS (International Accounting Standards) zu erstellen.

Im Zuge der Entwickung wurde IAS in IFRS (International Financial Reporting Standards) umbenannt. Auch können Einzelabschlüsse nach IAS/IFRS – zusätzlich zu einem HGB-Abschluss – erstellt werden.

Aber auch nicht kapitalmarktorientierte Unternehmen dürfen ihren Konzernabschluss nach IFRS erstellen.

IAS/IFRS wurde infolge der wirtschaftlichen Globalisierung geschaffen und zwar von der IASB (International Accounting Standards Board). Verschiedene Berufsverbände und zahlreiche Länder arbeiten im „Bord“ mit. Mit den „Bilanzierungsgrundsätzen“ soll eine bessere Vergleichbarkeit von Jahresabschlüsssen (und Unternehmensbewertungen) der internationalen Unternehmen erreicht werden.

Die IAS/IFRS bestehen aus drei Teilen:

1. dem Framework (Rahmenbedingungen)
2. den einzelnen Standards (IAS 1bis IAS 41 und IFRS 1)/Regelungen von speziellen Sachverhalten
3. den Interpretations (IFRIC) mit Konkretisierung/Ergänzung von Standards.

IASB

= **I**nternational **A**ccounting **S**tandards **B**oard

> **IAS/IFRS**

IBAN

> **SEPA**

IFRS

> **IAS/IFRS**

Immaterielle Wirtschaftsgüter

Zu den einzelnen > **Wirtschaftsgütern** zählen nicht nur die materiellen, sondern auch die immateriellen Wirtschaftsgüter, die vom > **Geschäftswert** (= Firmenwert) abzugrenzen sind. Denn der Geschäftswert ist nicht die Summe der immateriellen Wirtschaftsgüter eines Unternehmens, sondern der Ausdruck für die Gewinnchancen eines Unternehmens, soweit sie nicht in einzelnen Wirtschaftsgütern verkörpert sind.

Als einzelne immaterielle Wirtschaftsgüter gesondert zu aktivieren, z. B. bei Erwerb eines Unternehmens, sind: Konzessionen, gewerbliche Schutzrechte und ähnliche Rechte, Firmenname, Markenrechte.

Vgl. auch § 248 Abs. 2 HGB, § 5 Abs. 2 EStG sowie R 5.5 EStR.

Imparitätsprinzip

> **Gewinn-/Verlustausweis**

Indirekte Abschreibung

> **Wertberichtigungsposten**

Indirekte Steuern

Verkehrsteuern, Verbrauchsteuern und Zölle werden als indirekte Steuern bezeichnet. Bei ihnen sind Steuerzahler und Steuerträger nicht identisch.

Industriekontenrahmen

Der Industriekontenrahmen hat heute den früheren Gemeinschaftskontenrahmen praktisch abgelöst.

Inflationsausgleichsprämie

Anfang September 2022 hat die Bundesregierung die Einführung einer steuer- und sozialabgabenfreien Inflationsprämie angekündigt.

Arbeitgeber können die Prämie bis zum 31.12.2024 steuerfrei auszahlen. Voraussetzung für die Steuerbefreiung: Die Zahlung muss zusätzlich zum Arbeitslohn gewährt werden.

Es soll sich um einen Steuerfreibetrag handeln. Das bedeutet, dass Arbeitgeber ihren Mitarbeitenden auch höhere Prämien zahlen dürften. Zahlt ein Arbeitgeber zum Beispiel 3.500 €, blieben 3.000 € steuerfrei; nur für den Restbetrag von 500 € würden Steuern fällig.

Arbeitgeber können die Zahlung individuell mit Mitarbeitenden vereinbaren, in einer Betriebsvereinbarung oder in einem Tarifvertrag.

Ein besonderer Nachweis, dass es sich tatsächlich um einen Ausgleich für Preissteigerungen handelt, ist nicht erforderlich Arbeitgeber müssten bei der Zahlung in der Buchhaltung deutlich machen, dass sie im Zusammenhang mit den Preissteigerungen steht.

Inland

1. Einkommensteuer

Inland i. S. d. EStG ist das Gebiet des Geltungsbereichs der Bundesrepublik Deutschland. Zum Inland gehört auch der der Bundesrepublik Deutschland zustehende Anteil am Festlandsockel, soweit dort Naturschätze des Meeresgrundes und des Meeresuntergrundes erforscht oder ausgebeutet werden (§ 1 Abs. 1 Satz 2 EStG).

2. Umsatzsteuer

Unter Inland i. S. d. UStG ist das Gebiet der Bundesrepublik Deutschland zu verstehen mit Ausnahme des Gebiets von Büsingen, der Insel Helgoland, der Freihäfen, der Gewässer und Watten zwischen der Hoheitsgrenze und der jeweiligen Strandlinie sowie der deutschen Schiffe und der deutschen Luftfahrzeuge in Gebieten, die zu keinem Zollgebiet gehören (§ 1 Abs. 2 UStG).

Wird ein Umsatz im Inland ausgeführt, so kommt es für die Besteuerung nicht darauf an, ob der Unternehmer deutscher Staatsangehöriger ist, seinen Wohnsitz oder Sitz im Inland hat, im Inland eine Betriebsstätte unterhält, die Rechnung erteilt oder die Zahlung empfängt (§ 1 Abs. 2 Satz 3 UStG).

Inlandsvermögen

Zum Inlandsvermögen gehören (§ 121 BewG) insbesondere:

1. das inländische > **land- und forstwirtschaftliche Vermögen**;
2. das inländische > **Grundvermögen**;
3. das inländische > **Betriebsvermögen**;
4. Hypotheken, Grundschulden, Rentenschulden und andere Forderungen oder Rechte unter bestimmten Voraussetzungen.

Innergemeinschaftlicher Erwerb

> **Umsatzsteuer-Binnenmarktgesetz**

Insolvenzordnung

Die Insolvenzordnung hat die frühere Konkurs- und Vergleichsordnung abgelöst.

Im **Insolvenzverfahren** sollen die Gläubiger eines Schuldners gemeinschaftlich befriedigt werden, indem dessen Vermögen verwertet und der Erlös verteilt oder in einem Insolvenzplan zum Erhalt des Unternehmen geregelt wird. Hierdurch soll insbesondere dem redlichen Schuldner Gelegenheit gegeben werden, sich von seinen restlichen Verbindlichkeiten zu befreien, vgl. § 1 InsO. Durch das Insolvenzrecht sollen möglichst viele Insolvenzfälle in einem geordneten Verfahren geregelt werden.

Die Eröffnung des Insolvenzverfahrens setzt voraus, dass einer der nachfolgend aufgeführten **Eröffnungsgründe** gegeben ist, vgl. §§ 16 ff. InsO:

- Die **Zahlungsunfähigkeit** liegt vor, wenn der Schuldner nicht in der Lage ist, seine fälligen Zahlungspflichten zu erfüllen, insbesondere, wenn er seine Zahlungen eingestellt hat.
- Die **drohende Zahlungsfähigkeit** ist als Eröffnungsgrund nur gegeben, wenn der Schuldner selbst den Eröffnungsantrag stellt, weil er voraussichtlich nicht in der Lage sein wird, die bestehenden Zahlungspflichten im Zeitpunkt der Fälligkeit zu erfüllen.
- Die **Überschuldung** besteht als Eröffnungsgrund nur bei juristischen Personen, wenn das Vermögen des Schuldners die bestehenden Verbindlichkeiten nicht mehr deckt.

Vgl. besonders Verbraucherinsolvenzverfahren mit Restschuldbefreiung, §§ 204 - 310 InsO.

Instandhaltungsaufwendungen

> **Erhaltungsaufwand**

Internationale Rechnungslegung

Bis Anfang der 90er Jahre erfolgte die externe Unternehmensberichterstattung nach den HGB-Rechnungslegungsvorschriften zusammen mit den Grundsätzen ordnungsmäßiger Buchführung (GoB). Da etwa seit diesem Zeitraum die deutsche Wirtschaft verstärkt ausländische Kapitalmärkte in Anspruch genommen hat – insbesondere den amerikanischen Kapitalmarkt – hat sich auch in Deutschland eine „internationale Rechnungslegung“ herausgebildet. Es handelt sich dabei um eine Rechnungslegung, die von verschiedenen Staaten einheitlich angewendet werden kann.

Wichtige Begriffe:
IAS = International Accounting Standards

IFRS = International Financial Reporting Standards

IASC = International Accounting Standards Committee.

> IAS/IFRS

Inventar

Nach § 240 Abs. 1 HGB hat jeder Kaufmann zu Beginn seines Handelsgewerbes seine Grundstücke, seine Forderungen und Schulden, den Betrag seines baren Geldes sowie seine sonstigen Vermögensgegenstände genau zu verzeichnen und dabei den Wert der einzelnen Vermögensgegenstände und Schulden anzugeben.

> Inventur

Inventur

Unter Inventur versteht man die körperliche Bestandsaufnahme des Vermögens und der Schulden eines Unternehmens zu einem bestimmten Zeitpunkt. Die Inventur kann durch Messen, Zählen, Wiegen der einzelnen Wirtschaftsgüter erfolgen.

In § 240 HGB wird gefordert, dass zu Geschäftsbeginn und an jedem Bilanzstichtag neben der Bilanz ein **> Inventar** erstellt wird, dessen Grundlage die durch die Inventur ermittelten Bestände an Geld, Forderungen und Warenvorräten sind.

Siehe auch § 241 HGB.

Investition

Als Investition bezeichnet man die Kapitalverwendung. Das beschaffte Kapital wird in Sachgütern oder Rechten gebunden, soweit die Bindung nicht bereits mit der Kapitalbeschaffung einherging.

Investitionsabzugsbetrag

Steuerpflichtige können für die künftige Anschaffung oder Herstellung eines abnutzbaren beweglichen Wirtschaftsguts des Anlagevermögens bis zu 50 v. H. der voraussichtlichen Anschaffungs- oder Herstellungskosten gewinnmindernd abziehen (Investitionsabzugsbetrag), § 7g EStG. Der Investitionsabzugsbetrag kann nur in Anspruch genommen werden, wenn

1. der Gewinn nach § 4 oder § 5 EStG ermittelt wird und im Wirtschaftsjahr, in dem die Abzüge vorgenommen werden sollen, ohne Berücksichtigung der Investitionsabzugsbeträge 200.000 € nicht überschreitet und
2. der Steuerpflichtige die Summen der Abzugsbeträge und der hinzuzurechnenden oder rückgängig zu machenden Beträge nach amtlich vorgeschriebenen Datensätzen durch Datenfernübertragung übermittelt.
3. der Steuerpflichtige beabsichtigt, das begünstigte Wirtschaftsgut voraussichtlich
   a) in den dem Wirtschaftsjahr des Abzugs folgenden drei Wirtschaftsjahren anzuschaffen oder herzustellen
   b) mindestens bis zum Ende des dem Wirtschaftsjahr der Anschaffung oder Herstellung folgenden Wirtschaftsjahres in einer inländischen Betriebsstätte des Betriebs ausschließlich oder fast ausschließlich betrieblich zu nutzen.

Abzugsbeträge können auch dann in Anspruch genommen werden, wenn dadurch ein Verlust entsteht oder sich erhöht. Die Summe der Beträge, die im Wirtschaftsjahr des Abzugs und in den drei vorangegangenen Wirtschaftsjahren insgesamt abgezogen und nicht hinzugerechnet oder rückgängig gemacht wurden, darf je Betrieb 200.000 € nicht übersteigen.

Zu den Einzelheiten siehe § 7g EStG sowie das BMF-Schreiben vom 15.06.2022 (IV C 6 – S 2139-b/21/10001 :001).

Investitionsanalyse

Die Investitionsanalyse ist die Analyse der Vermögensseite der Bilanz. Sie bezieht sich vor allem auf folgende Fragestellungen:

- Analyse der Investitionsstruktur
- Analyse der Investitionspolitik
- Umsatzbezogene Investitionsanalyse.

Investitionszulagengesetz

Das Investitionszulagengesetz sieht unter bestimmten Voraussetzungen Zulagen auf begünstigte Investitionen (z. B. bei Investitionen in Fördergebieten) vor.

Mittlerweile ist die Förderung ausgelaufen. Investitionen waren begünstigt, soweit vor dem 01.01.2014 Teilherstellungskosten entstanden oder im Fall der Anschaffung Teillieferungen erfolgt sind.

Ist-Einnahme

> vereinnahmte Entgelte

Istumsatz

Der Istumsatz umfasst den Gesamtbetrag der vereinnahmten Entgelte. Eine Umsatzbesteuerung nach den vereinnahmten Entgelten ist unter den Voraussetzungen des § 20 UStG möglich, z. B. Gesamtumsatz im vorangegangenen Kalenderjahr nicht mehr als 600.000 € oder Befreiung von der Verpflichtung zur Buchführung nach § 148 AO. Ferner fallen Freiberufler nach § 18 Abs. 1 Nr. 1 EStG unter diese Vorschrift. Antrag an das Finanzamt ist erforderlich.

J

Jahresabschluss

Der Jahresabschluss ist die nach handelsrechtlichen Grundsätzen aufzustellende Bilanz und Gewinn- und Verlustrechnung. Die Bilanz und die Gewinn- und Verlustrechnung bilden den Jahresabschluss (§ 242 Abs. 3 HGB).

Bei Kapitalgesellschaften kommen unter bestimmten Voraussetzungen **> Anhang** und **> Lagebericht** hinzu.

> Rechnungslegungsvorschriften
> Handelsgesetzbuch

Jubiläumszuwendungen

Steuerfrei waren früher bestimmte Jubiläumszuwendungen des Arbeitgebers an Arbeitnehmer, die bei ihm in einem gegenwärtigen Dienstverhältnis stehen, anlässlich eines Arbeitnehmerjubiläums. Steuerfrei waren auch Jubiläumszuwendungen des Arbeitgebers an seine Arbeitnehmer im zeitlichen Zusammenhang mit seinem Geschäftsjubiläum. Diese Jubiläumsbegünstigungen sind entfallen. Die Zuwendungen können jedoch als Vergütungen für mehrjährige Tätigkeit (§ 34 Abs. 2 Nr. 4 EStG) ermäßigt besteuert werden (§ 34 Abs. 1 EStG, „1/5-Regelung“)

K

Kalkulatorische Kosten

Kalkulatorische Kosten werden angesetzt, um die Kostenrechnung von Faktoren zu befreien, die ihre Stetigkeit stören würden und um auch jenen Güter- und Diensteverzehr bei der Ermittlung der Selbstkosten zu berücksichtigen, der nicht zu Aufwendungen führt. Damit wird auch die Möglichkeit innerbetrieblicher und zwischenbetrieblicher Vergleiche geschaffen.

Beispiele

Kalkulatorische Abschreibungen, > **kalkulatorische Miete**, kalkulatorischer Unternehmerlohn, > **kalkulatorische Zinsen**.

Kalkulatorische Miete

Mieten fallen an, wenn das Unternehmen an einen Vermieter entsprechende Zahlungen leistet. Stellt ein Einzelunternehmer oder der Gesellschafter einer Personengesellschaft eigene Räume für betriebliche Zwecke zur Verfügung, ist es notwendig, eine Miete kalkulatorisch anzusetzen.

Die kalkulatorische Berücksichtigung der Miete ist aber nicht vertretbar, wenn für die genutzten Räume bereits anteilig kalkulatorische Abschreibungen, kalkulatorische Zinsen, Erhaltungsaufwand, Gebäudeversicherungen u. Ä. im Unternehmen verrechnet wurden.

Kalkulatorische Zinsen

Zinsen sind das Entgelt für überlassenes Kapital. Sie werden für das im Unternehmen befindliche Fremdkapital an die Banken oder sonstigen Gläubiger gezahlt und stellen **Aufwendungen** dar, die in der Finanzbuchhaltung erfasst werden.

Aber auch das Eigenkapital bedarf einer Verzinsung, denn würden die Geldmittel nicht im Unternehmen gebunden, sondern beispielsweise einem anderen Unternehmen als Fremdkapital überlassen oder in Wertpapieren angelegt, wäre die Forderung nach einer Verzinsung ganz natürlich. Deshalb müssen **kalkulatorische Zinsen** angesetzt werden.

Kalte Progression

Der Begriff der „kalten Progression“ bezeichnet eine Art schleichende Steuererhöhung, wenn eine Gehaltserhöhung komplett durch die Inflation aufgezehrt wird, aber dennoch zu einer höheren Besteuerung führt. Ergebnis: Obwohl das Gehalt gestiegen ist, hat man real weniger Geld zur Verfügung.

Kapitalabfindungen, Rentenversicherungen

> **Lohnsteuerbefreiungen**

Kapitalertragsteuer

Die Kapitalertragsteuer (KapErtrSt) ist eine besondere Erhebungsform der ESt auf Einkünfte aus > **Kapitalvermögen** (§ 20 EStG). Sie wird von bestimmten inländischen Kapitalerträgen i. S. d. § 43 EStG (z. B. Dividenden, Bankdarlehen, Gewinnanteile aus stiller Gesellschaft) durch Abzug von Kapitalertrag erhoben und einbehalten. Die Steuersätze sind unterschiedlich, z. B. beträgt er auf Dividenden insgesamt 25 v. H. Einzelheiten siehe § 43a EStG i. V. m. § 43 EStG.

> **Zinsabschlaggesetz**
> **Abgeltungssteuer**

Kapitalforderungen

1. Kapitalforderungen (soweit es sich nicht um Wertpapiere und Anteile handelt) und Schulden sind in der Regel mit dem Nennwert anzusetzen (§ 12 Abs. 1 BewG). Liegen die besonderen Umstände in einer hohen, niedrigen oder fehlenden Verzinsung, ist bei der Bewertung vom Mittelwert einer jährlichen nachschüssigen Zahlungsweise auszugehen.
2. Uneinbringliche Forderungen bleiben außer Ansatz (§ 12 Abs. 2 BewG).
3. Der Wert unverzinslicher befristeter Forderungen oder Schulden ist der Betrag, der vom Nennwert nach Abzug von Zwischenzinsen unter Berücksichtigung von Zinseszinsen verbleibt. Zinssatz 5,5 v. H. (§ 12 Abs. 3 BewG).
4. Noch nicht fällige Ansprüche aus Lebens-, Kapital- oder Rentenversicherungen werden mit zwei Dritteln der einbezahlten Prämien oder Kapitalbeiträge bewertet, bei Nachweis mit Rückkaufswert. Rückkaufswert ist der Betrag, den das Versicherungsunternehmen dem Versicherungsnehmer im Falle der vorzeitigen Aufhebung des Vertragsverhältnisses zu erstatten hat (§ 12 Abs. 4 BewG).

Kapitalgesellschaften/Größenklassen

Nach § 316 HGB besteht eine Prüfungspflicht für Kapitalgesellschaften, die nicht kleine Kapitalgesellschaften i. S. d. § 267 Abs. 1 HGB sind.

§ 267 Abs. 1 - 3 HGB legt die Größenklassen wie folgt fest:

1. kleine Kapitalgesellschaften sind solche, die mindestens zwei der drei nachstehenden Merkmale nicht überschreiten:
   a) 6.000.000 € Bilanzsumme.
   b) 12.000.000 € Umsatzerlöse in den zwölf Monaten vor dem Abschlussstichtag.
   c) Im Jahresdurchschnitt 50 Arbeitnehmer.
2. Mittelgroße Kapitalgesellschaften sind solche, die mindestens zwei der drei in Absatz 1 bezeichneten Merkmale überschreiten und jeweils mindestens zwei der drei nachstehenden Merkmale nicht überschreiten:
   a) 20.000.000 € Bilanzsumme nach Abzug eines auf der Aktivseite ausgewiesenen Fehlbetrags (§ 268 Abs. 3).
   b) 40.000.000 € Umsatzerlöse in den zwölf Monaten vor dem Abschlussstichtag.
   c) Im Jahresdurchschnitt 250 Arbeitnehmer.
3. Große Kapitalgesellschaften sind solche, die mindestens zwei der drei in Absatz 2 bezeichneten Merkmale überschreiten. Eine Kapitalgesellschaft gilt stets als große, wenn sie einen organisierten Markt i. S. d. § 2 Abs. 5 des Wertpapierhandelsgesetzes durch von ihr ausgegebene Wertpapiere i. S. d. § 2 Abs. 1 Satz 1 des Wertpapierhandelsgesetzes in Anspruch nimmt oder die Zulassung zum Handel an einem organisierten Markt beantragt worden ist (§ 264d HGB).

Mit dem Kleinstkapitalgesellschaften-Bilanzrechtsänderungsgesetz (MicroBilG) wurde Ende des Jahres 2012 eine weitere Größenklasse geschaffen.

Kleinstkapitalgesellschaften sind gemäß § 267a HGB kleine Kapitalgesellschaften, die mindestens zwei der drei nachstehenden Merkmale nicht überschreiten:

a) 350.000 € Bilanzsumme nach Abzug eines auf der Aktivseite ausgewiesenen Fehlbetrags (§ 268 Abs. 3);
b) 700.000 € Umsatzerlöse in den zwölf Monaten vor dem Abschlussstichtag;
c) im Jahresdurchschnitt 10 Arbeitnehmer.

Wenn eine Kapitalgesellschaft als Kleinstkapitalgesellschaft einzuordnen ist, sieht das MicroBilG für die betreffenden Unternehmen folgende Erleichterungen vor:

- Verzicht auf die Aufstellung eines Anhangs, wenn bestimmte Angaben unterhalb der Bilanz gemacht werden,
- Aufstellung einer vereinfachten Bilanz (nur die Buchstabenpositionen),
- verkürzte Darstellung der Gewinn- und Verlustrechnung,
- Verzicht auf die Offenlegung des Jahresabschlusses – stattdessen nur Hinterlegung der Bilanz beim Unternehmensregister.

Kapitalisierung

> Ertragswert

Kapitalkonto

Das Kapitalkonto wird auf der Passivseite der Bilanz als Eigenkapital der Einzelunternehmen oder Personengesellschaften (OHG, KG u. a.) ausgewiesen.

Bei Kapitalgesellschaften ist es das unveränderliche Konto des Eigenkapitals (gezeichnetes Kapital, Kapitalrücklage, Gewinnrücklagen, Gewinnvortrag, Verlustvortrag, Jahresüberschuss, Jahresfehlbetrag) – § 266 Abs. 3 A. HGB – in der Bilanz.

Kapitalvermögen

1. Kapitalvermögen ist das Geldvermögen in der privaten Sphäre. Zu den Einkünften aus Kapitalvermögen rechnen nach § 20 EStG u. a.:
   a) Gewinnanteile (Dividende), Zinsen, sonstige Bezüge aus Aktien, Anteilen an GmbH, Erwerbs- und Wirtschaftsgenossenschaften, Erträge aus Investmentzertifikaten
   b) Einnahmen aus der Beteiligung an einem Handelsgewerbe als stiller Gesellschafter und aus partiarischen Darlehen
   c) Zinsen aus Hypotheken und Grundschulden
   d) Zinsen aus sonstigen Kapitalforderungen (z. B. Darlehen, Anleihen, Bankguthaben).
   e) Gewinne aus der Veräußerung von Anteilen an Kapitalgesellschaften, Dividendenscheinen, diversen Kapitalanlagen (§ 20 Abs. 2 EStG).
2. Bei der Ermittlung der Einkünfte aus Kapitalvermögen wird von den Einnahmen der Sparer-Pauschbetrag von 1.000 € (2.000 € bei Ehegatten) abgezogen (Werte 2023). Ein Abzug tatsächlicher Werbungskosten ist ausgeschlossen (§ 20 Abs. 9 EStG).
3. Die ESt wird zum Teil als Abzugsteuer in Form der **> Kapitalertragsteuer/Zinsabschlag > Zinsabschlaggesetz** erhoben.

> Abgeltungssteuer

Kapitalwertmethode

Bei der Kapitalwertmethode werden alle einer Investition anzurechnenden Einnahmen und Ausgaben mit einem gegebenen Kalkulationszinsfuß abgezinst.

Kartelle

Kartelle sind vertragliche Zusammenschlüsse von Unternehmen, die ihre **kapitalmäßige** und **rechtliche** Selbstständigkeit erhalten. Die **wirtschaftliche** Selbstständigkeit wird durch den Gegenstand der Kartellbildung eingeschränkt. Das Hauptziel von Kartellverträgen besteht in der **Marktbeherrschung** durch die Beseitigung oder zumindest Beschränkung des Wettbewerbs. Die Kartellabsprachen können relativ weitreichend sein. Sie beziehen sich beispielsweise auf Absatz- und Geschäftsbedingungen, Festsetzung der Absatzpreise, Einzelheiten zur Produktion, Forschung und Entwicklung.

§ 1 des Gesetzes gegen Wettbewerbsbeschränkungen ist zu beachten. Bestimmte Formen von Kartellen sind beim Kartellamt in Berlin anzumelden.

Kassen-Nachschau

Seit 2018 kann die Finanzverwaltung mit einer Kassen-Nachschau die ordnungsmäßige Kassenführung vor Ort prüfen (§ 146b AO). Die Prüfung kann ohne vorherige Ankündigung stattfinden und – bei entsprechenden Feststellungen – in eine Außenprüfung übergehen.

Vgl. dazu auch den Anwendungserlass zur Abgabenordnung (AEAO) zu § 146b AO sowie das BMF-Schreiben vom 29.05.2018 (IV A 4 – S 0316/13/10005 :054).

Kaufpreisraten

Unter Kaufpreisraten ist der Teil des feststehenden Verkaufserlöses zu verstehen, der vom Veräußerer dem Erwerber über einen kurz- und mittelfristigen Zeitraum in regelmäßig gleichmäßigen Raten gestundet wird. Beim Veräußerer sind Kaufpreisraten Bestandteil des Veräußerungserlöses. Beim Erwerber gehören Kaufpreisraten, die angemessen verzinst werden, mit ihrem Nennwert und die zu niedrig oder überhaupt nicht verzinst werden, mit ihrem Barwert zu den Anschaffungskosten der übernommenen Wirtschaftsgüter.

Kennzahlen

Die Erreichung der Ziele des Unternehmens wird im Rechnungswesen vielfach mithilfe von Kennzahlen überprüft. Das sind Zahlen, die sich auf betriebswirtschaftlich wichtige Tatbestände beziehen und diese in konzentrierter Form darstellen.

Entsprechend ihrem Aufbau unterscheidet man zwei Arten von Kennzahlen:

- absolute Kennzahlen
- relative Kennzahlen.

Es gibt Kennzahlen zur Wirtschaftlichkeit, Produktivität, Rentabilität, Liquidität u. a.

Kfz-Nutzung

> Private Kfz-Nutzung

Kinder

Kinder i. S. d. § 32 Abs. 1 - 5 EStG sind:

- Kinder, die im ersten Grad mit dem Stpfl. verwandt sind (leibliche Kinder, Adoptivkinder),
- Pflegekinder. Das sind Personen, mit denen der Stpfl. durch ein familienähnliches, auf längere Dauer berechnetes Band verbunden ist und die er nicht zu Erwerbszwecken in seinen Haushalt aufgenommen hat und das Obhuts- und Pflegeverhältnis zu den Eltern nicht mehr besteht.

Es gilt folgende Rechtslage:

- Ein Kind wird in dem Kalendermonat, in dem es lebend geboren wurde, und in jedem folgenden Kalendermonat, zu dessen Beginn es das 18. Lebensjahr noch nicht vollendet hat, berücksichtigt (§ 32 Abs. 3 EStG).

Ein Kind, das das 18. Lebensjahr vollendet hat, wird nach § 32 Abs. 4 EStG berücksichtigt, wenn es:

1. noch nicht das 21. Lebensjahr vollendet hat, nicht in einem Beschäftigungsverhältnis steht und bei einer Agentur für Arbeit im Inland als Arbeitssuchender gemeldet ist

   oder

2. noch nicht das 25. Lebensjahr vollendet hat und

   a) für einen Beruf ausgebildet wird

      oder

   b) sich in einer Übergangszeit zwischen zwei Ausbildungsabschnitten von höchstens vier Monaten befindet

      oder

   c) eine Berufsausbildung mangels Ausbildungsplatzes nicht beginnen oder fortsetzen kann

      oder

   d) ein freiwilliges soziales Jahr i. S. d. Gesetzes zur Förderung eines freiwilligen sozialen Jahres oder ein freiwilliges ökologisches Jahr i. S. d. Gesetzes zur Förderung eines freiwilligen ökologischen Jahres leistet, einen Freiwilligendienst (Aktionsprogramm „Jugend"), einen anderen Dienst im Ausland (§ 14b Zivildienstgesetz) oder einen Bundesfreiwilligendienst leistet

   oder

3. wegen körperlicher, geistiger oder seelischer Behinderung außerstande ist, sich selbst zu unterhalten. Voraussetzung ist, dass die Behinderung vor Vollendung des 25. Lebensjahres eingetreten ist.

Bei erstmaliger Berufsausbildung, einem Erststudium spielen eigene Einkünfte und Bezüge des Kindes keine Rolle. Nach erstmaliger Berufsausbildung, einem Erststudium werden Kinder nur berücksichtigt, wenn sie keiner > **Erwerbstätigkeit** nachgehen (§ 32 Abs. 4 Sätze 2 und 3 EStG). Für jeden vollen Kalendermonat, in dem die Voraussetzungen für einen Kinderfreibetrag nicht vorgelegen haben, ermäßigt sich der Betrag nach Satz 2 um ein Zwölftel.

In den Fällen des § 32 Abs. 4 Satz 1 Nr. 1 oder Nr. 2 Buchst. a und b EStG wird ein Kind, das

1. den gesetzlichen Grundwehrdienst oder Zivildienst geleistet hat, oder
2. sich an Stelle des gesetzlichen Grundwehrdienstes freiwillig für die Dauer von nicht mehr als drei Jahren zum Wehrdienst verpflichtet hat, oder
3. eine vom gesetzlichen Grundwehrdienst oder Zivildienst befreiende Tätigkeit als Entwicklungshelfer i. S. d. § 1 Abs. 1 des Entwicklungshelfer-Gesetzes ausgeübt hat,

für einen der Dauer dieser Dienste oder der Tätigkeit entsprechenden Zeitraum, höchstens für die Dauer des inländischen gesetzlichen Grundwehrdienstes oder bei anerkannten Kriegsdienstverweigerern für die Dauer des inländischen gesetzlichen Zivildienstes über das 21. oder 25. Lebensjahr hinaus berücksichtigt (§ 32 Abs. 5 EStG).

Kinderbetreuungsfreibeträge

Bei der Veranlagung zur Einkommensteuer wird für jedes zu berücksichtigende Kind (neben dem > **Kinderfreibetrag**) ein Freibetrag von 1.464 € für den Betreuungs-, Erziehungs- oder Ausbildungsbedarf des Kindes abgezogen (Verdoppelung also auf 2.928 € bei Zusammenveranlagung, wenn das Kind zu beiden Eltern in einem Kindschaftsverhältnis steht). Siehe § 32 Abs. 6 EStG.

Kinderbetreuungskosten

Aufwendungen für Dienstleistungen zur Betreuung eines zum Haushalt des Steuerpflichtigen gehörenden Kindes i. S. d. § 32 Abs. 1 EStG, welches das 14. Lebensjahr noch nicht vollendet hat oder wegen einer vor Vollendung des 25. Lebensjahres eingetretenen körperlichen, geistigen oder seelischen Behinderung außerstande ist, sich selbst zu unterhalten, sind als Sonderausgaben abzugsfähig, § 10 Abs. 1 Nr. 5 EStG. Voraussetzung für die steuerliche Berücksichtigung ist, dass der Steuerpflichtige für die Aufwendungen eine Rechnung erhalten hat und die Zahlung auf das Konto des Erbringers der Leistung erfolgt ist.

Die Höhe abzugsfähiger Kinderbetreuungskosten ist auf 2/3 der Aufwendungen, höchstens 4.000 € je Kind begrenzt. Ist das zu betreuende Kind nicht unbeschränkt einkommensteuerpflichtig, ist der abzugsfähige Höchstbetrag zu kürzen, soweit es nach den Verhältnissen im Wohnsitzstaat des Kindes notwendig und angemessen ist (> **Ländergruppeneinteilung**).

Nicht abzugsfähig sind Aufwendungen für Unterricht, die Vermittlung besonderer Fähigkeiten sowie für sportliche und andere Freizeitbetätigungen.

Kinderbonus

Der Kinderbonus 2022 in Höhe von 100 € für jedes kindergeldberechtigte Kind war Teil des von der Bundesregierung beschlossenen Entlastungspakets, das die stark gestiegenen Energiepreise abfedern sollte.

Der Kinderbonus war ein „Bonus-Kindergeld". Das bedeutet: Es handelte sich um eine Sonderzahlung, für die dieselben grundsätzlichen Voraussetzungen wie für das Kindergeld galten.

Kindergeld und Kinderbonus werden bei der Einkommensteuerveranlagung mit dem Kinderfreibetrag verglichen. Familien, für die die Entlastung durch die Kinderfreibeträge größer ist als die Summe aus Kindergeld und Kinderbonus, profitieren im Ergebnis nach der Einkommensteuerveranlagung nicht vom Kinderbonus.

Kinderfreibeträge

Bei der Veranlagung zur Einkommensteuer wird für jedes zu berücksichtigende Kind des Steuerpflichtigen ein Freibetrag von 3.012 € für das sächliche Existenzminimum des Kindes (Kinderfreibetrag) abgezogen (Verdoppelung also 6.024 € bei Zusammenveranlagung, wenn das Kind zu beiden Eltern in einem Kindschaftsverhältnis besteht). Siehe § 32 Abs. 6 EStG.

Die – verdoppelten – Beträge stehen dem Steuerpflichtigen auch zu, wenn:

1. der andere Elternteil verstorben oder nicht unbeschränkt einkommensteuerpflichtig ist oder
2. der Steuerpflichtige allein das Kind angenommen hat oder das Kind nur zu ihm in einem Pflegekindschaftsverhältnis steht.

ACHTUNG

Im Gegensatz zum Kindergeld wird der Kinderfreibetrag bei der Ermittlung des Einkommens berücksichtigt und wirkt sich dadurch in Abhängigkeit von dem persönlichen Steuersatz aus (die sog. „Günstigerrechnung", wird vom Finanzamt vorgenommen), d. h. der Stpfl. erhält entweder das Kindergeld oder – wenn höher – („günstiger") den Kinderfreibetrag.

> **Kinderbonus**

Kindergeld

Das Kindergeld beträgt monatlich für jedes Kind 250 €.

Nach § 63 EStG werden berücksichtigt:

- Kinder i. S. d. § 32 Abs. 1 EStG
- vom Berechtigten in seinen Haushalt aufgenommene Kinder seines Ehegatten
- vom Berechtigten in seinen Haushalt aufgenommene Enkel

Der Stpfl. hat alternativ Anspruch auf das Kindergeld oder den > **Kinderfreibetrag**. Das Finanzamt berücksichtigt bei der Veranlagung den für den Stpfl. günstigsten Ansatz. Siehe auch > **Betreuungsfreibetrag** und > **Kinderbonus**.

Kirchensteuer

Die Kirchensteuer (KiSt) ist an die ESt bzw. LSt gekoppelt (Zuschlagsteuer). Es ist zu beachten, dass die KiSt bei Stpfl. mit Anspruch auf Kindergeld nicht unmittelbar mit einem Vomhundertsatz auf die ESt (LSt) berechnet wird. Die Bemessungsgrundlage (ESt, LSt) ist um die Kinderfreibeträge i. S. d. § 51a Abs. 2 EStG zu reduzieren. Das Kindergeld wird nicht gegengerechnet. Zur Berücksichtigung von weiteren „Korrekturposten" s. § 51a Abs. 2 EStG.

Die Kirchensteuersätze sind länderunterschiedlich (8 v. H. oder 9 v. H.).

Kirchliche Zwecke

> **Steuerbegünstigte Zwecke**

Klage

Die Klage (§ 40 FGO) leitet den Finanzrechtswege ein (> **Klagearten**).

Zulässigkeitsvoraussetzungen u. a.:

a) Es muss die Klage gegen den angefochtenen Verwaltungsakt gegeben sein (§ 35 FGO);

b) es muss eine > **Beschwer** vorliegen § 40 Abs. 2 FGO);

c) derjenige, der die Klage erhebt, muss dazu befugt sein (Klagebefugnis, § 48 FGO);

d) auf die Erhebung der Klage darf nicht verzichtet worden sein (Klageverzicht, § 50 FGO);

e) die Klagefrist muss gewahrt sein (§§ 54 - 56 FGO).

Klagearten

Die FGO unterscheidet:

1. Anfechtungsklage

Durch Erhebung dieser Klage wird die Aufhebung, unter Umständen die Änderung eines Verwaltungsaktes angestrebt (§ 40 Abs. 1 FGO).

2. Verpflichtungsklage

Mit ihr wird die Verurteilung zum Erlass eines abgelehnten oder unterlassenen Verwaltungsaktes begehrt (§ 40 Abs. 1 FGO).

3. Leistungsklage

Mit ihr wird eine andere Leistung als der Erlass eines Verwaltungsaktes begehrt (§ 40 Abs. 1 FGO).

4. Feststellungsklage

Durch diese Klage kann die Feststellung des Bestehens oder Nichtbestehens eines Verwaltungsaktes begehrt werden (§ 41 FGO).

Klagebefugnis

> **Klage**

Klagefrist

> Klage

Klageverzicht

> Klage

Kleinbetragsrechnungen

Eine Rechnung, deren Gesamtbetrag 250 € nicht übersteigt (Kleinbetragsrechnung, § 33 UStDV), muss mindestens folgende Angaben enthalten:

1. den vollständigen Namen und die vollständige Anschrift des leistenden Unternehmers,
2. das Ausstellungsdatum,
3. die Menge und die Art der gelieferten Gegenstände oder den Umfang und die Art der sonstigen Leistung und
4. das Entgelt und den darauf entfallenden Steuerbetrag für die Lieferung oder sonstige Leistung in einer Summe sowie den anzuwendenden Steuersatz oder im Fall einer Steuerbefreiung einen Hinweis darauf, dass für die Lieferung oder sonstige Leistung eine Steuerbefreiung gilt.

> Rechnungsausstellung, umsatzsteuerliche

Kleinunternehmer

Die von Unternehmern für Umsätze i. S. d. § 1 Abs. 1 Nr. 1 UStG geschuldete Umsatzsteuer wird nicht erhoben, wenn der Umsatz zuzüglich der darauf entfallenden Steuer im vorangegangenen Kalenderjahr 22.000 € nicht überstiegen hat und im laufenden Kalenderjahr 50.000 € voraussichtlich nicht übersteigen wird (§ 19 Abs. 1 UStG). Umsatz ist der nach vereinnahmten Entgelten bemessene Gesamtumsatz, gekürzt um die darin enthaltenen Umsätze von Wirtschaftsgütern des Anlagevermögens. Die Vorschrift gilt nicht für die nach § 14c Abs. 2 UStG geschuldete Steuer. Fällt ein Unternehmer unter diese „Kleinunternehmensbesteuerung“, finden die Vorschriften über den Verzicht auf Steuerbefreiungen (§ 9 UStG), über den gesonderten Ausweis der Steuer in einer Rechnung (§ 14 Abs. 4 UStG) und über den Vorsteuerabzug (§§ 15 und 15a UStG) keine Anwendung.

Der Unternehmer kann dem FA bis zur Unanfechtbarkeit der Steuerfestsetzung erklären, dass er auf die in § 19 Abs. 1 UStG vorgesehene Befreiung verzichtet (§ 19 Abs. 2 UStG), etwa weil ein Vorsteuerabzug in Fällen des § 19 Abs. 1 UStG ausgeschlossen ist (sog. Option).

Kommanditgesellschaft

Die KG (§§ 161 - 177a HGB, ergänzend §§ 105 - 160 HGB und §§ 705 - 740 BGB) ist die vertragliche Vereinigung von zwei oder mehr Personen zum Betrieb eines Handelsgewerbes unter gemeinschaftlicher Firma, wobei mindestens ein Gesellschafter unbeschränkt und mindestens ein Gesellschafter beschränkt haften.

Vollhafter sind Komplementäre, Teilhafter nennt man Kommanditisten. Die Gesellschafter einer KG können natürliche oder juristische Personen sein.

Kommanditist

> **Kommanditgesellschaft**

Kommissionsgeschäft

Beim Kommissionsgeschäft (§ 383 HGB) liegt zwischen dem Kommittenten und dem Kommissionär eine Lieferung vor. Bei der Verkaufskommission gilt der Kommissionär, bei der Einkaufskommission der Kommittent als Abnehmer (§ 3 Abs. 3 UStG).

Komplementär

> **Kommanditgesellschaft**

Konkurrierende Gesetzgebung

> **Gesetzgebungshoheit**

Kontokorrentkredit

Beim Kontokorrentkredit (§§ 355 - 357 HGB) räumt ein Kreditinstitut einem Kreditnehmer einen Kredit in einer bestimmten Höhe ein, der vom Kreditnehmer seinem Bedarf entsprechend bis zu einem vereinbarten Maximalbetrag – der Kreditlinie – in Anspruch genommen werden kann. Es ist gegebenenfalls aber auch ein Überschreiten der Kreditlinie – als Überziehungskredit – möglich. Der Kontokorrentkredit ist ein kurzfristiger Kredit. Seine Laufzeit wird meist auf sechs Monate vereinbart. Sofern der Kreditnehmer keinen Anlass zur Auflösung des Vertragsverhältnisses gibt, wird der Kontokorrentkredit prolongiert (= seine Laufzeit verlängert), sodass er von langfristiger Wirkung sein kann.

Kontrollmitteilungen

> **Bankgeheimnis**

Konzernabschluss

Im Konzernabschluss ist die Vermögens-, Finanz- und Ertragslage der einbezogenen Unternehmen so darzustellen, dass diese Unternehmen in ihrer Gesamtheit als ein einziges Unternehmen gezeigt werden. Der Konzernabschluss setzt sich aus der Konzernbilanz, der Konzern-Gewinn- und Verlustrechnung und dem Konzernanhang zusammen (§§ 313, 314 HGB). Er wird ergänzt durch den Konzernlagebericht (§ 315 HGB).

Grundsätzlich gelten für den Konzernabschluss die Vorschriften für den Jahresabschluss und den Lagebericht für die Kapitalgesellschaften (§ 298 HGB). Die §§ 297 bis 299 HGB enthalten zusätzliche Vorschriften bezüglich des Inhalts der anzuwendenden Vorschriften und Erleichterungen und des Stichtags für die Aufstellung.

IAS/IFRS ist unter bestimmten Voraussetzungen („kapitalmarktorientierte Unternehmen, die international tätig sind") anzuwenden.

> IAS/IFRS

Rechtsquelle: § 315a Abs. 1 - 3 HGB

Konzerne

Konzerne sind Zusammenfassungen rechtlich selbstständiger Unternehmen unter einheitlicher Leitung. Die Unternehmen sind im Regelfall finanziell miteinander verbunden. Aufgrund einheitlicher Leitung sind sie in ihrer internen Willensbildung nicht selbstständig. Man unterscheidet verschiedene Arten von Konzernen:

- Horizontale/vertikale Konzerne
- Unterordnungs-/Gleichordnungskonzerne
- Organische/anorganische Konzerne.

Konzernlagebericht

> Konzernabschluss

Körperschaften des öffentlichen Rechts

Die Körperschaften des öffentlichen Rechts (KöR) sind nur im Rahmen ihrer Betriebe gewerblicher Art (§ 1 Abs. 1 Nr. 6 KStG) und ihrer land- und forstwirtschaftlichen Betriebe gewerblich oder beruflich tätig. Nur die in diesen Betrieben ausgeführten Umsätze unterliegen der USt. Andere Leistungen sind nicht steuerbar, auch wenn sie nicht in Ausübung öffentlicher Gewalt bewirkt werden. Einzelheiten s. § 2 Abs. 3 UStG. Zu den Betrieben gewerblicher Art gehören alle Einrichtungen von KöR, die einer nachhaltigen wirtschaftlichen Tätigkeit zur Erzielung von Einnahmen oder anderen wirtschaftlichen Vorteilen dienen und die sich innerhalb der Gesamtbetätigung der Körperschaft wirtschaftlich herausheben. Gewinnerzielungsabsicht ist nicht erforderlich. Einzelheiten s. § 4 KStG sowie R 4.1 KStR.

Körperschaftsteuer

1. Gegenstand der Körperschaftsteuer (KSt) ist das Einkommen juristischer Personen (z. B. Kapitalgesellschaften), bestimmter Personenvereinigungen und Vermögensmassen. Die KSt ist eine Subjekt- und Personensteuer, die sich aber von der ESt insbesondere in der Tarifgestaltung und Nichtberücksichtigung der wirtschaftlichen Leistungsfähigkeit des Stpfl. unterscheidet. Die KSt gehört zu den nicht abzugsfähigen Steuern. Die Rechtsgrundlagen sind das Körperschaftsteuergesetz (KStG) und die Körperschaftsteuerdurchführungsverordnung (KStDV).

   Die KSt bemisst sich nach dem zu versteuernden Einkommen (§ 7 Abs. 1 KStG). Was als Einkommen gilt und wie das Einkommen zu ermitteln ist, bestimmt sich nach den Vorschriften des EStG und des KStG.

2. Für die Steuerpflicht ist die Rechtsform entscheidend. Als Kapitalgesellschaften i. S. d. KStG gelten z. B. Aktiengesellschaften (AG) und Gesellschaften mit beschränkter Haftung (GmbH).

3. Ähnlich wie bei der ESt unterscheidet man zwischen unbeschränkter und beschränkter Steuerpflicht.

   Eine unbeschränkte Körperschaftsteuerpflicht besteht für folgende Körperschaften, Personenvereinigungen und Vermögensmassen, wenn sie ihre Geschäftsleitung oder ihren Sitz im Inland haben: Kapitalgesellschaften, Erwerbs- und Wirtschaftsgenossenschaften, Versicherungsvereine auf Gegenseitigkeit, sonstige juristische Personen des privaten Rechts, z. B. rechtsfähige Vereine, nichtrechtsfähige Vereine, Anstalten, Stiftungen und andere Zweckvermögen des privaten Rechts, Betriebe gewerblicher Art von Körperschaften des öffentlichen Rechts.

   Die unbeschränkte Körperschaftsteuerpflicht erstreckt sich auf sämtliche Einkunftsarten.

4. Die beschränkte Körperschaftsteuerpflicht erstreckt sich auf alle Körperschaften, Personenvereinigungen und Vermögensmassen des privaten und öffentlichen Rechts, die weder Geschäftsleitung noch Sitz im Inland haben. Die beschränkte Steuerpflicht fällt für die inländischen Einkünfte an.

5. Das KStG kennt persönliche Steuerbefreiungen, die in § 5 KStG aufgezählt sind (z. B. Bundeseisenbahnvermögen, Kreditanstalt für Wiederaufbau, Bundesbank). Die Befreiungsvorschriften gelten nur für unbeschränkt steuerpflichtige Körperschaften, Personenvereinigungen und Vermögensmassen.

6. Zu dem Einkommen der Körperschaften gehören auch **> verdeckte Gewinnausschüttungen** (§ 8 Abs. 3 KStG).

7. Die Körperschaftsteuer beträgt ab 15 v. H. des zu versteuernden Einkommens.

§ 24 KStG enthält einen Freibetrag von 5.000 € für bestimmte Körperschaften.

Körperschaftsteuerrichtlinien

Die KStR behandeln Zweifelsfragen und Auslegungsfragen von allgemeiner Bedeutung, um eine einheitliche Anwendung des Körperschaftsteuerrechts durch die Behörden der Finanzverwaltung sicherzustellen.

Kosten

Unter Kosten versteht man allgemein den wertmäßigen Verzehr von Produktionsfaktoren (elementare Produktionsfaktoren: Arbeitskräfte, Betriebsmittel, Werkstoffe; dispositive Produktionsfaktoren: Leitung, Planung, Organisation) zur Leistungserstellung und Leistungsverwertung sowie zur Sicherung der dafür notwendigen betrieblichen Kapazitäten.

Die Merkmale des Kostenbegriffes:

- Mengenmäßiger Güter- oder Leistungsverbrauch
- Leistungsbezogenheit des Güter- oder Leistungsverbrauches
- Bewertung des leistungsbezogenen Güter- oder Leistungsverbrauches.

Kostenartenrechnung

Mithilfe der Kostenartenrechnung soll die Frage beantwortet werden:

„Welche Kosten sind angefallen?“

Sie ist der Ausgangspunkt der Kostenrechnung und bildet die Grundlage für die Kostenstellenrechnung und Kostenträgerrechnung. Ihre Aufgabe ist es, alle in einer Periode anfallenden Kosten genau zu erfassen und ihrer Art nach aufzugliedern.

Einen großen Teil der Kostenarten übernimmt die Kostenartenrechnung aus Nebenbuchhaltungen, die Vorarbeiten leisten, indem sie eine Kontierung und Summierung nach Kostenarten und auch bereits nach Kostenstellen vornehmen. Nebenbuchhaltungen sind beispielsweise:

- die Lohn- und Gehaltsbuchhaltung, die sich mit sämtlichen Problemen der Lohnfindung, Lohnverrechnung und Lohnfortzahlung befasst.
- die Lagerbuchhaltung, die alle Eingänge, Abgänge und Bestände der Materialien rechnerisch erfasst.
- die Anlagenbuchhaltung, welche die Bestände an Betriebsmittel, deren Zu- und Abgänge sowie die Abschreibungen erfasst.

Andere Kostenarten wie Reisekosten, Steuern, Bürokosten usw. werden aufgrund von Belegen aus der Buchhaltung erfasst.

Kosten des Rechtsbehelfsverfahrens

1. Das außergerichtliche Rechtsbehelfsverfahren (= Einspruchsverfahren) ist für den Stpfl., auch wenn er unterliegt, nicht mit Kosten verbunden.

2. Die Kostenbestimmungen für das gerichtliche Rechtsbehelfsverfahren (= zumeist Klageverfahren) ergeben sich aus den §§ 135 - 149 FGO. Die erhobenen Kosten richten sich nach dem Gerichtskostengesetz. Bemessungsgrundlage ist der Streitwert.

Der Streitwert entspricht nach Verwaltungsauffassung und ständiger Rechtsprechung in der Regel dem Steuerbetrag, um den unmittelbar gestritten wird.

Kostenrechnung

Die Kostenrechnung ist ein Gebiet des Rechnungswesens. Sie entspricht der Betriebsbuchhaltung.

Die Leistungsrechnung, die mitunter der Kostenrechnung gegenübergestellt wird, soll als integrativer Bestandteil der Kostenrechnung angesehen werden, wodurch die Kostenrechnung zu einer kalkulatorischen Erfolgsrechnung wird.

Die Kostenrechnung ist eine fortlaufend durchgeführte Rechnung, die kurzfristigen Charakter aufweist.

> **Kostenartenrechnung**
> **Kostenstellenrechnung**
> **Kostenträgerrechnung**

Kostenstellenrechnung

Mithilfe der Kostenstellenrechnung soll die Frage beantwortet werden:

„Wo sind Kosten entstanden?"

Die Kostenstellenrechnung ist die zweite Stufe der Kostenrechnung. Sie übernimmt die Kosten aus der > **Kostenartenrechnung**, welche den Kostenträgern nicht unmittelbar zugerechnet werden, sog. Gemeinkosten oder auch indirekte Kosten genannt. Sie sind den Kostenträgern nicht zurechenbar, weil die einzelnen Kostenarten für mehrere Kostenträger gemeinsam anfallen, der Produktionskapazität durch die Kostenträger unterschiedlich stark in Anspruch genommen wird.

Würden die Gemeinkosten den Kostenträgern ohne Kostenstellenrechnung mit einem globalen prozentualen Zuschlag auf die Einzelkosten zugerechnet, würde eine Proportionalität von Einzelkosten und Gemeinkosten unterstellt, die nicht gegeben ist. Es würden Selbstkosten für die einzelnen Kostenträger ermittelt, die nicht der Realität entsprächen.

In der Kostenstellenrechnung werden die auf jede Kostenstelle entfallenden Gemeinkosten als Zuschlagsatz auf die in der Kostenstelle angefallenen Einzelkosten ermittelt. Die einzelnen Zuschlagsätze werden in die Kostenträgerrechnung übernommen, wo eine anteilige Zurechnung der Gemeinkosten auf die Kostenträger erfolgt.

Kostenstellen sind Orte, an denen die zur Leistungserstellung benötigten Güter und Dienstleistungen verbraucht werden. Sie sind selbstständige Teilbereiche des Unternehmens, für welche der Kostenanfall erfasst und kontrolliert werden soll.

Als Kostenstellen unterscheidet man:

- Hauptkostenstellen
- Hilfskostenstellen.

Kostenträgerrechnung

Mit der Kostenträgerrechnung soll die Frage beantwortet werden:

„Wofür sind Kosten angefallen?“.

Die Kostenträgerrechnung übernimmt die **Einzelkosten** aus der Kostenartenrechnung und die Gemeinkosten aus der Kostenstellenrechnung. Sie verrechnet die Kosten auf die Kostenträger (Erzeugnisse, Aufträge).

In der Kostenträgerrechnung werden ferner die Erlöse erfasst, die durch die Kostenträger erzielt werden.

Die Kostenträgerrechnung wird in zwei Arten durchgeführt:

- als Kostenträgerzeitrechnung, die innerhalb der Betriebsbuchhaltung als Periodenrechnung oder als kurzfristige Erfolgsrechnung vorgenommen wird.
- als Kostenträgerstückrechnung oder Kalkulation, die sich auf eine einzelne Einheit der Erzeugnisse bezieht.

Die Kostenträgerrechnung bildet den Abschluss der Kostenrechnung.

Kostenträgerstückrechnung

> **Kostenträgerrechnung**

Kostenträgerzeitrechnung

> **Kostenträgerrechnung**

Kostenvergleichsrechnung

Die Kostenvergleichsrechnung dient der Gegenüberstellung von zwei oder mehr Investitionsalternativen mit dem Ziel, die kostengünstigste Alternative zu ermitteln. Dabei sind nach Möglichkeit alle anfallenden Kosten in den Vergleich einzubeziehen.

Kraftfahrzeugsteuergesetz

Grundlage zur Erhebung der Kraftfahrzeugsteuer (KraftSt) ist das Kraftfahrzeugsteuergesetz (KraftStG).

Die KraftSt bemisst sich nach den Kohlendioxidemissionen des betreffenden Kfz. Für Kfz mit hohen Schadstoffwerten gelten höhere Tarife.

Kreditfinanzierung

> **Fremdfinanzierung**

Kreditsicherung

> **Eigentumsvorbehalt**

Kürzungen

Zur Ermittlung des Gewerbeertrags nach § 7 GewStG ist die Summe des Gewinns (und der > **Hinzurechnungen**) um bestimmte Beträge zu kürzen, z. B. um 1,2 v. H. des EW des zum Betriebsvermögen des Unternehmers gehörenden Grundbesitzes, ferner um Anteile am Gewinn einer OHG, einer KG u. a.

Einzelheiten siehe § 9 Nr. 1 - 8 GewStG.

> **Hinzurechnungen**

Kurzfristige Erfolgsrechnung

Die kurzfristige Erfolgsrechnung dient dazu, den leistungsbezogenen Erfolg des Unternehmens für einen Zeitraum zu ermitteln, der kleiner als die Rechnungsperiode ist. Sie wird auch als kurzfristige Betriebsergebnisrechnung oder Kostenträgerzeitrechnung bezeichnet und umfasst vielfach einen Monat, teilweise einen kürzeren Zeitraum, z. B. Zehn-Tages-Zeitraum.

L

Lagebericht

Nach § 264 Abs. 1 Satz 1 HGB haben die gesetzlichen Vertreter einer Kapitalgesellschaft neben dem Jahresabschluss (Bilanz, GuV, Anhang) einen Lagebericht (§ 289 HGB) zu erstellen.

Lagebericht und Anhang dienen der Erläuterung, haben aber unterschiedliche Funktionen. Während der Anhang wesentlicher Bestandteil des Jahresabschlusses ist und somit in dessen Informationsfunktion eingebunden wird, kommt dem Lagebericht die ergänzende Aufgabe zu, losgelöst von den einzelnen Posten des Jahresabschlusses, das Gesamtbild des Unternehmens darzustellen.

1. Im Lagebericht sind der Geschäftsverlauf einschließlich des Geschäftsergebnisses und die Lage der Kapitalgesellschaft so darzustellen, dass ein den tatsächlichen Verhältnissen entsprechendes Bild vermittelt wird. Er hat eine ausgewogene und umfassende, dem Umfang und der Komplexität der Geschäftstätigkeit entsprechende Analyse des Geschäftsverlaufs und der Lage der Gesellschaft zu enthalten. In die Analyse sind die für die Geschäftstätigkeit bedeutsamsten finanziellen Leistungsindikatoren einzubeziehen und unter Bezugnahme auf die im Jahresabschluss ausgewiesenen Beträge und Angaben zu erläutern. Ferner ist im Lagebericht die voraussichtliche Entwicklung mit ihren wesentlichen Chancen und Risiken zu beurteilen und zu erläutern; zugrunde liegende Annahmen sind anzugeben.
2. Der Lagebericht soll auch eingehen auf:
   a) Vorgänge von besonderer Bedeutung, die nach dem Schluss des Geschäftsjahrs eingetreten sind;
   b)
      - die Risikomanagementziele und -methoden der Gesellschaft einschließlich ihrer Methoden zur Absicherung aller wichtigen Arten von Transaktionen, die im Rahmen der Bilanzierung von Sicherungsgeschäften erfasst werden, sowie
      - die Preisänderungs-, Ausfall- und Liquiditätsrisiken sowie die Risiken aus Zahlungsstromschwankungen, denen die Gesellschaft ausgesetzt ist, jeweils in Bezug auf die Verwendung von Finanzinstrumenten durch die Gesellschaft und sofern dies für die Beurteilung der Lage oder der voraussichtlichen Entwicklung von Belang ist;

   c) den Bereich Forschung und Entwicklung;
   d) bestehende Zweigniederlassungen der Gesellschaft.
3. Bei einer großen Kapitalgesellschaft (§ 267 Abs. 3) gilt § 289 Abs. 1 Satz 3 entsprechend für nichtfinanzielle Leistungsindikatoren, wie Informationen über Umwelt- und Arbeitnehmerbelange, soweit sie für das Verständnis des Geschäftsverlaufs oder der Lage von Bedeutung sind.

Lagefinanzamt

Lagefinanzamt ist das FA, in dessen Bezirk der Betrieb, das Grundstück, das Betriebsgrundstück oder das Mineralgewinnungsrecht belegen ist (§ 18 Abs. 1 AO).

> **Betriebsfinanzamt**
> **Geschäftsleitungsfinanzamt**
> **Wohnsitzfinanzamt**
> **Zuständigkeit**

Landesfinanzbehörden

Landesfinanzbehörden sind nach § 2 FVG:

1. als oberste Behörde: die für die Finanzverwaltung zuständige oberste Landesbehörde
2. als Mittelbehörde: die OFD
3. als örtliche Behörden: die FÄ.

> **Bundesfinanzbehörden**

Landessteuern

Man spricht von Landessteuern, wenn die > **Ertragshoheit** (Art. 106 GG) den Ländern zusteht.

> **Bundessteuern** > **Gemeindesteuern** > **Gemeinschaftsteuern**

Land- und Forstwirtschaft

Zu den Einkünften aus Land- und Forstwirtschaft (§ 13 Abs. 1 und 2 EStG) gehören auch die Einkünfte aus Weinbau, Gartenbau, Obstbau, Gemüsebau, Baumschulen, Tierzucht und Tierhaltung, Binnenfischerei, Teichwirtschaft, Fischzucht, Imkerei und Wanderschäferei und aus land- und forstwirtschaftlichen Nebenbetrieben.

Land- und forstwirtschaftliches Vermögen

1. Zum land- und forstwirtschaftlichen Vermögen gehören alle Wirtschaftsgüter, die einem Betrieb der Land- und Forstwirtschaft dauernd zu dienen bestimmt sind.

   Zu den Wirtschaftsgütern gehören z. B. insbesondere der Grund und Boden, die Wohnungs- und Wirtschaftsgebäude, die stehenden Betriebsmittel und ein normaler Bestand an umlaufenden Betriebsmitteln (§ 33 Abs. 2 BewG, § 158 Abs. 4 BewG).

Zum land- und forstwirtschaftlichen Vermögen gehören dagegen nicht (§ 33 Abs. 3 BewG, § 158 Abs. 4 BewG)

a) Zahlungsmittel, Geldforderungen, Geschäftsguthaben und Wertpapiere,
b) Geldschulden,
c) über den normalen Bestand hinausgehende Bestände (Überbestände an umlaufenden Betriebsmitteln),
d) Tierbestände über einen bestimmten Umfang hinaus.

Betrieb der Land- und Forstwirtschaft ist die wirtschaftliche Einheit des land- und forstwirtschaftlichen Vermögens (§ 33 Abs. 1 BewG, § 158 Abs. 2 BewG).

2. Ein Betrieb der Land- und Forstwirtschaft (§ 34 BewG, § 160 Abs. 1 BewG) umfasst insbesondere den Wirtschaftsteil und den Wohnteil.

   Der Wirtschaftsteil eines Betriebs der Land- und Forstwirtschaft umfasst

   a) die land- und forstwirtschaftlichen Nutzungen (landwirtschaftliche, forstwirtschaftliche, weinbauliche, gärtnerische und sonstige land- und forstwirtschaftliche Nutzungen) und
   b) die Nebenbetriebe nach § 42 BewG, § 160 Abs. 3 BewG.

Der Wohnteil eines Betriebs der Land- und Forstwirtschaft umfasst die Gebäude und Gebäudeteile, soweit sie dem Inhaber des Betriebs, den zu seinem Haushalt gehörenden Familienangehörigen und den Altenteilen zu Wohnzwecken dienen (§ 34 Abs. 3 BewG, § 160 Abs. 9 BewG).

Einzelheiten siehe §§ 33 sowie 198 ff. BewG.

Ländergruppeneinteilung (Werte 2023)

Für die steuerliche Berücksichtigung von Sachverhalten, die ausländische Verhältnisse betreffen, können die ansonsten geltenden Freibeträge, Pauschbeträge oder Höchstbeträge nur abgezogen werden, soweit sie nach den Verhältnissen des jeweiligen Wohnsitzstaates notwendig und angemessen sind.

Die nachfolgende Ländergruppeneinteilung hat für folgende Bereiche eine steuerliche Auswirkung:

Anlage Kind
Bei Wohnsitz des Kindes im Ausland berücksichtigt das Finanzamt die Freibeträge für Kinder wie folgt:

- in Ländern der Ländergruppe 1 in voller Höhe,
- in Ländern der Ländergruppe 2 zu drei Vierteln,
- in Ländern der Ländergruppe 3 zur Hälfte und
- in Ländern der Ländergruppe 4 zu einem Viertel.

Anlage Unterhalt
Unterhaltsleistungen an eine im Ausland lebende Person müssen nach den Verhältnissen des Wohnsitzstaates der unterstützten Person notwendig und angemessen sein. Die zu berücksichtigenden Höchstbeträge bzw. anrechnungsfreien Beträge eigener Einkünfte und Bezüge ergeben sich aus nachfolgender Ländergruppeneiteilung.

Anlage WA-ESt
Auf Antrag werden auch natürliche Personen als unbeschränkt einkommensteuerpflichtig behandelt, die im Inland weder einen Wohnsitz noch ihren gewöhnlichen Aufenthalt haben, soweit sie inländische Einkünfte im Sinne des § 49 EStG haben. Dies gilt nur, wenn ihre Einkünfte im Kalenderjahr mindestens zu 90 % der deutschen Einkommensteuer unterliegen oder die nicht der deutschen Einkommensteuer unterliegenden Einkünfte betragen nicht mehr als

- 10.908 € bei Ländern der Ländergruppe 1
- 8.181 € bei Ländern der Ländergruppe 2
- 5.454 € bei Ländern der Ländergruppe 3
- 2.727 € bei Ländern der Ländergruppe 4.

Höchstbetrag für Unterhaltsleistungen	Anrechnungsfreier Betrag	Ländergruppe	Land
10.908 €	624 €	1	Amerikanische Jungferninseln; Andorra; Australien; Bahamas; Belgien; Bermuda; Britische Jungferninseln; Brunei Darussalam; Dänemark; Färöer; Finnland; Frankreich; Gibraltar; Grönland; Guam; Hongkong; Insel Man; Irland; Island; Israel; Italien; Japan; Kaimaninseln; Kanada; Kanalinseln; Katar; Korea, Republik; Kuwait; Liechtenstein; Luxemburg; Macau; Monaco; Neukaledonien; Neuseeland; Niederlande; Norwegen; Österreich; Palästinensische Gebiete; San Marino; Schweden; Schweiz; Singapur; Spanien; Taiwan; Vatikanstadt; Vereinigte Arabische Emirate; Vereinigte Staaten; Vereinigtes Königreich
8.181 €	468 €	2	Antigua und Barbuda; Aruba; Bahrain; Barbados; Chile; Cookinseln; Curacao; Estland; Französisch-Polynesien; Griechenland; Kroatien; Lettland; Litauen; Malta; Nördliche Marianen; Oman; Palau; Panama; Polen; Portugal; Puerto Rico; Saudi-Arabien; Seychellen; Slowakei; Slowenien; St. Kitts und Nevis; St. Martin (französischer Teil); St. Martin (niederländischer Teil); Trinidad und Tobago; Tschechien; Turks- und Caicos-Inseln; Ungarn; Uruguay; Zypern

Höchstbetrag für Unterhaltsleistungen	Anrechnungsfreier Betrag	Ländergruppe	Land
5.454 €	312 €	3	Albanien; Amerikanisch-Samoa; Äquatorialguinea; Argentinien; Bosnien und Herzegowina; Botsuana; Brasilien; Bulgarien; China; Costa Rica; Dominica; Dominikanische Republik; Ecuador; Fidschi; Gabun; Grenada; Guyana; Irak; Iran, Islamische Republik; Jamaika; Kasachstan; Kolumbien; Kuba; Libanon; Libyen; Malaysia; Malediven; Marshallinseln; Mauritius; Mexiko; Montenegro; Namibia; Nauru; Niue; Nordmazedonien; Paraguay; Peru; Rumänien; Russische Föderation; Serbien; St. Lucia; St. Vincent und die Grenadinen; Südafrika; Suriname; Thailand; Türkei; Turkmenistan; Tuvalu; Venezuela, Bolivarische Republik; Weißrussland/Belarus
2.727 €	156 €	4	Afghanistan; Ägypten; Algerien; Angola; Armenien; Aserbaidschan; Äthiopien; Bangladesch; Belize; Benin; Bhutan; Bolivien, Plurinationaler Staat; Burkina Faso; Burundi; Cabo Verde; Côte d'Ivoire; Dschibuti; El Salvador; Eritrea; Eswatini; Gambia; Georgien; Ghana; Guatemala; Guinea; Guinea-Bissau; Haiti; Honduras; Indien; Indonesien; Jemen; Jordanien; Kambodscha; Kamerun; Kenia; Kirgisistan; Kiribati; Komoren; Kongo; Kongo, Demokratische Republik; Korea, Demokratische Volksrepublik; Kosovo; Laos, Demokratische Volksrepublik; Lesotho; Liberia; Madagaskar; Malawi; Mali; Marokko; Mauretanien; Mikronesien, Föderierte Staaten von; Moldau, Republik; Mongolei; Mosambik; Myanmar; Nepal; Nicaragua; Niger; Nigeria; Pakistan; Papua Neuguinea; Philippinen; Ruanda; Salomonen; Sambia; Samoa; São Tomé und Principe; Senegal; Sierra Leone; Simbabwe; Somalia; Sri Lanka; Sudan; Südsudan; Syrien, Arabische Republik; Tadschikistan; Tansania, Vereinigte Republik; Timor-Leste; Togo; Tonga; Tschad; Tunesien; Uganda; Ukraine; Usbekistan; Vanuatu; Vietnam; Zentralafrikanische Republik

Lastschriftverkehr

Mithilfe des Lastschriftverkehrs kann ein Zahlungsempfänger durch sein Kreditinstitut bzw. Postbank fällige Forderungen beim Kreditinstitut bzw. Postbank eines Zahlungspflichtigen einziehen lassen.

Das Lastschriftverfahren kann für alle wiederkehrenden Zahlungen eingesetzt werden.

> SEPA

Leasing

Unter Leasing versteht man die mietweise Überlassung von Wirtschaftsgütern (Industrieanlagen, Maschinen, Pkw u. a.) durch den Produzenten oder durch sog. Leasing-Gesellschaften (Leasinggeber) an den Benutzer (= Leasingnehmer).

Für die Nutzungsüberlassung zahlt der Leasingnehmer Pacht, Miete oder Zins.

Steuerrechtlich ist die Zurechnung des Leasing-Gegenstandes und damit die Behandlung des Entgeltes für den Gegenstand von der von den Parteien gewählten Vertragsgestaltung und deren tatsächlichen Durchführung abhängig.

Leasingnehmer

> Leasing

Lebenslängliche Nutzungen

> Nutzungen

Leibrenten

Leibrenten sind periodisch wiederkehrende gleichmäßige Leistungen in Geld oder vertretbaren Sachen, die auf die Lebensdauer einer natürlichen Person gewährt werden.

Der besondere Charakter und das besondere Wagnis der Leibrente liegt darin, dass sie auf die unbekannte Lebenszeit eines Menschen zugesagt wird.

Leibrenten sind als Unterart von der **> dauernden Last** zu unterscheiden (§ 22 EStG, § 10 Abs. 1 Nr. 1 EStG).

> Renten

Leichtfertige Steuerverkürzung

> Steuerordnungswidrigkeiten

Leichtfertigkeit

> Steuerverkürzung

Leistungen

Der Begriff der Leistungen (§ 1 Abs. 1 Nr. 1 UStG) ist der Oberbegriff für > **Lieferungen** und > **sonstige Leistungen**. Leistung ist jedes Verhalten gegenüber einem anderen, das Gegenstand des Wirtschaftsverkehrs sein kann.

Leistungsabschreibung

Allgemein ist die Bemessung der AfA nach Maßgabe der Leistung (= Leistungsabschreibung) bei solchen beweglichen Wirtschaftsgütern des Anlagevermögens wirtschaftlich begründet, deren Leistung in der Regel erheblich schwankt und deren Verschleiß dementsprechend wesentliche Unterschiede aufweisen (§ 7 Abs. 1 EStG, R 7.4 Abs. 5 EStR).

Leistungsaustausch

Eine > **Leistung** ist nur dann umsatzsteuerbar, wenn sie u. a. gegen Entgelt erfolgt, wenn ihr also eine Gegenleistung gegenübersteht (= Leistungsaustausch).

Leistungsempfänger

Unter einem Leistungsempfänger versteht man im Umsatzsteuerrecht den Empfänger (Abnehmer) einer Lieferung oder einer sonstigen Leistung.

In Ausnahmefällen kann auch der Leistungsempfänger als Umsatzsteuerschuldner in Betracht kommen (§ 13b UStG). Einzelheiten s. § 13b Abs. 1 UStG.

Leistungsklage

> **Klagearten**

Liebhaberei

Liebhaberei, die steuerlich nicht zu positiven Einkünften (oder Verlusten) führt, ist anzunehmen, wenn die Absicht fehlt, durch die Tätigkeit das Vermögen zu vergrößern.

Nicht die ernstliche Ausübung eines Berufs, sondern das ernstliche Rechnen mit einem Ausgleich zwischen Aufwand und Ertrag (Einnahmen und Ausgaben) und einem wenn auch bescheidenen Nutzen (Einkommen) unterscheidet die einkommensteuerrechtlich bedeutsame Tätigkeit von der Liebhaberei.

Auch im Umsatzsteuerrecht spielt Liebhaberei eine Rolle (z. B. Austausch im Zusammenhang mit Briefmarken- und Münzensammeln).

Vgl. auch H 15.3 EStH.

Lieferungen

1. Lieferungen (§ 3 Abs. 1 UStG) eines > **Unternehmers** sind > **Leistungen**, durch die er oder in seinem Auftrag ein Dritter den Abnehmer oder in dessen Auftrag einen Dritten befähigt, im eigenen Namen über einen Gegenstand zu verfügen (Verschaffung der Verfügungsmacht).
2. Als Lieferung gegen Entgelt gilt nach § 3 Abs. 1a Satz 1 UStG **das Verbringen eines Gegenstandes** des Unternehmens aus dem Inland in das übrige Gemeinschaftsgebiet durch einen Unternehmer zu seiner Verfügung, ausgenommen zu einer nur vorübergehenden Verwendung, auch wenn der Unternehmer den Gegenstand in das Inland eingeführt hat. Der Unternehmer gilt als Lieferer (§ 3 Abs. 1a Satz 2 UStG).
3. Einer Lieferung gegen Entgelt werden nach § 3 Abs. 1b Satz 1 UStG **gleichgestellt**
   a) die Entnahme eines Gegenstandes durch einen Unternehmer aus seinem Unternehmen für Zwecke, die außerhalb des Unternehmens liegen;
   b) die unentgeltliche Zuwendung eines Gegenstandes durch einen Unternehmer an sein Personal für dessen privaten Bedarf, sofern keine Aufmerksamkeiten vorliegen;
   c) jede andere unentgeltliche Zuwendung eines Gegenstandes, ausgenommen Geschenke von geringem Wert und Warenmuster für Zwecke des Unternehmens.

   Voraussetzung ist, dass der Gegenstand oder seine Bestandteile zum vollen oder teilweisen Vorsteuerabzug berechtigt haben (§ 3 Abs. 1b Satz 2 UStG).
4. Eine Lieferung wird dort ausgeführt, wo sich der Gegenstand zurzeit der Verschaffung der Verfügungsmacht befindet (§ 3 Abs. 7 UStG = Ort der Lieferung).
5. Befördert der Unternehmer den Gegenstand der Lieferung an den Abnehmer oder in dessen Auftrag an einen Dritten, so gilt die Lieferung mit dem Beginn der Beförderung als ausgeführt. Befördern ist jedes Fortbewegen eines Gegenstandes (§ 3 Abs. 6 UStG).
6. Versendet der Unternehmer den Gegenstand der Lieferung an den Abnehmer oder in dessen Auftrag an einen Dritten, so gilt die Lieferung mit der Übergabe des Gegenstandes an den Beauftragten als ausgeführt. Versenden liegt vor, wenn jemand die Beförderung eines Gegenstandes durch einen selbstständigen Beauftragten ausführen oder besorgen lässt.
7. Man beachte die speziellen Vorschriften durch das > **Umsatzsteuer-Binnenmarktgesetz** (§§ 3c ff. UStG).

Lifo

Lifo (engl.: last in – first out) ist ein Bewertungsverfahren zur Vorratsbewertung. Für dieses Verfahren gilt der Grundsatz, dass die zuletzt angeschafften (last in) Wirtschaftsgüter zuerst (first out) veräußert oder verbraucht wurden. Steuerpflichtige, die den Gewinn nach § 5 EStG ermitteln, können das Lifo-Verfahren für die Vorratsvermögensbewertung anwenden (§ 6 Abs. 1 Nr. 2a EStG).

Voraussetzung ist, dass

- es sich um gleichartige Wirtschaftsgüter handelt,
- die handelsrechtlichen Grundsätze ordnungsmäßiger Buchführung nicht verletzt werden,
- in der Handelsbilanz entsprechend verfahren wird.

Ein Wechsel zu einem anderen Bewertungsverfahren ist nur mit Zustimmung des Finanzamts möglich.

Einzelheiten zur steuerlichen Anwendung des Lifo-Verfahrens („Grundsätze ordnungsgemäßer Buchführung“) siehe R 6.9 EStR und § 252 Abs. 1 Nr. 6 HGB sowie H 6.9 EStH.

> Durchschnittsbewertung > Fifo

Limited

Die Limited ist eine britische Kapitalgesellschaft mit eigener Rechtspersönlichkeit, bei welcher die Haftung vergleichbar einer deutschen GmbH auf das Gesellschaftsvermögen beschränkt ist. Obwohl sie britischem Recht unterliegt, kann sie auch von deutschen Unternehmern gegründet werden, die eine Niederlassung der Limited im Inland betreiben. Jedoch ist neben dem deutschen auch das englische Recht anzuwenden (auch für die Gewinnermittlung) und zudem sind Veröffentlichungspflichten in Großbritannien zu erfüllen.

In der Praxis waren das geringe Mindestkapital von nur einem britischen Pfund und die schnelle, unbürokratische und kostengünstige Gründungsphase die Gründe, die in der Vergangenheit (insbesondere vor Einführung der **> Unternehmergesellschaft**) für eine Limited sprachen.

Lineare Abschreibung

Bei Wirtschaftsgütern, deren Verwendung oder Nutzung durch den Stpfl. zur Erzielung von Einkünften sich erfahrungsgemäß auf einen Zeitraum von mehr als einem Jahr erstreckt, ist jeweils für ein Jahr der Teil der Anschaffungs- oder Herstellungskosten abzusetzen, der bei gleichmäßiger Verteilung dieser Kosten auf die Gesamtdauer der Verwendung oder Nutzung auf ein Jahr entfällt.

Die Absetzung (§ 7 Abs. 1 EStG) bemisst sich hierbei nach der **> betriebsgewöhnlichen Nutzungsdauer** des Wirtschaftsguts.

Liquidation

Die Liquidation setzt der Tätigkeit des Unternehmens ein Ende. Sie kann freiwillig erfolgen oder zwangsweise gerichtlich vorgenommen werden (**> Insolvenz**).

Liquidationsbilanzen

Sie sind zu erstellen, wenn ein Unternehmen freiwillig seine Tätigkeit beendet, d. h. aufgelöst wird.

Liquidität

Die Liquidität soll gewährleisten, dass das Unternehmen nicht zahlungsunfähig wird. Sie ist für das Unternehmen lebensnotwendig.

Unter Liquidität kann verstanden werden:

- Absolute Liquidität
- Relative Liquidität.

Die absolute Liquidität ist die Eigenschaft von Vermögensteilen, als Zahlungsmittel verwendet oder in Zahlungsmittel umgewandelt zu werden. Danach wird einem Vermögensgegenstand eine umso höhere Liquidität zugesprochen, je rascher er sich in Zahlungsmittel umwandeln lässt.

Die dynamische Liquidität bezieht sich nicht auf eine bilanzbezogene, zeitpunktbeschränkte Betrachtung.

Liquidität muss ständig, d. h. in allen Zeitpunkten des Unternehmenslebens vorhanden sein. Illiquidität gefährdet den Bestand des Unternehmens. So wird nach der Insolvenzordnung als Grund zur Eröffnung des Insolvenzverfahrens angesehen, wenn bei einer:

- OHG oder KG Zahlungsunfähigkeit (auch drohende) vorliegt,
- AG, KGaA oder GmbH Zahlungsunfähigkeit (auch drohende) oder Überschuldung vorliegen.

Liquiditätsbilanzen

Sie sind Bilanzen, die unter den Gesichtspunkten „Grad der Liquidierbarkeit" und „Fälligkeit des Kapitals" erstellt werden.

Die relative Liquidität kann statisch oder dynamisch betrachtet werden. Die statische Liquidität beschreibt das Verhältnis, das zwischen den Zahlungsmitteln, kurzfristigen Forderungen, Vorräten und den kurzfristigen Verbindlichkeiten besteht. Kurzfristige Liquiditätsgrade sollen dazu dienen, die Flüssigkeit des Unternehmens im Hinblick auf seine Zahlungsverpflichtungen zu beurteilen:

$$\text{Liquidität 1. Grades} = \frac{\text{Zahlungsmittel}}{\text{Kurzfristige Verbindlichkeiten}}$$

$$\text{Liquidität 2. Grades} = \frac{\text{Zahlungsmittel + kurzfristige Forderungen}}{\text{Kurzfristige Verbindlichkeiten}}$$

$$\text{Liquidität 3. Grades} = \frac{\text{Zahlungsmittel + kurzfristige Forderungen + Vorräte}}{\text{Kurzfristige Verbindlichkeiten}}$$

Lizenzgebühren

> **Herstellungskosten**

Lohnbuchhaltung

> **Kostenartenrechnung**

Lohnersatzleistungen

> **Progressionsvorbehalt**

Lohnkonto

Das Lohnkonto (§ 4 LStDV) dient der Erfassung und Nachprüfung des Brutto- und Nettolohnes eines jeden Arbeitnehmers.

Der Arbeitgeber hat in dem Lohnkonto die nach § 4 LStDV geforderten Angaben aufzuzeichnen. Einzelheiten siehe dort.

Lohnsteuer

Die LSt ist eine besondere Erhebungsform der ESt. Sie wird vom Arbeitslohn einbehalten. Rechtsvorschriften sind die §§ 19, 38 - 42f EStG sowie die §§ 1 - 4, 8 LStDV. Die einbehaltene LSt wird bei einer Veranlagung des Arbeitnehmers auf die endgültige Einkommensteuerschuld angerechnet.

Lohnsteueranmeldung

Bei jeder Lohnzahlung für den Arbeitnehmer hat der Arbeitgeber LSt einzubehalten und an das FA abzuführen. Für die abzuführende LSt ist eine Lohnsteueranmeldung (§ 41a Abs. 1 EStG) abzugeben. Lohnsteuer-Anmeldungszeitraum ist grundsätzlich der Monat.

Lohnsteuer-Anmeldungszeitraum ist das Kalendervierteljahr, wenn die abzuführende LSt für das vorangegangene Kalenderjahr mehr als 1.080 €, aber nicht mehr als 5.000 € betragen hat. Lohnsteuer-Anmeldungszeitraum ist das Kalenderjahr, wenn die abzuführende LSt für das vorangegangene Kalenderjahr nicht mehr als 1.080 € betragen hat. Die Lohnsteueranmeldung ist elektronisch zu übermitteln (§ 41a Abs. 1 Satz 2 EStG.)

Lohnsteuerbefreiungen

Nach § 3 EStG bleiben bestimmte Einnahmen, die andernfalls den Einkünften aus nichtselbstständiger Arbeit zuzurechnen wären, steuerfrei.

Nachfolgend die wichtigsten Steuerbefreiungen (s. auch R 3.2 ff. LStR):

1. Leistungen aus einer Krankenversicherung, aus einer Pflegeversicherung und aus der gesetzlichen Unfallversicherung;
2. das Arbeitslosengeld, das Teilarbeitslosengeld, das Kurzarbeitergeld, das Winterausfallgeld, die Arbeitslosenhilfe, der Zuschuss zum Arbeitsentgelt, das Überbrückungsgeld, das Unterhaltsgeld, Existenzgründungszuschuss u. a. (Einzelheiten s. § 3 Nr. 2, 2a, 2b EStG) sowie die übrigen Leistungen nach dem Arbeitsförderungsgesetz;
3. Kapitalabfindungen aufgrund der gesetzlichen Rentenversicherung;
4. Reisekostenvergütungen, Umzugskostenvergütungen und Vergütungen für doppelte Haushaltsführung. Vergütungen für Verpflegungsmehraufwendungen sind nur insoweit steuerfrei, als sie die Pauschbeträge nach § 4 Abs. 5 Satz 1 Nr. 5 EStG nicht übersteigen (> **Verpflegungsmehraufwand**);
5. Trinkgelder, die anlässlich einer Arbeitsleistung dem Arbeitnehmer von Dritten freiwillig und ohne dass ein Rechtsanspruch auf sie besteht, zusätzlich zu dem Betrag gegeben, der für diese Arbeitsleistung zu zahlen ist ... sind steuerfrei (§ 3 Nr. 51 EStG).

Lohnsteuerbescheinigung

> **ELSTAM**

Lohnsteuer-Durchführungsverordnung

Einzelheiten über die Lohnsteuer (Arbeitnehmer, Arbeitgeber, Arbeitslohn, Lohnkonto u. a.) sind in der Lohnsteuer-Durchführungsverordnung (§§ 1 - 4, 8 LStDV) geregelt.

Lohnsteuerhaftung

> **Arbeitgeberhaftung**

Lohnsteuerhilfeverein

> Steuerberatungsgesetz

Lohnsteuer-Jahresausgleich

Übersteigt die im Laufe des Kalenderjahres einbehaltene LSt die auf den Jahresarbeitslohn entfallende Jahreslohnsteuer, so ist der **Arbeitgeber** berechtigt, den Unterschiedsbetrag gegenüber der Jahreslohnsteuer zu erstatten (Lohnsteuer-Jahresausgleich – § 42b Abs. 1 EStG).

Der Arbeitgeber darf den Lohnsteuer-Jahresausgleich u. a. **nicht** durchführen, wenn:

- der Arbeitnehmer es beantragt oder
- der Arbeitnehmer für das Ausgleichsjahr oder für einen Teil des Ausgleichsjahrs nach den Steuerklassen V oder VI zu besteuern war oder
- der Arbeitnehmer für einen Teil des Ausgleichsjahres nach den Steuerklassen II, III oder IV zu besteuern war oder
- der Arbeitnehmer im Ausgleichsjahr Kurzarbeitergeld, Schlechtwettergeld, Winterausfallgeld, Zuschuss zum Mutterschaftsgeld, Entschädigungen für Verdienstausfall nach dem Bundes-Infektionsschutzgesetz, Aufstockungsbeträge nach dem Altersteilzeitgesetz (steuerfrei nach § 3 Nr. 28 EStG) u. a. bezogen hat.

Für den **Arbeitnehmer** gibt es die Möglichkeit der ESt-Antragsveranlagung. Die Jahressteuerfestsetzung erfolgt durch Antrag auf Veranlagung nach § 46 Abs. 2 Nr. 8 EStG (falls keine Veranlagung von Amts wegen in Betracht kommt).

Lohnsteuerkarten

> ELSTAM

Lohnsteuer-Nachschau

Die Lohnsteuer-Nachschau (§ 42g EStG) dient der Sicherstellung einer ordnungsgemäßen Einbehaltung und Abführung der Lohnsteuer. Sie ist ein besonderes Verfahren zur zeitnahen Aufklärung steuererheblicher Sachverhalte.

Eine Lohnsteuer-Nachschau findet während der üblichen Geschäfts- und Arbeitszeiten statt. Dazu können die mit der Nachschau Beauftragten ohne vorherige Ankündigung und außerhalb einer Lohnsteuer-Außenprüfung Grundstücke und Räume von Personen, die eine gewerbliche oder berufliche Tätigkeit ausüben, betreten. Wohnräume dürfen gegen den Willen des Inhabers nur zur Verhütung dringender Gefahren für die öffentliche Sicherheit und Ordnung betreten werden.

Die von der Lohnsteuer-Nachschau betroffenen Personen haben dem mit der Nachschau Beauftragten auf Verlangen Lohn- und Gehaltsunterlagen, Aufzeichnungen, Bücher, Geschäftspapiere und andere Urkunden über die der Lohnsteuer-Nachschau unterliegenden Sachverhalte vorzulegen und Auskünfte zu erteilen, soweit dies zur Feststellung einer steuerlichen Erheblichkeit zweckdienlich ist. Die Regelungen zum **> Datenzugriff** finden auf die Nachschau keine Anwendung, da es sich nicht um eine Außenprüfung handelt. Jedoch:

Wenn die bei der Lohnsteuer-Nachschau getroffenen Feststellungen hierzu Anlass geben, kann ohne vorherige Prüfungsanordnung (§ 196 AO) zu einer Lohnsteuer-Außenprüfung übergegangen werden (§ 42f EStG).

Lohnsteuerrichtlinien

Die Lohnsteuerrichtlinien (Zitierweise: R ... LStR) behandeln Zweifelsfragen.

M

Mantel

> Aktie

Marktpreis

> Bewertung

Maßgeblichkeit der Handelsbilanz

> Handelsbilanz

Materialbeistellung

Eine Materialbeistellung i. S. d. UStG liegt vor, wenn der Auftraggeber dem Hersteller einen Teil des Stoffes zur Verfügung stellt, aus dem das Werk hergestellt werden soll.

Dieser Teil kann selbst eine Hauptsache sein, die Beistellung kann sich aber auch nur auf Nebenstoffe oder sonstige Beistellungen (Arbeitskräfte) beziehen. Der Hersteller darf nicht die Verfügungsmacht an dem beigestellten Stoff erhalten.

Vgl. Abschnitt 3.8 Abs. 2 UStAE.

Materialgemeinkosten

> Herstellungskosten

Materialkosten

> Herstellungskosten

Materielle Bilanzkontinuität

> Bilanzkontinuität

Mehrmütterorganschaft

> Organschaft
> Steuervergünstigungsabbaugesetz

Mehrwertsteuer

> Umsatzsteuer

Mehrwertsteuergesetz

> Umsatzsteuergesetz

Meldepflicht

> Umsatzsteuer-Binnenmarktgesetz

MicroBilG

Am 28.11.2012 hat der Bundestag das Gesetz zur Erleichterung für Kleinstkapitalgesellschaften (MicroBilG) verabschiedet.

Das Gesetz gilt für alle Kleinstkapitalgesellschaften, die an zwei aufeinander folgenden Abschlussstichtagen zwei der drei nachfolgenden Merkmale nicht überschreiten:

- Umsatzerlöse bis 700.000 €,
- Bilanzsumme bis 350.000 € sowie
- durchschnittlich 10 beschäftigte Arbeitnehmer.

Folgende Erleichterungen im Bereich der Rechnungslegung und Offenlegung wurden verabschiedet:

- Kleinstunternehmen können auf die Erstellung eines Anhangs zur Bilanz vollständig verzichten, wenn sie bestimmte Angaben (unter anderem zu Haftungsverhältnissen) unter der Bilanz ausweisen.
- Darüber hinaus werden weitere Optionen zur Verringerung der Darstellungstiefe im Jahresabschluss eingeräumt (z. B. vereinfachte Gliederungsschemata).
- Kleinstkapitalgesellschaften können künftig wählen, ob sie die Offenlegungspflicht durch Veröffentlichung (Bekanntmachung der Rechnungslegungsunterlagen) oder durch Hinterlegung der Bilanz erfüllen. Zur Sicherung eines einheitlichen Verfahrens wird die elektronische Einreichung der Unterlagen beim Betreiber des Bundesanzeigers auch für die Hinterlegung vorgeschrieben. Im Fall der Hinterlegung können Dritte – wie in der Richtlinie vorgegeben – auf Antrag (kostenpflichtig) eine Kopie der Bilanz erhalten.

Mietwohngrundstücke

Mietwohngrundstücke (§ 75 Abs. 2 BewG) sind Grundstücke, die zu mehr als 80 v. H., berechnet nach **> Jahresrohmiete**, Wohnzwecken dienen, ausgenommen **> Einfamilienhäuser** und **> Zweifamilienhäuser**.

Für Zwecke der Erbschaftssteuer gilt eine Grenze von 80 v. H. bezogen auf die Wohn-/Nutzfläche (vgl. § 181 Abs. 3 BewG).

Mietwohnungsbau

> Gebäude-Abschreibung

Mildtätige Zwecke

> Steuerbegünstigte Zwecke

Mineralgewinnungsrecht

Für Mineralgewinnungsrechte wurden früher besondere Einheitswerte festgestellt. Heute (Änderungen durch Zinsabschlagsgesetz) entfällt eine Feststellung von Einheitswerten. Die ertragsteuerlichen Werte für Bodenschätze werden beim Betriebsvermögen und gegebenenfalls beim sonstigen Vermögen angesetzt.

Mini-GmbH

> Unternehmergesellschaft (haftungsbeschränkt)

Missbrauch von bürgerlichrechtlichen Möglichkeiten

> Umgehungstatbestand

Mitunternehmer

> Mitunternehmerschaft

Mitunternehmerschaft

1. Bei Personengesellschaften (OHG, KG, GbR) werden die Gesellschafter in der Regel als Mitunternehmer angesehen. Der Begriff des Mitunternehmers ist ein steuerrechtlicher Begriff. Die Rechtsprechung hat für den Mitunternehmerbegriff bestimmte Merkmale entwickelt:

- Beteiligung am Gewinn und Verlust
- Beteiligung am Bilanzvermögen
- Beteiligung an den stillen Reserven und dem Firmenwert
- Geschäftsführungsbefugnis
- unbeschränkte oder beschränkte persönliche Haftung.

Der BFH hat herausgestellt, dass eine Mitunternehmerschaft dann vorliegt, wenn der Steuerpflichtige auch Gesellschafter ist oder als Teilhaber einer Gemeinschaft eine einem Gesellschafter wirtschaftlich vergleichbare Stellung hat.

2. Die Gewinnanteile der Mitunternehmerschaft werden durch eine einheitliche und gesonderte Gewinnfeststellung für die einzelnen Gesellschafter festgestellt (§ 180 Abs. 1 Nr. 2a AO).

Der einzelne Gesellschafter hat diese Gewinnanteile auch dann der ESt zu unterwerfen, wenn die Gewinne nicht ausgeschüttet werden.

3. Einzelheiten regelt der sog. Mitunternehmererlass.

Siehe auch § 15 Abs. 1 Nr. 2 EStG sowie R 15.8 EStR und H 15.8 EStH.

Mitwirkungspflicht

Die Beteiligten sind zur Mitwirkung bei der Ermittlung des Sachverhalts verpflichtet (Mitwirkungspflichten § 90 AO, §§ 140 - 168 AO). Sie müssen dazu die für die Besteuerung erheblichen Tatsachen vollständig und wahrheitsgemäß offenbaren und bekannte Beweismittel angeben.

Mobilitätsprämie

Pendlerinnen und Pendler mit einem zu versteuernden Einkommen bis zur Höhe des Grundfreibetrags können für Fahrten zu einer ersten Tätigkeitsstätte/Betriebsstätte sowie für wöchentliche Familienheimfahrten bei doppelter Haushaltsführung ab dem 21. Entfernungskilometer eine Mobilitätsprämie erhalten (§§ 101 - 109 EStG). Die Mobilitätsprämie beträgt 14 % und wird für die Veranlagungszeiträume 2021 bis 2026 gewährt.

Beispiel

Ihr Mandant fährt im Kalenderjahr 2022 an 180 Tagen von seiner Wohnung zur ersten Tätigkeitsstätte (= 40 Entfernungskilometer). Weitere Werbungskosten betragen 300 €. Sein zu versteuerndes Einkommen liegt 2.000 € unterhalb des Grundfreibetrags.

Es ergeben sich folgende Werbungskosten:

Entfernungspauschale	
180 Tage • 20 km × 0,30 € =	1.080 €
180 Tage • 20 km (für den 21. bis 40.) • 0,38 € =	1.368 €
Entfernungspauschale	2.448 €
weitere Werbungskosten	300 €
Werbungskosten gesamt	2.748 €

Der Arbeitnehmer-Pauschbetrag von 1.200 € wird um 1.548 € überschritten. Die erhöhte Entfernungspauschale ab dem 21. Entfernungskilometer beträgt 1.368 €. Das zu versteuernde Einkommen unterschreitet den Grundfreibetrag um 2.000 €. Die erhöhte Entfernungspauschale liegt innerhalb dieses Betrags, um den das zu versteuernde Einkommen den Grundfreibetrag unterschreitet und hat insoweit zu keiner steuerlichen Entlastung geführt. Bemessungsgrundlage für die Mobilitätsprämie sind somit 1.368 €. Die als Steuervergütung auszuzahlende Mobilitätsprämie beträgt 14 % von 1.368 € = 191,52 €.

Der Antrag auf Festsetzung der Mobilitätsprämie ist zusammen mit der Einkommensteuererklärung zu stellen.

Moratorium

Das Steuervergünstigungsabbaugesetz sieht vor, dass ein noch bestehendes Körperschaftsteuerguthaben (thesaurierte Gewinne) durch Einführung eines zehnjährigen Moratoriums **gestreckt** wird.

Vgl. § 37 Abs. 5 KStG sowie H 37 KStH.

N

Nachfeststellung

Für wirtschaftliche Einheiten (Untereinheiten), für die ein EW festzustellen ist, wird der EW u. a. nachträglich festgestellt (§ 23 Abs. 1 BewG, sog. Nachfeststellung), wenn nach dem Hauptfeststellungszeitpunkt (§ 21 Abs. 2 BewG),

1. die wirtschaftliche Einheit neu entsteht;
2. eine bereits bestehende wirtschaftliche Einheit erstmals zu einer Steuer herangezogen werden soll. Der Nachfeststellung werden in der Regel die Verhältnisse im Nachfeststellungszeitpunkt zugrunde gelegt (§ 23 Abs. 2 BewG). Nachfeststellungszeitpunkt ist in der Regel der Beginn des Kalenderjahrs, das auf die Entstehung der wirtschaftlichen Einheit folgt.

> Hauptfeststellung

Nachfeststellungszeitpunkt

> Nachfeststellung

Nachhaltigkeit

Nachhaltigkeit – eine Voraussetzung des umsatzsteuerlichen **> Unternehmers** (§ 2 UStG), aber auch des einkommensteuerlichen und gewerbesteuerlichen **> Gewerbebetriebs** (§ 15 EStG, R 2.1 GewStR sowie H 2.1 GewStH), ist immer gegeben, wenn eine Tätigkeit planmäßig wiederholt wird. Bei mehreren gleichartigen Handlungen kommt es nicht darauf an, ob eine Wiederholungsabsicht bestanden hat und welcher Beweggrund für diese Handlung gegeben ist. Auch bei einer einmaligen Handlung kann Nachhaltigkeit vorliegen, sofern sie der Anfang einer gewerblichen Tätigkeit ist, auch wenn aus irgendwelchen Gründen die Wiederholung unterbleibt.

Siehe auch H 15.2 EStH

Nachschau

Für Zwecke der Besteuerung kann das FA auch außerhalb eines Steuerermittlungsverfahrens Nachschau halten (§ 210 AO). Diese Nachschau dient der Durchführung von Prüfungen zum Zwecke der Überwachung, ob die in § 210 AO genannten Sachverhalte steuerlich beachtet werden.

> Kassen-Nachschau
> Lohnsteuer-Nachschau
> Umsatzsteuer-Nachschau

Nachtarbeit

> Sonntagsarbeit

Nachträgliche Anschaffungs- oder Herstellungskosten

Werden nachträgliche Anschaffungs- oder Herstellungskosten für ein bewegliches WG aufgewendet, bei dem nur AfA nach § 7 Abs. 1 EStG zulässig sind, so bemessen sich vom Jahr der Entstehung der nachträglichen Anschaffungs- oder Herstellungskosten an die AfA nach den um die nachträglichen Anschaffungs- oder Herstellungskosten vermehrten letzten Buchwert (Restwert) und der Restnutzungsdauer.

Siehe auch R 7.3 EStR sowie H 7.3 EStH.

Werden für ein Gebäude nachträgliche Anschaffungs- oder Herstellungskosten außerhalb eines Begünstigungszeitraums aufgewendet, sind die weiteren AfA nach R 7.4 Abs. 9 EStR zu bemessen.

Sind für ein WG nachträgliche Herstellungskosten aufgewendet worden, so ist die Restnutzungsdauer unter Berücksichtigung des Zustands des WG im Zeitpunkt der Beendigung der nachträglichen Herstellungsarbeiten neu zu schätzen.

Bei der Bemessung der AfA für das Jahr der Entstehung der nachträglichen Anschaffungs- oder Herstellungskosten können diese Kosten aus Vereinfachungsgründen so berücksichtigt werden, als wären sie zu Beginn dieses Jahres aufgewendet worden.

Einzelheiten siehe §§ 7, 7a EStG und R 7.1 - 7a EStR (nebst entsprechender EStH).

Nebenbuchhaltung

> Kostenartenrechnung

Nebeneinkünfte

Für Nebeneinkünfte kommt gegebenenfalls Steuerbefreiung nach § 3 Nr. 26 EStG in Betracht („Aufwandsentschädigungen für nebenberufliche Tätigkeiten als Übungsleiter, Ausbilder, Erzieher oder für eine vergleichbare nebenberufliche Tätigkeit zur Förderung gemeinnütziger, mildtätiger und kirchlicher Zwecke im Dienst oder Auftrag einer inländischen juristischen Person des öffentlichen Rechts“).

Solche Aufwandsentschädigungen sind bis zur Höhe von 3.000 € einkommensteuerfrei (§ 3 Nr. 26 EStG).

Beispiele

Nebenberufliche Sporttrainer, Jugendwarte, Skilehrer, Kinderbetreuer, Mannschaftsbetreuer, Ausbilder, Erzieher, Chorleiter, nebenberufliche Pflege alter, kranker oder behinderter Menschen unter bestimmten Voraussetzungen, Unterrichtende an Volkshochschulen, Beratende bei einem Erste-Hilfe-Kurs u. Ä.

> Ehrenamtspauschale

Nettolohn

> Arbeitslohn

Neue Tatsachen oder Beweismittel

Steuerbescheide sind aufzuheben oder zu ändern,

- soweit Tatsachen oder Beweismittel nachträglich bekannt werden, die zu einer höheren Steuer führen,
- soweit Tatsachen oder Beweismittel nachträglich bekannt werden, die zu einer niedrigeren Steuer führen und den Stpfl. kein grobes Verschulden trifft, dass die Tatsachen oder Beweismittel erst nachträglich bekannt werden (§ 173 Abs. 1 AO).

Die neuen Tatsachen und Beweismittel brauchen nicht durch eine Betriebsprüfung bekannt geworden zu sein, um zu einer Berichtigung zugunsten des Stpfl. zu führen.

Eine Berichtigung ist nur dann ausgeschlossen, wenn ein Stpfl. ein grobes Verschulden daran trifft, dass die Tatsache oder das Beweismittel erst nachträglich bekannt geworden ist. Ein grobes Verschulden kann im Allgemeinen angenommen werden, wenn der Stpfl. trotz Aufforderung eine Steuererklärung nicht abgegeben hat, allgemeine Grundsätze der Buchführung (§§ 145 - 147 AO) verletzt oder ausdrückliche Hinweise in ihm zugegangenen Vordrucken, Merkblättern oder sonstigen Mitteilungen der FinBeh nicht beachtet. Die Unkenntnis steuerrechtlicher Bestimmungen allein kann den Vorwurf groben Verschuldens nicht begründen.

Tatsache ist alles, was Merkmal oder Teilstück eines gesetzlichen Steuertatbestandes sein kann, also Zustände, Vorgänge, Beziehungen, Eigenschaften materieller oder immaterieller Art. Beweismittel ist jedes Erkenntnismittel, das zur Aufklärung des Sachverhalts beitragen kann (z. B. Schriftstücke, Belege, Geschäftsbücher).

Nachträglich bekannt geworden ist eine Tatsache (oder Beweismittel), wenn sie zurzeit der ursprünglichen Veranlagung zwar vorhanden war, jedoch bis zum Erlass des Bescheides der FinBeh noch nicht bekannt war. Als FinBeh gilt nach ständiger Rechtsprechung „die zur Bearbeitung des betreffenden Steuerfalles organisationsmäßig berufene Dienststelle“.

Nicht abzugsfähige Ausgaben

Nach § 12 EStG rechnen die Kosten der Lebensführung, freiwillige Zuwendungen, Zuwendungen aufgrund einer freiwillig begründeten Rechtspflicht und Zuwendungen an unterhaltsberechtigte Personen sowie Personensteuern und USt auf den > **Eigenverbrauch** zu den nicht abzugsfähigen Ausgaben.

Ein Teil dieser Aufwendungen können unter Umständen als > **Sonderausgaben** oder als > **außergewöhnliche Belastung** berücksichtigt werden.

Siehe auch § 10 KStG (Nichtabziehbare Aufwendungen).

Nichtselbstständige Arbeit

Ein Stpfl. übt seine Tätigkeit nicht selbstständig aus, wenn er den Weisungen eines Arbeitgebers Folge zu leisten hat (> **Arbeitnehmer**). Er bezieht in diesem Fall Einkünfte aus nichtselbstständiger Arbeit (§ 19 EStG).

Zum Entgelt gehören u. a. Gehälter, Löhne, Gratifikationen, Tantiemen, Ruhegelder, Witwengelder, Waisengelder. Ob es sich um laufende oder einmalige Bezüge aus jetzigen oder früheren Dienstverhältnissen handelt, ist steuerlich unbeachtlich.

> **Arbeitnehmer-Pauschbetrag**

Nichtsteuerbare Umsätze

> **Steuerbare Umsätze**

Niederschlagung

Steuern und sonstige Geldleistungen dürfen niedergeschlagen werden, wenn feststeht, dass die Einziehung keinen Erfolg haben wird oder wenn die Kosten der Einziehung außer Verhältnis zum Betrag stehen (§ 261 AO).

Niederstwertprinzip

Das handelsrechtliche Niederstwertprinzip besagt, dass in der Handelsbilanz von zwei möglichen Wertansätzen (Anschaffungs- oder Herstellungskosten und Börsen- oder Marktpreis) der niedrigste der beiden Werte angesetzt werden **muss**.

Das Niederstwertprinzip gilt über § 5 EStG auch für die Steuerbilanz („Maßgeblichkeit der Handelsbilanz für die Steuerbilanz“).

> Bewertung > Handelsbilanz
> Steuerbilanz

Nießbrauch

Der Nießbrauch ist ein Begriff des bürgerlichen Rechts (§ 1030 Abs. 1 BGB):

„Eine Sache kann in der Weise belastet werden, dass derjenige, zu dessen Gunsten die Belastung erfolgt, berechtigt ist, die Nutzungen aus der Sache zu ziehen (= Nießbrauch)“.

Ein Nießbrauch wird z. B. an einem Grundstück (einschl. Gebäude) bestellt: Etwaige Mieteinnahmen fließen dem Nießbraucher zu, der sie auch zu versteuern hat. Einzelheiten regelt ein Nießbrauch-Erlass.

Werbungskosten können lediglich vom Nießbraucher abgezogen werden, nicht vom Grundstückseigentümer, da die Einnahmen aus einem Nießbrauch regelmäßig dem Nießbraucher zufließen, nicht dem Eigentümer.

Siehe auch BMF-Schreiben vom 30.09.2013 (IV C 1 – S 2253/07/10004).

Normalleistung

> Prämienlohn

Notwendiges Betriebsvermögen

Zum notwendigen Betriebsvermögen rechnen die Wirtschaftsgüter, die entweder aufgrund ihrer Art oder aufgrund ihrer Zweckbestimmung nur in einem Betrieb verwendet werden können.

Beispiele

Maschinen, Fabrikgebäude.

Wirtschaftsgüter gehören zum notwendigen Betriebsvermögen, wenn sie dem Betrieb des Stpfl. derart dienen, dass sie objektiv erkennbar zum unmittelbaren Einsatz im Betrieb selbst bestimmt sind und zu mehr als 50 v. H. eigenbetrieblich genutzt werden, solange es sich nicht um Grundstücke oder Grundstücksteile handelt.

Welche Wirtschaftsgüter im Einzelnen notwendiges Betriebsvermögen darstellen, kann in Grenzfällen nur aus den Gegebenheiten des Wirtschaftsgutes und seinem Verhältnis zu einem bestimmten Betrieb entschieden werden.

Notwendiges Privatvermögen

Wenn Vermögensgegenstände eines Stpfl. seinem persönlichen Lebensbereich zuzurechnen sind, gelten sie als Privatvermögen im Gegensatz zum > **Betriebsvermögen**.

Wenn Vermögensgegenstände nach Art und Wesen nur der persönlichen Lebensführung und privaten Bedürfnissen dienen können, so gelten diese als notwendiges Privatvermögen. Sie können niemals zum Betriebsvermögen gehören.

Novemberhilfe

> **Coronahilfen**

Nutzungen

Wie Nutzungen (Leistungen) zu bewerten sind, ist in § 14 BewG (Kapitalwert von lebenslänglichen Nutzungen/Leistungen) und § 15 BewG (Jahreswert von Nutzungen und Leistungen) geregelt.

O

Oberfinanzdirektion

Die Oberfinanzdirektion (OFD) – eine gemeinsame Mittelbehörde von Bund und Ländern – hat die Leitung der Finanzverwaltung des Bundes und des Landes in ihrem Bezirk (§ 8 FVG).

Die OFD wird durch den Oberfinanzpräsidenten geleitet. Der Oberfinanzpräsident ist sowohl Bundesbeamter als auch Landesbeamter.

Einzelheiten zu den Aufgaben der OFD siehe § 8 FVG.

Objektsteuern

> **Sachsteuern**

Ökonomisches Prinzip

Das ökonomische Prinzip strebt ein möglichst günstiges Verhältnis von Aufwand und Ertrag an. Man unterscheidet in zwei Formen:

- **Maximalprinzip**

  Mit gegebenem Aufwand (Mitteln) soll ein größstmöglicher Ertrag (Erfolg) erreicht werden.

- **Minimalprinzip**

  Mit geringstmöglichem Aufwand (Mitteln) soll ein bestimmter Ertrag (Erfolg) erreicht werden.

OFD

> **Oberfinanzdirektion**

Offenbare Unrichtigkeit

Die Finanzbehörde kann Schreibfehler, Rechenfehler und ähnliche offenbare Unrichtigkeiten, die beim Erlass eines Verwaltungsakts unterlaufen sind, jederzeit berichtigen, § 129 AO. Ähnliche offenbare Unrichtigkeiten sind mechanische Versehen, wie beispielsweise Eingabe- oder Übertragungsfehler.

> **Fehler**

Offene Handelsgesellschaft

Die OHG (§§ 105 - 160 HGB, ergänzend §§ 705 - 740 HGB) ist die vertragliche Vereinigung von zwei oder mehr Personen zum Betrieb eines Handelsgewerbes unter gemeinschaftlicher Firma mit unbeschränkter Haftung aller Gesellschafter.

Die Gesellschafter einer OHG können natürliche oder juristische Personen sein. Aber auch eine OHG oder KG (nicht dagegen eine GbR) hat die Möglichkeit, sich an einer OHG zu beteiligen.

Option

> **Kleinunternehmer**

Ordnungsmäßigkeit der Buchführung

Gesetzlich sind die Grundsätze ordnungsgemäßer Buchführung nicht verankert. Sie haben sich aus dem Handelsbrauch entwickelt, nach dem ein ordentlicher Kaufmann seine Buchführung vollständig, richtig und übersichtlich aufbauen muss.

Eine wesentliche Quelle ist das Handelsrecht, das in einem begrenzten Rahmen Anforderungen an die ordnungsgemäße Buchführung festlegt.

Rechtsgrundlagen: §§ 238 - 239, 257 HGB; §§ 240 - 241 HGB (Aufstellung eines Inventars); äußere Form eines Jahresabschlusses und die Frist, innerhalb der der Jahresabschluss aufzustellen ist (§§ 243 Abs. 3, 264 Abs. 1 HGB).

Einen wesentlichen Anteil an der Deutung der Grundsätze ordnungsgemäßer Buchführung hat die Rechtsprechung, insbesondere der Steuergerichte. Aus dem Sinn und Zweck einer Buchführung kann man auf ihre Anforderung schließen.

Für die ordnungsgemäße Abwicklung der laufenden Geschäftsvorfälle muss der Unternehmer die Möglichkeit haben, sich jederzeit über die Lage seines Unternehmens zu informieren. Diesen Überblick muss ein „sachverständiger Dritter" in angemessener Zeit gewinnen können.

Einzelheiten zur ordnungsmäßigen Buchführung im Steuerrecht siehe R 5.2 EStR.

> GoB

Ordnungswidrigkeiten

> Bußgeldverfahren > Steuergefährdung > Steuerordnungswidrigkeiten

Organ

> Organschaft

Organgesellschaft

> Organschaft > Unternehmer

Organisatorische Eingliederung

> Organschaft

Organschaft

1. Körperschaftsteuer

Die Organschaftsverhältnisse sind in den §§ 14 - 19 KStG geregelt.

Ein Organschaftsverhältnis ist gegeben, wenn ein Unternehmen mit Sitz und Geschäftsleitung im Inland in ein anderes inländisches Unternehmen oder in eine im Handelsregister eingetragene inländische Zweigniederlassung eines ausländischen Unternehmens finanziell, wirtschaftlich und organisatorisch derart eingegliedert ist, dass es keinen eigenen Willen mehr hat.

Das untergeordnete Unternehmen, das auch als Organ oder Tochtergesellschaft bezeichnet wird, ist verpflichtet, den Weisungen des Organträgers oder der Muttergesellschaft zu folgen.

Als beherrschende Unternehmen kommen neben juristischen Personen auch Personengesellschaften und Einzelunternehmer infrage. Bei den beherrschten Unternehmen handelt es sich um Kapitalgesellschaften.

Die finanzielle Eingliederung einer Organgesellschaft ist dann gegeben, wenn der Organträger die Mehrheit der Stimmrechte besitzt. Grundsätzlich muss die Beteiligung unmittelbar bestehen.

Von wirtschaftlicher Eingliederung spricht man, wenn die Organgesellschaft mit dem Unternehmen des Organträgers wirtschaftlich so eng verbunden ist, dass die Vorschriften des Organträgers über Preise, Warenbezug, Geschäftsbeziehungen zu Dritten usw. von der Tochtergesellschaft streng befolgt werden müssen.

Die organisatorische Eingliederung kann z. B. dadurch gegeben sein, dass ein gemeinsamer Geschäftsführer bestellt wird oder die Zusammensetzung von Vorstand und Aufsichtsrat personengleich ist.

Die finanzielle, wirtschaftliche und organisatorische Eingliederung braucht nicht mit gleicher „Intensität" vorzuliegen. Stets müssen jedoch alle drei Abhängigkeitsmerkmale gegeben sein. Die Voraussetzungen für eine steuerlich anzuerkennende Organschaft müssen für das ganze Wirtschaftsjahr vorgelegen haben.

Trotz dieser weitreichenden Unselbstständigkeit der Organgesellschaft wird diese als steuerlich selbstständiges Subjekt behandelt. Sie muss daher eine eigene Buchführung einrichten und ist zur Erstellung von Bilanzen verpflichtet. Sie muss ebenso alle steuerlichen Verpflichtungen, wie die Abgabe von Steuererklärungen usw., beachten.

Im Rahmen des Organverhältnisses wird zwischen den beherrschenden und beherrschten Unternehmen eine Vereinbarung über die Abführung der Gewinne und die Übernahme der Verluste getroffen (Ergebnisabführungsvertrag). Erst dadurch wirkt sich das Organverhältnis steuerlich aus. Ein Ergebnisabführungsvertrag mit einer AG oder KGaA als Organgesellschaft ist steuerlich nur wirksam, wenn er als Gewinnabführungsvertrag i. S. d. § 291 Abs. 1 AktG abgeschlossen ist und ins Handelsregister eingetragen wurde.

2. Gewerbesteuer

Eine Kapitalgesellschaft (Organgesellschaft) wird als Betriebstätte eines anderen Unternehmens (Organträgers) angesehen, wenn diese Kapitalgesellschaft in das andere Unternehmen so eingegliedert ist, dass nach körperschaftsteuerlichen Grundsätzen eine Organschaft vorliegt (§ 2 Abs. 2 Satz 2 GewStG).

3. Umsatzsteuer

a) Eine juristische Person (z. B. AG, GmbH) übt die gewerbliche oder berufliche Tätigkeit nach § 2 Abs. 1 Nr. 2 UStG nicht selbstständig aus, wenn sie nach dem Gesamtbild der tatsächlichen Verhältnisse finanziell, wirtschaftlich und organisatorisch in das Unternehmen des Organträgers eingegliedert ist (sog. Organschaft). Beherrschende Unternehmen können sein: natürliche Personen, OHG, KG, GdbR, juristische Personen (AG, GmbH) u. a.

   Neben einem „beherrschenden" Unternehmen müssen die Voraussetzungen einer finanziellen, wirtschaftlichen und organisatorischen Eingliederung vorliegen (siehe auch 1. Körperschaftsteuer).

   Die finanzielle Eingliederung ist gegeben, wenn das beherrschende Unternehmen – der „Organträger" – zu mehr als 50 v. H. an der „Organgesellschaft" beteiligt ist.

   Die wirtschaftliche Eingliederung liegt vor, wenn die Organgesellschaft ihre wirtschaftliche Betätigung nach den Leistungen des Organträgers vornehmen muss.

   „Die organisatorische Eingliederung" soll die Befolgung des Willens des beherrschenden Unternehmers sichern.

b) Steuerliche Auswirkungen sind mit dem Bestehen einer Organschaft im Umsatzsteuerrecht durch den möglichen > **Vorsteuerabzug** nicht mehr verbunden.

> **Unternehmer** > **Unternehmereinheit**

Organverhältnis

> **Organschaft**

Ort der Lieferung

> **Lieferungen**

Ort der sonstigen Leistung

> Sonstige Leistungen

Örtliche Zuständigkeit

Die örtliche Zuständigkeit für die Besteuerung ist in §§ 17 ff. AO geregelt. Bei natürlichen Personen richtet sich die örtliche Zuständigkeit nach dem Wohnsitz (§ 8 AO) oder hilfsweise nach dem gewöhnlichen Aufenthalt (§ 9 AO).

Bei den Steuern vom Einkommen und Vermögen der Körperschaften und Personenvereinigungen richtet sich die Besteuerung:

- nach dem Ort der Geschäftsleitung; das ist der Mittelpunkt der geschäftlichen Oberleitung (§ 10 AO) oder hilfsweise
- nach dem Sitz der Körperschaft oder Personenvereinigung (§ 11 AO).

P

Parteispende

Mitgliedsbeiträge und Spenden an politische Parteien i. S. d. § 2 des Parteiengesetzes sind bis zur Höhe von insgesamt 1.650 € und im Falle der Zusammenveranlagung von Ehegatten bis zur Höhe von 3.300 € im Kalenderjahr als Sonderausgaben abzugsfähig (§ 10b Abs. 2 Satz 1 EStG). Sie können nur insoweit als Sonderausgaben abgezogen werden, als für sie nicht eine Steuerermäßigung nach § 34g EStG gewährt worden ist. Nach § 34g EStG vermindert sich die (tarifliche) Einkommensteuer um 50 v. H. der Ausgaben, höchstens jeweils 825 € bzw. 1.650 € bei Zusammenveranlagung von Ehegatten.

Partnerschaftsgesellschaft

Die Partnerschaftsgesellschaft ist eine Gesellschaft, in der sich Angehörige freier Berufe (z. B. Ärzte, Steuerberater, Rechtsanwälte) zur Ausübung ihrer Berufe zusammenschließen. Sie übt kein Handelsgewerbe aus. Angehörige einer Partnerschaft können nur natürliche Personen sein – § 1 Abs. 1 Partnerschaftsgesellschaftsgesetz (PartGG).

Seit Juli 2013 gilt das Gesetz zur Einführung einer Partnerschaftsgesellschaft mit beschränkter Berufshaftung. Die PartGmbB ist eine neue Variante einer Partnerschaftsgesellschaft.

Bei ihr kann die Haftung für Verbindlichkeiten aus Schäden wegen fehlerhafter Berufsausübung auf das Gesellschaftsvermögen begrenzt werden (§ 8 Abs. 4 PartGG).

Passive Rechnungsabgrenzungsposten

> **Rechnungsabgrenzungsposten**

Passivieren

Unter Passivieren versteht man jede Buchung, die zu einer Erhöhung der Passivposten einer Bilanz führt, z. B. Bildung einer Rückstellung.

> **Passivierungspflichten**

Passivierungspflichten

Gemäß § 238 HGB hat der Kaufmann die Lage seines Vermögens nach den Grundsätzen > **ordnungsgemäßer Buchführung** darzustellen. In der Bilanz muss er dabei sein Vermögen und seine Schulden für den Schluss eines Geschäftsjahres darlegen (§ 242 Abs. 2 HGB). Wenn er seine Schulden in der Bilanz passiviert, so ergibt sich ein klarer Einblick über die Fremdfinanzierung.

Im Interesse des Gläubigerschutzes ist eine strenge Einhaltung der Passivierungspflicht erforderlich.

Pauschalwertberichtigung

> **Delkredere**

Pensionsrückstellungen

Für eine Pensionsverpflichtung darf eine Rückstellung nach § 6a Abs. 1 EStG (Pensionsrückstellung) gebildet werden.

Als Folge des Maßgeblichkeitsprinzips **sind** für Neuzusagen von Pensionen Rückstellungen zu bilden (§§ 246 Abs. 2 Satz 2, 249, 253 sowie 266 Abs. 3 HGB).

Bei der Berechnung des Teilwerts der Pensionsverpflichtung sind ein Rechnungszinsfuß von 6 v. H. und die anerkannten Regeln der Versicherungsmathematik anzuwenden.

Einzelheiten siehe § 6a Abs. 3 EStG und R 6a EStR.

Periodenbilanzen

Sie sind laufende Bilanzen. Typisches Beispiel hierfür ist die Jahresbilanz, die zum Abschluss der gesetzlich fixierten (jährlichen) Rechnungsperiode erstellt wird. Denkbar sind aber auch interne Wochen-, Monats- oder Quartalsbilanzen.

Personalrabatt

> Belegschaftsrabatt

Personensteuern

Die Personensteuern – auch Subjektsteuern genannt – treffen eine bestimmte Person – natürliche oder juristische – nach Maßgabe ihrer persönlichen Verhältnisse und nach ihrer Leistungsfähigkeit.

Beispiele

ESt, KiSt, KSt, ErbSt u. a.

Die Personensteuern sind bei der Gewinnermittlung nicht abzugsfähig, teilweise jedoch als Sonderausgaben (KiSt).

> Sachsteuern

Pfandrecht

Das Pfandrecht ist die Belastung einer beweglichen Sache (§§ 1204 - 1208 HGB) oder eines Rechtes (§§ 1273 - 1274 HGB) zwecks Sicherung einer Forderung. Seine Entstehung ist an mehrere Voraussetzungen gebunden:

- Das Vorliegen einer Forderung, auf die sich das Pfandrecht bezieht.
- Die Einigung der Parteien, dass das Pfandrecht dem Gläubiger zustehen soll.

Pflegebonus

Der Spitzenverband der gesetzlichen Krankenkassen und die Deutsche Krankenhausgesellschaft (DKG) haben am 03.09.2020 ein Konzept für eine Corona-Prämie für Pflegekräfte im Krankenhaus vorgestellt. Es sah die Bereitstellung von 100 Mio. € für die Zahlung von Prämien von bis zu 1.000 € an durch die Versorgung von COVID-19-Patienten besonders belastete Pflegekräfte vor.

Darüber hinaus hat der hat der Bundestag im Jahr 2020 einen Bonus für alle beschlossen, die in der Altenpflege arbeiten. Je nach Art und Umfang der Tätigkeit sollten die Beschäftigten bis zu 1.500 € Prämie erhalten.

Der Bonus war bis zu einer Höhe von 1.500 € steuerfrei. Auch Sozialversicherungsabgaben mussten für diesen Bonus nicht gezahlt werden.

Mitte 2022 hat die Bundesregierung erneut Mittel zur Auszahlung einer Einmalzahlung freigegeben. Beschäftigte in Krankenhäusern sollten einen einmaligen Bonus bis zur Höhe von 3.000 € erhalten. Altenpflegekräfte sollte ein gestaffelter Pflegebonus bis spätestens 31.12.2022 in folgender Höhe ausgezahlt werden:

- vollzeitbeschäftigte Pflegefachkräfte bis zu 550 €
- Personal, das mindestens 25 % der Arbeitszeit in der direkten Pflege/Betreuung tätig ist (zum Beispiel in Verwaltung, Haustechnik, Küche) bis zu 370 €
- Azubis bis zu 330 €
- Helfer im Freiwilligendienst oder im Freiwilligen Sozialen Jahr (FSJ) etwa 60 €
- sonstige Beschäftigte bis zu 190 €.

Um die finanzielle Wirkung der Prämie zu verstärken, wird diese steuerfrei gestellt (§ 3 Nr. 11b EStG).

Im Gesetzgebungsverfahren wurde die Steuerfreiheit, die zunächst bis zu einem Betrag von 3.000 € gelten sollte, auf 4.500 € angehoben. Auch freiwillige Leistungen des Arbeitgebers sind begünstigt.

Begünstigt ist der Auszahlungszeitraum ab dem 18.11.2021, da an diesem Tag der maßgebliche Beschluss der Ministerpräsidentenkonferenz über die Gewährung von weiteren Prämien gefasst worden ist. Um ausreichend Zeit für die Auszahlung zur Verfügung zu stellen, sollen Auszahlungen bis zum 31.12.2022 begünstigt sein.

Pflegeeinnahmen

Einnahmen für Leistungen zur Grundpflege oder hauswirtschaftlichen Versorgung bis zur Höhe des Pflegegeldes nach § 37 des Elften Buches Sozialgesetzbuch, wenn diese Leistungen von Angehörigen des Pflegebedürftigen oder von anderen Personen, die damit eine sittliche Pflicht i. S. d. § 33 Abs. 2 gegenüber dem Pflegebedürftigen erfüllen, erbracht werden, sind nach § 3 Nr. 36 EStG von der Einkommensteuer befreit.

Entsprechendes gilt, wenn der Pflegebedürftige Pflegegeld aus privaten Versicherungsverträgen nach den Vorgaben des Elften Buches Sozialgesetzbuch oder eine Pauschalbeihilfe nach Beihilfevorschriften für häusliche Pflege erhält.

Pflege-Pauschbetrag

Wegen der außergewöhnlichen Belastungen, die einem Steuerpflichtigen durch die Pflege einer Person erwachsen, kann er anstelle einer Steuerermäßigung nach § 33 einen Pauschbetrag geltend machen (Pflege-Pauschbetrag, § 33b Abs. 6 EStG), wenn er dafür keine Einnahmen im Kalenderjahr erhält und der Steuerpflichtige die Pflege entweder in seiner Wohnung oder in der Wohnung des Pflegebedürftigen persönlich durchführt. Als Pflege-Pauschbetrag wird gewährt:

1. bei Pflegegrad 2 600 €,
2 bei Pflegegrad 3 1.100 €,
3. bei Pflegegrad 4 oder 5 1.800 €.

Ein Pflege-Pauschbetrag von 1.800 € wird auch gewährt, wenn die gepflegte Person hilflos ist.

Bei erstmaliger Feststellung, Änderung oder Wegfall des Pflegegrads im Laufe des Kalenderjahres ist der Pflege-Pauschbetrag nach dem höchsten Grad zu gewähren, der im Kalenderjahr festgestellt war.

Voraussetzung für die Gewährung des Pflege-Pauschbetrags ist die Angabe der erteilten Identifikationsnummer (§ 139b AO) der gepflegten Person in der Einkommensteuererklärung des Steuerpflichtigen.

Wird ein Pflegebedürftiger von mehreren Steuerpflichtigen im Veranlagungszeitraum gepflegt, wird der Pflege-Pauschbetrag nach der Zahl der Pflegepersonen, bei denen die Voraussetzungen vorliegen, geteilt.

Pflegeversicherungs-Pauschbetrag

> **Sonderausgaben** unter 2.

Pflichtgemäßes Ermessen

> **Ermessensentscheidungen**

Planungsrechnung

Mithilfe der Planungsrechnung wird versucht, das betriebliche Geschehen den Einwirkungen des Zufalls und der Ungewissheit zu entziehen. Sie berücksichtigt Tatbestände der Vergangenheit, Gegenwart und Zukunft, die sich aufgrund innerbetrieblicher und außerbetrieblicher Faktoren einstellen. Die Daten des Rechnungswesens sind die Grundlage.

Poolabschreibung

> **Sammelposten**

Präklusion

Nach gesetzlicher Bestimmung kann unter gewissen Voraussetzungen eine Ausschlusswirkung für bestimmte Rechte oder Rechtshandlungen eintreten (= Präklusion).

Ein solcher Fall ist im Steuerrecht § 364b Abs. 1 AO. Nach dieser Vorschrift kann die Finanzbehörde dem Einspruchsführer eine Frist setzen zur Angabe von Tatsachen, Erklärungen und Beweismittel. Werden sie erst **nach Ablauf dieser Frist** vorgebracht, sind sie nicht zu berücksichtigen (§ 364b Abs. 2 AO). Auch in der Finanzgerichtsordnung findet sich eine entsprechende Vorschrift (§ 76 Abs. 3 FGO).

Prämienlohn

Beim Prämienlohn teilen sich das Unternehmen und der Arbeiter die Mehrleistung des Arbeiters, die über der Normalleistung liegt. Das ist möglich, weil der Prämienlohn sich aus zwei Teilen zusammensetzt:

- dem Grundlohn als leistungsunabhängigem Teil
- der Prämie als leistungsabhängigem Teil.

Praxiswert

Zahlt der Übernehmer einer freiberuflichen Praxis mehr als der Wert der Praxisgegenstände (Büroeinrichtung, Computer usw.) ausmacht, so ist dieser Betrag als Praxiswert zu aktivieren. Nach der BFH-Rechtsprechung ist der Praxiswert der freien Berufe etwas grundsätzlich anderes als der > **Geschäftswert** eines gewerblichen Unternehmens. Der Praxiswert kann in 3 - 5 Jahren im Gegensatz zum Geschäftswert (Abschreibung in 15 Jahren, § 7 Abs. 1 Satz 3 EStG) abgeschrieben werden.

H 7.1 Praxiswert EStH

Privateinlagen

1. Einlagen sind nach § 4 Abs. 1 Satz 5 EStG alle Wirtschaftsgüter (Bareinzahlungen und sonstige Wirtschaftsgüter), die der Stpfl. dem Betrieb im Laufe des Wirtschaftsjahrs zugeführt hat.

   Privateinlagen sind somit Wirtschaftsgüter, die aus dem Privatvermögen ins Betriebsvermögen überführt werden. Sie können in Geld- oder Sachwerten bestehen.

2. Die Einlagen sind mit dem Teilwert im Zeitpunkt der Zuführung zu bewerten, höchstens jedoch mit den Anschaffungs- oder Herstellungskosten, wenn das zugeführte Wirtschaftsgut innerhalb der letzten drei Jahre vor dem Zeitpunkt der Zuführung angeschafft oder hergestellt worden ist (§ 6 Abs. 1 Nr. 5 EStG).

   Ist die Einlage ein abnutzbares Wirtschaftsgut, so sind die Anschaffungs- oder Herstellungskosten um Absetzungen für Abnutzung zu kürzen, die auf den Zeitraum zwischen der Anschaffung oder Herstellung des Wirtschaftsguts und der Einlage entfallen ist. Ist die Einlage ein Wirtschaftsgut, das vor der Zuführung aus einem Betriebsvermögen des Stpfl. entnommen worden ist, so tritt an die Stelle der Anschaffungs- oder Herstellungskosten der Wert, mit dem die Entnahme angesetzt worden ist, und an die Stelle des Zeitpunkts der Anschaffung oder Herstellung der Zeitpunkt der Entnahme.

> **Privatentnahmen**

Private Kfz-Nutzung

1. Einkommensteuer

Die private Kfz-Nutzung ist in § 6 Abs. 1 Nr. 4 EStG geregelt:

- Der Entnahmewert bei privater Kfz-Nutzung wird in Anlehnung an die lohnsteuerlichen Regelungen mit 1 v. H. des Listenpreises monatlich festgesetzt. Entscheidend ist der Listenpreis nach den Verhältnissen im Zeitpunkt der Erstzulassung. Auch die Kosten der Sonderausstattung und die Umsatzsteuer sind zu berücksichtigen.
- Für Elektro- und Hybridfahrzeuge gelten Sonderregelungen. So ist bis bei bis Ende 2030 angeschafften E-Fahrzeugen je nach Preis und Reichweite nur ½ oder ¼ des Listenpreises der Entnahme für Privatfahrten zugrunde zu legen. Siehe dazu ausführlich BMF-Schreiben vom 05.11.2021 (IV C 6 – S 2177/19/10004 :008).
- Die tatsächlichen Aufwendungen können – statt der Pauschalierung – angesetzt werden, wenn der Anteil der Privatfahrten durch ein ordnungsgemäßes **Fahrtenbuch** nachgewiesen wird. Die Aufwendungen müssen durch Belege nachgewiesen werden, die entsprechend den privat und betrieblich/beruflich gefahrenen Kilometer aufzuteilen sind.

Nicht abzugsfähig sind Fahrten des Stpfl. von der Wohnung zur Betriebsstätte in Höhe des **positiven Unterschiedsbetrags** zwischen 0,03 v. H. des inländischen Listenpreises i. S. d. § 6 Abs. 1 Nr. 4 Satz 2 EStG des Kraftfahrzeugs im Zeitpunkt der Erstzulassung je Kalendermonat für jeden Entfernungskilometer **und** dem sich nach § 9 Abs. 1 Satz 3 Nr. 4 ergebenden Betrag sowie Aufwendungen für Familienheimfahrten in Höhe des positiven Unterschiedsbetrags zwischen 0,002 v. H. des inländischen Listenpreises i. S. d. § 6 Abs. 1 Nr. 4 Satz 2 EStG und dem sich nach § 9 Abs. 1 Satz 3 Nr. 5 Satz 4 und § 4 Abs. 5 Nr. 6 EStG ergebenden Betrag.

Ermittelt der Stpfl. die private Nutzung des Kraftfahrzeugs nach § 6 Abs. 1 Nr. 4 Satz 3 EStG, treten an die Stelle des mit 0,03 oder 0,002 v. H. des inländischen Listenpreises ermittelten Betrags für Fahrten zwischen Wohnung und Betriebsstätte und für Familienheimfahrten die auf diese Fahrten entfallenden tatsächlichen Aufwendungen.

Die Benutzung eines vom Arbeitgeber dem **Arbeitnehmer** zur Verfügung gestellten Pkw für Fahrten zwischen Wohnung und erster Tätigkeitsstätte wird als Sachbezug ebenfalls, wenn nicht der Einzelnachweis gewählt wird, pro Entfernungskilometer mit 0,03 v. H. des Listenpreises monatlich bewertet, § 8 Abs. 2 Satz 3 EStG.

Die Nutzung des Kraftfahrzeugs zu einer Familienheimfahrt im Rahmen einer doppelten Haushaltsführung ist mit 0,002 v. H. des Listenpreises i. S. d. § 6 Abs. 1 Nr. 4 Satz 2 EStG für jeden Kilometer der Entfernung zwischen dem Ort des eigenen Hausstandes und dem Beschäftigungsort anzusetzen; dies gilt nicht, wenn für diese Fahrt ein Abzug von Werbungskosten nach § 9 Abs. 1 Satz 3 Nr. 5 Satz 3 und 4 EStG in Betracht käme (§ 8 Abs. 2 Satz 5 EStG).

Für Elektro- und Hybridfahrzeuge gelten auch hier Sonderregelungen. So ist bis bei bis Ende 2030 angeschafften E-Fahrzeugen je nach Preis und Reichweite nur ½ oder ¼ des Listenpreises der Entnahme für Privatfahrten zugrunde zu legen. Siehe dazu ausführlich BMF-Schreiben vom 03.03.2022 (IV C 5 – S 2334/21/10004 :001).

2. Umsatzsteuer

Für Kfz, die nicht ausschließlich unternehmerisch genutzt werden, also Fahrzeuge des Unternehmens, die auch privat durch den Unternehmer verwendet werden, ist die Vorsteuer abziehbar.

Zum Ausgleich unterliegt die nichtunternehmerische Nutzung der Umsatzsteuer (§§ 3 Abs. 9a Nr. 1, 3f UStG).

Zur Berechnung der Umsatzsteuer bei privater Nutzung von Geschäfts- und Firmenfahrzeugen siehe o. g. BMF-Schreiben vom 05.11.2021 und 03.03.2022.

Privatentnahmen

1. Privatentnahmen sind alle Wirtschaftsgüter (Barentnahmen, Waren, Erzeugnisse, Nutzungen und Leistungen), die der Stpfl. für sich, für seinen Haushalt oder für andere betriebsfremde Zwecke im Laufe des Wirtschaftsjahres entnommen hat (§ 4 Abs. 1 Satz 2 EStG).
2. Die Entnahmen sind in der Regel mit dem **> Teilwert** zu bewerten, in seltenen Ausnahmefällen mit dem **> Buchwert**.

> Private Kfz-Nutzung

Private Renten

Man unterscheidet:

1. Private Veräußerungsleibrenten

Private Veräußerungsleibrenten sind gegeben, wenn bei Veräußerung von Privatvermögen (z. B. Grundstücken, Wertpapiere) Wert und Gegenwert nach kaufmännischen Grundsätzen ausgehandelt wird.

Beim Rentenverpflichteten können die Zahlungen mit dem Ertragsanteil z. B. als Werbungskosten bei den Einkünften aus Vermietung und Verpachtung oder Kapitalvermögen angesetzt werden. Der Rentenberechtigte muss die Rentenbezüge als sonstige Einkünfte mit dem Ertragsanteil versteuern.

2. Unterhaltsrenten

Unterhaltsrenten an gesetzlich unterhaltsberechtigte Personen sind beim Verpflichteten nicht abzugsfähig, beim Berechtigten sind sie steuerfrei. Ausnahme bei sog. **> Realsplitting**.

3. Private Versorgungsrenten

Private Versorgungsrenten, auch außerbetriebliche Leibrenten genannt, beruhen auf dem Gedanken der Versorgung des Veräußerers.

Meist sind familiäre Überlegungen maßgebend. Die Werte der vereinbarten Renten und hingegebenen Vermögensgegenstände brauchen nicht in einem angemessenen vergleichbaren Wertverhältnis zu stehen. Der Verpflichtete kann den Ertragsanteil der Rentenzahlungen als Sonderausgaben abziehen. Er kann die Buchwerte bei Betriebsübergabe fortführen. Der Berechtigte muss die Rentenzahlungen mit dem Ertragsanteil als sonstige Einkünfte versteuern.

Private Veräußerungsgeschäfte

> Spekulationsgeschäfte

Privatkonto

Das Privatkonto wird als Unterkonto des Kapitalkontos in der Buchhaltung geführt.

Progressionsvorbehalt

§ 32b Abs. 1 Nr. 1 Buchst. a EStG regelt den Progressionsvorbehalt für das Arbeitslosengeld, Teilarbeitslosengeld, Zuschüsse zum Arbeitsentgelt, Kurzarbeitergeld, Winterausfallgeld, Insolvenzgeld, Arbeitslosenhilfe, Übergangsgeld, Altersübergangsgeld, Altersübergangsgeld-Ausgleichsbetrag, Unterhaltsgeld als Zuschuss, Eingliederungshilfe nach dem Dritten Buch Sozialgesetzbuch oder dem Arbeitsförderungsgesetz, das aus dem Europäischen Sozialfonds finanzierte Unterhaltsgeld sowie Leistungen nach § 10 des Dritten Buches Sozialgesetzbuch, die dem Lebensunterhalt dienen. Ferner sind in den Progressionsvorbehalt einbezogen: Krankengeld, Arbeitslosenhilfe, Mutterschaftsgeld, Verletztengeld, Übergangsgeld oder vergleichbare Lohnersatzleistungen.

Einzelheiten siehe § 32b Nr. 1 EStG.

Diese Lohnersatzleistungen bleiben weiterhin steuerfrei, sie werden aber in einer Sonderberechnung bei der Ermittlung des Steuersatzes berücksichtigt (§ 32b Abs. 2 EStG), der dann auf das zu versteuernde Einkommen angewandt wird. Der Steuersatz und damit die Einkommensteuer (Lohnsteuer) wird durch die Anwendung des sog. Progressionsvorbehaltes regelmäßig höher.

§ 32b Abs. 1 Nr. 2 EStG bezieht ausländische Einkünfte, die nach einem Doppelbesteuerungsabkommen steuerfrei sind, ein.

Prozesskostenrechnung

Die Prozesskostenrechnung ist ein Vollkostenrechnungssystem, mit dem berücksichtigt wird, dass die Produkte unterschiedliche Tätigkeiten/Teilprozesse in Anspruch nehmen. Sie ist u. a. das Ergebnis der Bemühung um eine stärkere strategische Ausrichtung der Kostenrechnung. Die Erhaltung von Wettbewerbsvorteilen erfordert die genaue Kenntnis der „richtigen" betrieblichen Kosten. In der Unternehmenspraxis ist die Prozesskostenrechnung nicht sehr verbreitet.

Prüfungsbericht

> **Außenprüfung**

Prüfungsumfang

> **Außenprüfung**

R

Rabatt

> Belegschaftsrabatt

Rating

> Basel

Realsplitting

Der Abzug von Unterhaltszahlungen bis zu 13.805 € an den geschiedenen oder dauernd getrennt lebenden Ehegatten ist beim Unterhaltsverpflichteten möglich. Die Unterhaltsleistungen unterliegen beim Unterhaltsempfänger der Besteuerung (sog. Realsplittung – § 10 Abs. 1 Nr. 2 EStG).

Der Unterhaltsverpflichtete kann seine Unterhaltszahlungen an den geschiedenen oder getrennt lebenden Ehegatten bis zu einem Höchstbetrag von 13.805 € im Kalenderjahr vom Gesamtbetrag seiner Einkünfte als Sonderausgaben abziehen (§ 10 Abs. 1 Nr. 1 EStG). Es kommt nicht darauf an, ob die Zahlung aufgrund gesetzlicher Unterhaltspflicht oder aufgrund einer freiwillig begründeten Rechtspflicht geleistet wird.

Der Unterhaltsempfänger muss die ihm zufließenden Unterhaltsleistungen als sonstige Einkünfte versteuern, jedoch – entsprechend der Regelung für den Verpflichteten – begrenzt auf einen Höchstbetrag von 13.805 € im Kalenderjahr. Voraussetzung für die Inanspruchnahme des begrenzten Realsplitting ist, dass der Unterhaltsempfänger einem entsprechenden Antrag des Unterhaltsverpflichteten zustimmt.

Die Zustimmung bindet auf Dauer, ist jedoch vor Beginn des Kalenderjahres, für das sie gelten soll, widerruflich. Der Empfänger der Unterhaltsleistungen ist zivilrechtlich verpflichtet zuzustimmen, soweit er keinen finanziellen Nachteil hat; das Zivilurteil ersetzt die Zustimmung.

Realsteuern

Realsteuern sind die GrSt und die GewSt (§ 3 Abs. 2 AO).

> Ertragshoheit

Rechnungen

> Rechnungsausstellung

Rechnungsabgrenzungsposten

In der Bilanz unterscheidet man zwischen aktiven und passiven Rechnungsabgrenzungsposten. Mithilfe der Rechnungsabgrenzungsposten sollen der Aufwand und der Ertrag periodengerecht verteilt werden.

Als Rechnungsabgrenzungsposten sind nach § 5 Abs. 5 EStG nur anzusetzen:

1. auf der Aktivseite: Ausgaben vor dem Abschlussstichtag, soweit sie Aufwand für eine bestimmte Zeit nach diesem Tag darstellen.
2. auf der Passivseite: Einnahmen vor dem Abschlussstichtag, soweit sie Aufwand für eine bestimmte Zeit nach diesem Tag darstellen.

Für Wirtschaftsjahre, die nach dem 31.12.2021 enden, kann der Ansatz eines Rechnungsabgrenzungspostens unterbleiben, wenn die jeweilige Ausgabe oder Einnahme den Betrag des § 6 Abs. 2 Satz 1 EStG (Wertgrenze für geringwertige Wirtschaftsgüter; derzeit 800 €) nicht übersteigt.

Vgl. auch § 250 HGB.

Rechnungsausstellung, umsatzsteuerliche

Die Ausstellung von Rechnungen ist in § 14 UStG geregelt:

1. Führt der Unternehmer steuerpflichtige Lieferungen oder sonstige Leistungen aus, so ist er berechtigt und, soweit er die Umsätze an einen anderen Unternehmer für dessen Unternehmen ausführt, auf Verlangen des anderen verpflichtet, Rechnungen auszustellen, in denen die USt gesondert ausgewiesen ist.

   Diese Rechnungen müssen folgende Angaben nach § 14 Abs. 1 UStG enthalten:

   a) den Namen und die Anschrift des leistenden Unternehmers nebst Steuer- oder USt-IdNummer;
   b) den Namen und die Anschrift des Leistungsempfängers;
   c) Ausstellungsdatum und Rechnungsnummer;
   d) die Menge und die handelsübliche Bezeichnung des Gegenstandes der Lieferung oder die Art und den Umfang der sonstigen Leistung;
   e) den Zeitpunkt der Lieferung oder der sonstigen Leistung;
   f) das Entgelt für die Lieferung oder sonstige Leistung und
   g) den für das Entgelt entfallenden Steuerbetrag sowie den anzuwendenden Steuersatz.

   Zu weiteren Rechnungsangaben siehe auch Abschnitt 14.1 ff. UStAE sowie § 14a UStG.

2. Hat der Unternehmer in einer Rechnung für eine Lieferung oder sonstige Leistung einen höheren Steuerbetrag, als er nach diesem Gesetz für den Umsatz schuldet, gesondert ausgewiesen, so schuldet er auch den Mehrbetrag (§ 14c Abs. 1 UStG). Berichtigt er den Steuerbetrag gegenüber dem Empfänger der sonstigen Leistung, ist § 17 Abs. 1 UStG entsprechend anzuwenden.

3. Wer in einer Rechnung einen Steuerbetrag gesondert ausweist, obwohl er eine Lieferung oder sonstige Leistung nicht ausgeführt oder zum gesonderten Ausweis der Steuer nicht berechtigt ist, schuldet diesen Betrag, auch wenn er nicht Unternehmer ist (§ 14c Abs. 2 UStG).
4. Erleichterte Anforderungen werden an sog. > **Kleinbetragsrechnungen** (nach § 33 UStDV bis 250 €) gestellt. Hier genügt es, wenn neben der Angabe des leistenden Unternehmens und Angabe der Menge mit handelsüblicher Bezeichnung das Entgelt und Steuerbetrag in einer Summe angegeben ist und der Steuersatz (z. B. 19 v. H., 7 v. H.) genannt wird.
5. Infolge des Umsatzsteuer-Binnenmarkt-Gesetzes wurde § 14a UStG eingeführt, der die Ausstellung von Rechnungen in besonderen Fällen regelt. § 14a UStG betrifft die innergemeinschaftlichen Lieferungen.

Hinsichtlich der Aufbewahrung von Rechnungen siehe § 14b UStG.

Rechnungslegungsvorschriften („alle Kaufleute“)

In den §§ 238 - 263 HGB sind die Vorschriften für **alle** Kaufleute geregelt:

1. Jeder Kaufmann ist verpflichtet, Bücher zu führen und in diesen seine Handelsgeschäfte und die Lage seines Vermögens nach den Grundsätzen ordnungsmäßiger Buchführung ersichtlich zu machen. Die Buchführung muss so beschaffen sein, dass sie einem sachverständigen Dritten innerhalb angemessener Zeit einen Überblick über die Geschäftsvorfälle und über die Lage des Unternehmens vermitteln kann. Die Geschäftsvorfälle müssen sich in ihrer Entstehung und Abwicklung verfolgen lassen.
2. Der Kaufmann ist verpflichtet, eine mit der Urschrift übereinstimmende Wiedergabe der abgesandten Handelsbriefe (Kopie, Abdruck, Abschrift oder sonstige Wiedergabe des Wortlauts auf einem Schrift-, Bild- oder anderem Datenträger) zurückzubehalten.

Weitere **wichtige Vorschriften:**

- Führung der Handelsbücher (§ 239 HGB)
- Inventar (§ 240 HGB)
- Inventurvereinfachungen (§ 241 HGB)
- Erstellung des Jahresabschlusses (§ 242 HGB)
- Aufstellungsgrundsatz für den Jahresabschluss (§ 243 HGB)
- Vollständigkeit/Verrechnungsverbot eines Jahresabschlusses (§ 246 HGB)
- Inhalt der Bilanz (§ 247 HGB)
- Bilanzierungsverbote (§ 248 HGB)
- Rückstellungen (§ 249 HGB)
- Rechnungsabgrenzungsposten (§ 250 HGB)
- Bewertungsvorschriften (§ 252 HGB)

- Wertansätze der Vermögensgegenstände und Schulden (§§ 253, 255 HGB)
- Bewertungsvereinfachungen (§ 256 HGB).

Nach § 257 HGB gilt hinsichtlich der Aufbewahrung von Unterlagen und zur Einhaltung von Aufbewahrungsfristen Folgendes:

1. Jeder Kaufmann ist verpflichtet, die folgenden Unterlagen geordnet aufzubewahren:
   a) Handelsbücher, Inventare, Eröffnungsbilanzen, Jahresabschlüsse, Lageberichte, Konzernabschlüsse, Konzernlageberichte sowie die zu ihrem Verständnis erforderlichen Arbeitsanweisungen und sonstigen Organisationsunterlagen,
   b) die empfangenen Handelsbriefe,
   c) Wiedergaben der abgesandten Handelsbriefe,
   d) Belege für Buchungen in den von ihm nach § 238 Abs. 1 HGB zu führenden Büchern (Buchungsbelege).
2. Handelsbriefe sind nur Schriftstücke, die ein Handelsgeschäft betreffen.
3. Mit Ausnahme der Eröffnungsbilanzen und Abschlüsse können die in Abs. 1 aufgeführten Unterlagen auch als Wiedergabe auf einem Bildträger oder auf anderen Datenträgern aufbewahrt werden, wenn dies den Grundsätzen ordnungsmäßiger Buchführung entspricht und sichergestellt ist, dass die Wiedergabe oder die Daten:
   - mit den empfangenen Handelsbriefen und den Buchungsbelegen bildlich und mit den anderen Unterlagen inhaltlich übereinstimmen, wenn sie lesbar gemacht werden,
   - während der Dauer der Aufbewahrungsfrist verfügbar sind und jederzeit innerhalb angemessener Frist lesbar gemacht werden können.

   Sind Unterlagen aufgrund des § 239 Abs. 4 Satz 1 auf Datenträgern hergestellt worden, können statt des Datenträgers die Daten auch ausgedruckt aufbewahrt werden; die ausgedruckten Unterlagen können auch nach Satz 1 aufbewahrt werden.
4. Die in § 257 Abs. 1 Nr. 1 und 4 aufgeführten Unterlagen sind zehn Jahre und die sonstigen in Abs. 1 aufgeführten Unterlagen sechs Jahre aufzubewahren.
5. Die Aufbewahrungsfrist beginnt mit dem Schluss des Kalenderjahres, in dem die letzte Eintragung in das Handelsbuch gemacht, das Inventar aufgestellt, die Eröffnungsbilanz oder der Jahresabschluss festgestellt, der Handelsbrief empfangen oder abgesandt worden oder der Buchungsbeleg entstanden ist.

INFO

Die §§ 264 - 335 HGB sehen sog. ergänzende Vorschriften für Kapitalgesellschaften (AG, KGaA, GmbH) und eingetragene Genossenschaften vor, die über die „Vorschriften für alle Kaufleute“ (§§ 238 - 263 HGB) hinausgehen.

> GoBD

Rechnungswesen

Das Rechnungswesen ist die Gesamtheit der Einrichtungen und Verrichtungen, die bezwecken, alle wirtschaftlich wesentlichen Gegebenheiten und Vorgänge, im Einzelnen und Gesamten, zahlenmäßig nach Geld und nach Mengeneinheiten zu erfassen.

Betriebswirtschaftlich erfordert die Vielzahl der betrieblichen Vorgänge als Folge der Leistungserstellung und Leistungsverwertung entsprechende Maßnahmen der mengen- und wertmäßigen Erfassung, Steuerung und Kontrolle.

Rechtlich (z. B. Handels- und Steuerrecht) werden bestimmte Anforderungen an das Unternehmen gestellt, die nur mithilfe eines ordnungsmäßigen Rechnungswesens erfüllt werden können.

Rechtsbehelfe

Man unterscheidet zwischen Rechtsbehelfen im **außergerichtlichen** Verfahren (= Vorverfahren) und Rechtsbehelfen im **gerichtlichen** Verfahren. Rechtsbehelf im außergerichtlichen Verfahren ist der > **Einspruch**, im gerichtlichen Verfahren die > **Klage**, die > **Revision** und die > **Beschwerde**.

Zulässigkeitsvoraussetzungen eines Einspruchs:

a) es muss die Statthaftigkeit des Einspruchs gegeben sein (§ 347 AO);

b) es muss eine > **Beschwer** (§ 350 AO) vorliegen (sog. Aktivlegitimation);

c) derjenige, der den Rechtsbehelf einlegt, muss auch hierzu befugt sein (Einspruchsbefugnis, § 352 AO);

d) er darf nicht auf den Rechtsbehelf verzichtet haben (Einspruchsverzicht, § 354 AO);

Zulässigkeitsvoraussetzungen eines gerichtlichen Rechtsbehelfs: > **Klage**, > **Revision**, > **Beschwerde**.

Rechtsbehelfsverfahren

Das Rechtsbehelfsverfahren gliedert sich in ein **außergerichtliches** Verfahren = Vorverfahren (§§ 347 ff. AO) mit dem > **Einspruch** und in ein **gerichtliches** Verfahren (§§ 40 ff. FGO) mit der > **Klage** an das FG und der > **Revision** bzw. > **Beschwerde** an den BFH.

Rechtsbehelfsverzicht

> **Rechtsbehelfe**

Rechtsfähigkeit

Rechtsfähigkeit ist die Eigenschaft von Personen, Träger von Rechten und Pflichten zu sein. Die Rechtsfähigkeit des Menschen beginnt mit der Geburt (§ 1 BGB).

Rechtsfehler, materielle

Liegen die Voraussetzungen für die Aufhebung oder Änderung eines Steuerbescheids zuungunsten des Stpfl. vor, so sind, soweit die Änderung reicht, zugunsten und zuungunsten des Stpfl. solche materiellen Rechtsfehler zu berichtigen, die nicht Anlass der Aufhebung oder Änderung sind (§ 177 Abs. 1 AO).

Liegen die Voraussetzungen für die Aufhebung oder Änderung eines Steuerbescheides zugunsten des Stpfl. vor, so sind, soweit die Änderung reicht, zuungunsten und zugunsten des Stpfl. solche materiellen Fehler zu berichtigen, die nicht Anlass der Aufhebung oder Änderung sind (§ 177 Abs. 2 AO).

Materielle Fehler sind alle Fehler einschließlich offenbarer Unrichtigkeiten i. S. d. § 129, die zur Festsetzung einer Steuer führen, die von der kraft Gesetzes entstandenen Steuer abweicht (§ 177 Abs. 3 AO).

Rechtsgeschäfte

Rechtsgeschäfte sind gezielte Handlungen einer oder mehrerer Personen, die geeignet sind, eine Änderung in den rechtlichen Beziehungen einzelner herbeizuführen.

- Einseitige Rechtsgeschäfte sind z. B. die Kündigung, das Testament
- Zweiseitige Rechtsgeschäfte sind Verträge, z. B. Kaufvertrag, Miet-, Pacht- und Leihvertrag, Darlehensvertrag, Dienst- und Werkvertrag.

Rechtshängigkeit

> **Steuerprozess**

Rechtsirrtum

> **Fehler**

Rechtsmittel

Der Begriff des Rechtsmittels – ein Begriff des gerichtlichen Rechtsbehelfsverfahrens – umfasst die > **Revision** und die > **Beschwerde**. > **Rechtsbehelf** ist der Oberbegriff.

Rechtsnachfolge

Für Gesamtrechtsnachfolge gehen die Forderungen und Schulden aus dem Steuerschuldverhältnis auf den Rechtsnachfolger über (§ 45 Abs. 1 AO).

Erben haben für die aus dem Nachlass zu entrichtenden Schulden nach den Vorschriften des bürgerlichen Rechts über die Haftung des Erben für Nachlassverbindlichkeiten einzustehen. Vorschriften, durch die eine steuerliche Haftung der Erben gegründet wird, bleiben unberührt (§ 45 Abs. 2 AO).
Siehe auch § 1922 BGB.

Rechtsnorm

> Gesetz

Reichensteuersatz

Reichensteuer ist ein umgangssprachlicher Begriff für einen Steuersatz der Einkommensteuer, der (bei Alleinstehenden) ab einer Einkommensgrenze von 277.826 € einsetzt. Dieser Steuersatz liegt 3 % über dem eigentlichen Spitzensteuersatz von 42 %. Die Reichensteuer beträgt also 45 %.

Es handelt sich bei der Reichensteuer um einen Grenzsteuersatz, also einen Steuersatz, der für zusätzliches Einkommen über einer bestimmten Grenze gilt. Das bedeutet, dass jeder Euro zu versteuerndes Einkommen, der über 277.826 € liegt, mit 45 % versteuert werden muss. Was darunter liegt, wird weiterhin nach dem vorherigen Steuersatz versteuert. Der Anteil zwischen 62.810 € und 277.826 € beispielsweise wird also nach dem Spitzensteuersatz mit 42 % versteuert.

Reihengeschäft

Schließen mehrere Unternehmer über denselben Gegenstand Umsatzgeschäfte ab und erfüllen sie diese Geschäfte dadurch, dass der erste Unternehmer dem letzten Abnehmer in der Reihe unmittelbar die Verfügungsmacht über den Gegenstand verschafft, so gilt die Lieferung an den letzten Abnehmer gleichzeitig als Lieferung eines jeden Unternehmers in der Reihe (sog. Reihengeschäft, § 3 Abs. 6, 6a, 6b, 7 UStG).

Bei mehreren aufeinanderfolgenden Lieferungen mit nur einer Warenbewegung nach wie vor notwendigen Regelungen zur Zuordnung der Beförderung oder Versendung und zum Ort der Lieferungen ohne Warenbewegung wurden inhaltlich in die § 3 Abs. 6 und 7 UStG und § 25b Abs. 1 UStG übernommen. Weitere Hinweise in Abschnitt 3.14 UStAE)

Reingewinn, wirtschaftlicher

Der wirtschaftliche Reingewinn ist der wirtschaftliche Halbreingewinn abzüglich der in ihm noch nicht berücksichtigten Betriebsausgaben.

Der Reingewinnsatz ist die Verhältniszahl des wirtschaftlichen Reingewinns zum wirtschaftlichen Umsatz:

$$\text{Reingewinnsatz in v. H.} = \frac{\text{Wirtschaftlicher Reingewinn}}{\text{Wirtschaftlicher Umsatz}} \cdot 100$$

Reisekosten

Zu den Reisekosten rechnen alle Kosten, die durch die Kosten unmittelbar verursacht werden (Fahrtkosten, Unterbringung, Verpflegung, u. a.).

> Auswärtstätigkeit
> Geschäftsreise

Reisekostenvergütungen

> Lohnsteuerbefreiungen

Rentabilität

Die Rentabilität ist das Verhältnis des Periodenerfolges zu anderen Größen. Durch den Vergleich mit anderen Rentabilitätszahlen, beispielsweise der Rentabilität vergleichbarer Unternehmen oder früherer Perioden, erlangt diese Kennzahl ihre Bedeutung.

Gute Wirtschaftlichkeit oder Produktivität lassen nicht darauf schließen, dass auch die Rentabilität positiv zu beurteilen ist.

Die Rentabilität tritt in mehreren Arten in Erscheinung:

$$\text{Umsatzrentabilität} = \frac{\text{Gewinn}}{\text{Umsatz}} \cdot 100$$

$$\text{Eigenkapitalrentabilität} = \frac{\text{Gewinn}}{\text{Eigenkapital}} \cdot 100$$

$$\text{Gesamtkapitalrentabilität} = \frac{\text{Gewinn + Fremdkapitalzinsen}}{\text{Gesamtkapital}} \cdot 100$$

Rentabilitätsanalyse

- **Eigenkapitalrentabilität**

Die Eigenkapitalrentabilität ergibt sich, indem Gewinn und Eigenkapital gegenübergestellt werden:

$$\text{Eigenkapitalrentabilität} = \frac{\text{Gewinn}}{\text{Eigenkapital}} \cdot 100$$

Als Gewinn wird hier der Jahresüberschuss der Handelsbilanz verstanden, der um die Steuern vom Einkommen, Ertrag und Vermögen vermindert wird.

Das Eigenkapital besteht aus dem gezeichneten Kapital, den Rücklagen und dem nicht ausgeschütteten Teil des Jahresgewinnes.

- **Gesamtkapitalrentabilität**

Bei der Ermittlung der Gesamtkapitalrentabilität sind die Fremdkapitalzinsen zu berücksichtigen:

$$\text{Gesamtkapitalrentabilität} = \frac{\text{Gewinn} + \text{Fremdkapitalzinsen}}{\text{Gesamtkapital}} \cdot 100$$

Die Gesamtkapitalrentabilität stellt die Verzinsung des in einem Unternehmen insgesamt eingesetzten Kapitals dar.

- **Umsatzrentabilität**

Die Umsatzrentabilität wird ermittelt, indem der Gewinn dem Umsatz gegenübergestellt wird.

$$\text{Umsatzrentabilität} = \frac{\text{Gewinn}}{\text{Umsatz}} \cdot 100$$

Zweckmäßigerweise kann anstelle des Gewinnes das ordentliche Betriebsergebnis verwendet werden, da somit betriebsfremde oder außerordentliche Aktivitäten des Unternehmens unberücksichtigt bleiben:

$$\text{Umsatzrentabilität} = \frac{\text{Ordentliches Betriebsergebnis}}{\text{Umsatz}} \cdot 100$$

Rentabilitätsvergleichsrechnung

Mithilfe der Rentabilitätsvergleichsrechnung soll die durchschnittliche jährliche Verzinsung eines Investitionsobjektes ermittelt werden. Dies geschieht durch die Einbeziehung des erforderlichen Kapitaleinsatzes:

$$\text{Rentabilität} = \frac{\text{Erlöse - Kosten}}{\text{Durchschnittlicher Kapitaleinsatz}} \cdot 100$$

Renten

Renten sind gleichbleibende Leistungen in Geld oder Geldeswert, die aufgrund eines Rentenstammrechtes zu entrichten sind und die in regelmäßig wiederkehrenden Zeiträumen anfallen.

Sie sind steuerlich nur von Bedeutung, wenn eine rechtlich erzwingbare Verpflichtung (z. B. Testament, Vertrag) vorliegt und die Dauer der Rentenverpflichtung sich auf mehr als zehn Jahre erstreckt (Zeitrenten) oder an das Leben einer oder mehrerer Personen (> **Leibrenten**) gebunden ist.

Für die steuerliche Beurteilung ist die Abgrenzung in > **private Renten** und > **betriebliche Renten** von Bedeutung.

Renten und dauernde Lasten, die auf besonderen Verpflichtungen beruhen, die nicht mit den Einkünften in Zusammenhang stehen, die bei der Veranlagung außer Betracht bleiben, sind als **Sonderausgaben** vom Gesamtbetrag der Einkünfte abzuziehen.

> **betriebliche Renten**
> **private Renten**

Repräsentationsaufwendungen

Sind Repräsentationsaufwendungen (§ 4 Abs. 5 und 6 EStG) betrieblich veranlasst, so sind sie unter Beachtung bestimmter Aufzeichnungspflichten als Betriebsausgaben abzugsfähig (z. B. > **Bewirtungsaufwendungen**).

Return on Investment (RoI)

Bei Return on Investment (RoI) handelt es sich um eine erweiterte Form der Gesamtkapitalrentabilität. Durch Einbeziehung der Umschlagshäufigkeit des investierten Kapitals werden die Beziehungen zwischen Gewinn, Umsatz und eingesetztem Kapital dargestellt. Die Umsatzrendite wird nicht isoliert, sondern im Zusammenhang mit dem investierten Kapital gesehen. Die Kennziffer ist auch unter dem Namen „Du-Pont-Formel" bekannt.

Reverse charge (USt)

Das Reverse-Charge-Verfahren (Umkehrung der Steuerschuldnerschaft oder auch Abzugsverfahren) ist eine Sonderregelung bei der Umsatzsteuer. Nach diesem Spezialfall muss der Leistungsempfänger (Kunde) und nicht der leistende Unternehmer die Umsatzsteuer entrichten.

Infolge des Reverse-Charge-Verfahrens darf der leistende Unternehmer dem Leistungsempfänger nur das Nettoentgelt in Rechnung stellen. Daraus entsteht für den Kunden in der Folge eine Umsatzsteuerschuld gegenüber dem Finanzamt. Ist der Leistungsempfänger vorsteuerabzugsberechtigt, kann er den Betrag aber auch selbst wieder als Vorsteuer geltend machen.

Die Umkehrung der Steuerschuldnerschaft ist in § 13b UStG geregelt.

Revision

1. Allgemeines

1. Gegen ein Urteil des FG (§ 36 Nr. 1 FGO) steht den Beteiligten die Revision an den BFH zu, wenn das FG oder auf Beschwerde gegen die Nichtzulassung der BFH sie zugelassen hat.
2. Die Revision ist nur zuzulassen, wenn
   a) Die Rechtssache grundsätzliche Bedeutung hat,
   b) die Fortbildung des Rechts oder die Sicherung einer einheitlichen Rechtsprechung eine Entscheidung des BFH erfordert oder
   c) ein Verfahrensmangel geltend gemacht wird und vorliegt, auf dem die Entscheidung beruhen kann.
3. Der BFH ist an die Zulassung gebunden.

Rechtsquelle: § 115 FGO

2. Revisionsgründe

Die Revision kann nur darauf gestützt werden, dass das angefochtene Urteil auf der Verletzung von Bundesrecht (siehe auch § 119 FGO) bzw. Landesrecht beruhe (§ 118 FGO). Der BFH kann also das Urteil nur auf Rechtsverletzungen hin prüfen, er muss von den vom FG festgestellten Tatsachen ausgehen.

3. Einlegung der Revision

1. Die Revision ist bei dem BFH innerhalb eines Monats nach Zustellung des vollständigen Urteils schriftlich einzulegen. Die Revision muss das angefochtene Urteil bezeichnen. Eine Ausfertigung oder Abschrift des Urteils soll beigefügt werden, sofern dies nicht schon nach § 116 Abs. 2 FGO geschehen ist.

2. Die Revision ist innerhalb von zwei Monaten nach Zustellung des vollständigen Urteils zu begründen. Die Begründung ist bei dem BFH einzureichen. Die Frist kann auf einen vor ihrem Ablauf gestellten Antrag von dem Vorsitzenden verlängert werden.
3. Die Begründung muss enthalten:
   a) die Erklärung, inwieweit das Urteil angefochten und dessen Aufhebung beantragt wird (Revisionsanträge);
   b) die Angabe der Revisionsgründe, und zwar:
      - die bestimmte Bezeichnung der Umstände, aus denen sich die Rechtsverletzung ergibt;
      - soweit die Revision darauf gestützt wird, dass das Gesetz in Bezug auf das Verfahren verletzt sei, die Bezeichnung der Tatsachen, die den Mangel ergeben.

Rechtsquelle: § 120 FGO

4. Entscheidung über die Revision

1. Ist die Revision unzulässig, so verwirft der BFH sie durch Beschluss.
2. Ist die Revision unbegründet, so weist der BFH sie zurück.
3. Ist die Revision begründet, so kann der BFH
   a) in der Sache selbst entscheiden oder
   b) das angefochtene Urteil aufheben und die Sache zur anderweitigen Verhandlung und Entscheidung zurückverweisen.
4. Ergeben die Entscheidungsgründe zwar eine Verletzung des bestehenden Rechts, stellt sich die Entscheidung selbst aber aus anderen Gründen als richtig dar, so ist die Revision zurückzuweisen.
5. Das Gericht, an das die Sache zur anderweitigen Verhandlung und Entscheidung zurückverwiesen ist, hat seiner Entscheidung die rechtliche Beurteilung des BFH zugrunde zu legen.
6. Die Entscheidung über die Revision bedarf keiner Begründung, soweit der BFH Rügen von Verfahrensmängeln nicht für durchgreifend erachtet. Das gilt nicht für Rügen nach § 119 FGO und, wenn mit der Revision ausschließlich Verfahrensmängel geltend gemacht werden, für Rügen, auf denen die Zulassung der Revision beruht.

Rechtsquelle: § 126 FGO

Revisionsbegründung

> **Revision**

Revisionsfrist

> Revision

Richterliche Fristen

> Frist

Richtsätze

Wenn sich die Besteuerungsgrundlagen im Rahmen der Gewinnermittlung nicht ermitteln lassen, weil die erforderlichen Aufzeichnungen fehlen, kann die Finanzverwaltung gemäß § 162 AO den voraussichtlichen Gewinn schätzen.

Bei der Schätzung sollen alle maßgeblichen Umstände berücksichtigt werden. Als Anhaltspunkte können Richtsätze gelten. Alljährlich gibt der BMF Richtsatzsammlungen heraus, die nach Gewerbezweigen aufgebaut sind. Diese Richtsätze sind ein Hilfsmittel, Umsätze und Gewinne der Gewerbetreibenden zu verproben (Verprobung). Diese Richtsätze sind im Handel erhältlich. Sie werden alljährlich im BStBl veröffentlicht.

Richtsatzsammlung

> Richtsätze

Riester-Vertrag

> Altersvorsorgezulage
> Wohn-Riester

Rimesse

Man versteht darunter einen weitergegebenen Wechsel zum Ausgleich von Verbindlichkeiten.

Rohgewinn, wirtschaftlicher

Der wirtschaftliche Rohgewinn ist der Unterschiedsbetrag, um den der wirtschaftliche Umsatz:

a) bei Handelsbetrieben den wirtschaftlichen Wareneinsatz übersteigt,

b) bei Fertigungsbetrieben den wirtschaftlichen Materialeinsatz und den wirtschaftlichen Einsatz an Fertigungslöhnen übersteigt.

Formel zur Ermittlung des wirtschaftlichen Rohgewinns:

Handelsbetriebe

	wirtschaftlicher Umsatz
-	wirtschaftlicher Wareneinsatz
=	wirtschaftlicher Rohgewinn bei Handelsbetrieben

Fertigungsbetriebe

	wirtschaftlicher Umsatz
-	wirtschaftlicher Materialeinsatz
-	wirtschaftlicher Einsatz an Fertigungslöhnen
=	wirtschaftlicher Rohgewinn bei Fertigungsbetrieben

Rohgewinnaufschlagsatz

Der Rohgewinnaufschlagsatz ist die Verhältniszahl des wirtschaftlichen Rohgewinns:

a) bei Handelsbetrieben zum wirtschaftlichen Wareneinsatz

b) bei Fertigungsbetrieben zum wirtschaftlichen Materialeinsatz und wirtschaftlichen Einsatz an Fertigungslöhnen.

Formeln:

Handelsbetriebe

$$\text{Rohgewinnaufschlagsatz bei Handelsbetrieben in v. H.} = \frac{\text{Wirtschaftlicher Rohgewinn}}{\text{Wirtschaftlicher Wareneinsatz}} \cdot 100$$

Fertigungsbetriebe

$$\text{Rohgewinnaufschlagsatz bei Fertigungsbetrieben in v. H.} = \frac{\text{Wirtschaftlicher Rohgewinn}}{\text{Wirtschaftlicher Materialeinsatz und wirtschaftlicher Einsatz an Fertigungslöhnen}} \cdot 100$$

Rohgewinnsatz

Rohgewinnsatz ist die Verhältniszahl des wirtschaftlichen Rohgewinns zum wirtschaftlichen Umsatz.

Formel:

$$\text{Rohgewinnsatz in v. H.} = \frac{\text{Wirtschaftlicher Rohgewinn}}{\text{Wirtschaftlicher Umsatz}} \cdot 100$$

Roh-, Hilfs- und Betriebsstoffe

> **Festwert**

Rohvermögen

> **Gesamtvermögen**

Rückkaufswert

> **Kapitalforderungen**

Rücklagen

1. Rücklagen sind Reserven für geplante betriebliche Maßnahmen.

   Man unterscheidet zwischen offenen, d. h. also in der Bilanz ausgewiesenen, und stillen Rücklagen. Stille Rücklagen (Reserven) entstehen z. B. durch zulässige Unterbewertungen von Anlage- und Umlaufvermögen. Bei den offenen Rücklagen unterscheidet man wieder zwischen gesetzlichen und freiwilligen Rücklagen.

2. Aufgrund steuerlicher Vorschriften ist u. a. die Bildung folgender Rücklagen zulässig:

   - Rücklage nach § 6b EStG: Sie kann bei Veräußerung bestimmter Anlagegüter in Höhe der aufgedeckten stillen Reserven gebildet werden, wenn die Übertragung auf ein neu angeschafftes WG im Jahr der Veräußerung nicht erfolgt ist;
   - Rücklage für Ersatzbeschaffung (nach R 6.6 Abs. 4 EStR);
   - Rücklage nach § 7g Abs. 1 EStG (Investitionsabzugsbetrag).

> **Investitionsabzugsbetrag**
> **Rückstellungen**

Rückstellungen

Rückstellungen (> **Rücklagen**) sind Passivposten der Bilanz (z. B. Steuerrückstellungen, Pensionsrückstellungen, Prozesskostenrückstellung).

Rückstellungen werden für ungewisse Schulden gebildet. Rückstellungen betreffen als Aufwand das abgelaufene Wirtschaftsjahr und sind am Bilanzstichtag bereits erkennbar, der Höhe nach aber noch ungewiss.

Vgl. auch § 5 Abs. 2a - 4b EStG, § 6 Abs. 1 Nr. 3a EStG sowie § 6a EStG und § 249 HGB.

> **Rechnungslegungsvorschriften**
> **Rücklagen**

Rürup-Rente

> **Basisrente**

Ruhegelder

> **Arbeitslohn**

Rumpfwirtschaftsjahr

Unter Rumpfwirtschaftsjahr ist ein > **Wirtschaftsjahr** mit einem Zeitraum von weniger als zwölf Monaten zu verstehen. Ein Wirtschaftsjahr umfasst immer einen Zeitraum von zwölf Monaten. Die Gewerbetreibenden ermitteln regelmäßig ihren Gewinn für einen Zwölfmonatszeitraum (§ 4a Abs. 1 EStG).

Ein Rumpfwirtschaftsjahr liegt z. B. dann vor, wenn ein Betrieb während eines Wirtschaftsjahres eröffnet wird.

S

Sachbezüge

1. Zu den Einnahmen, die nicht in Geld bestehen, gehören insbesondere Wohnung, Kosten, Waren, Dienstleistungen und sonstige Sachbezüge. Für die Bewertung dieser Sachbezüge sind die Endpreise am Abgabeort maßgebend.

   Beispiele

   für weitere Sachbezüge: übergroße Dienstwohnung, Pkw-Nutzung, private Telefonnutzung, Übernahme von Schönheitsreparaturen und Freiflugkarten, Zinsersparnisse bei Arbeitgeberdarlehen.

Bei Bewertung der Sachbezüge wird auf den Ort der Betriebsstätte des Arbeitgebers abgestellt. Es wird damit unterstellt, dass die Arbeitnehmer die betreffenden Güter in der Regel an diesem Ort verbrauchen. Es gelten die Endpreise ab Abgabeort. Sachbezüge unterliegen als Teil des > **Arbeitslohnes** („Geldwert") der LSt.

Sachbezüge, die nach § 8 Abs. 2 Satz 1 EStG zu bewerten sind („Endpreis am Abgabeort") bleiben außer Ansatz, wenn die sich nach Anrechnung der vom Stpfl. gezahlten Entgelte ergebenden Vorteile insgesamt 50 € im Kalendermonat nicht übersteigen.

2. Bei Arbeitnehmern, für deren Sachbezüge durch Rechtsverordnung nach § 17 Abs. 1 Nr. 4 des Vierten Buches Sozialgesetzbuch Werte bestimmt worden sind, sind diese Werte maßgebend. Es handelt sich um die sog. Sachbezugs-Verordnung, die alljährlich geändert wird.
3. Erhält ein Arbeitnehmer aufgrund seines Dienstverhältnisses Waren oder Dienstleistungen, die vom Arbeitgeber nicht überwiegend für den Bedarf seiner Arbeitnehmer hergestellt, vertrieben oder erbracht werden und deren Bezug nicht nach § 40 EStG pauschal versteuert wird, so gelten als deren Werte abweichend die um 4 v. H. geminderten Endpreise, zu denen der Arbeitgeber oder der dem Abgabeort nächstansässige Abnehmer die Waren oder Dienstleistungen fremden Letztverbrauchern im allgemeinen Geschäftverkehr anbietet. Die sich nach Abzug der vom Arbeitnehmer gezahlten Entgelte ergebenden Vorteile sind steuerfrei, soweit sie aus dem Dienstverhältnis insgesamt 1.080 € im Kalenderjahr nicht übersteigen. Diese Vorschrift (§ 8 Abs. 3 EStG) regelt also die Personalrabatte, z. B. verbilligte Abgaben von Werkswagen durch Pkw-Herstellerfirmen.

> **Belegschaftsrabatt**

Sachbezugswerte

Amtliche Sachbezugswerte werden durch die SvEV (Verordnung über die sozialversicherungsrechtliche Beurteilung von Zuwendungen des Arbeitgebers als Arbeitsentgelt) oder durch Erlasse der obersten Landesfinanzbehörden nach § 8 Abs. 2 Satz 8 EStG festgesetzt.

Der Wert der als Sachbezug zur Verfügung gestellten Verpflegung beträgt im Jahr 2023 demnach monatlich 288 €. Dieser Wert setzt sich zusammen aus dem Wert für:

1. Frühstück von 60 €,
2. Mittagessen von 114 € und
3. Abendessen von 114 €.

Der Wert einer als Sachbezug zur Verfügung gestellten Unterkunft beträgt 2023 monatlich 265 €.

Für eine als Sachbezug zur Verfügung gestellte Wohnung ist als Wert der ortsübliche Mietpreis unter Berücksichtigung der sich aus der Lage der Wohnung zum Betrieb ergebenden Beeinträchtigungen anzusetzen. Ist im Einzelfall die Feststellung des ortsüblichen Mietpreises mit außergewöhnlichen Schwierigkeiten verbunden, kann die Wohnung mit 4,66 € je Quadratmeter monatlich, bei einfacher Ausstattung (ohne Sammelheizung oder ohne Bad oder Dusche) mit 3,81 € je Quadratmeter monatlich bewertet werden.

Werden Verpflegung, Unterkunft oder Wohnung verbilligt als Sachbezug zur Verfügung gestellt, ist der Unterschiedsbetrag zwischen dem vereinbarten Preis und dem Wert, der sich bei freiem Bezug nach den o. g. Sachbezugswerten ergeben würde, dem Arbeitsentgelt zuzurechnen.

Bei der Berechnung des Wertes für kürzere Zeiträume als einen Monat ist für jeden Tag $\frac{1}{30}$ der o. g. Werte zugrunde zu legen.

Sachhaftung

> **Haftung**

Sachliche Zuständigkeit

Die sachliche Zuständigkeit betrifft den einer Behörde dem Gegenstand und der Art nach durch Gesetz zugewiesenen Aufgabenbereich. Neben dem Aufgabenkreis, der durch das FVG bestimmt wird, ergeben sich für die FinBeh auch Aufgabenzuweisungen aus der AO.

Sächliches Existenzminimum

> **Kinderfreibeträge**

Sachsteuern

Sachsteuern – auch Objektsteuern genannt – bemessen sich nach objektiven Merkmalen ohne der Leistungsfähigkeit des Steuerschuldners Rechnung zu tragen, z. B. die USt (die auch bei Verkauf unter Einkaufspreis anfällt), die GewSt, die an den „objektivierten" Betrieb anknüpft, indem bestimmte Hinzurechnungen und Kürzungen erfolgen.

> **Personensteuern**

Sachwertverfahren

Das Sachwertverfahren wird (zur Ermittlung der Einheitswerte für Zwecke der Grundsteuer) auf > **sonstige bebaute Grundstücke** sowie für bestimmte Fälle (§ 76 Abs. 3 BewG) angewandt, für die das > **Ertragswertverfahren** ausscheidet.

Beim Sachwertverfahren handelt es sich um eine Methode zur Ermittlung des > **gemeinen Werte**s. Bei der Ermittlung des Grundstückswertes (§ 83 BewG) ist vom > **Bodenwert** (§ 84 BewG), vom > **Gebäudewert** (§§ 85 - 88 BewG) und vom Wert der Außenanlagen (§ 89 BewG: Umzäunungen, Wege- oder Platzbefestigungen) auszugehen (Ausgangswert).

Dieser Ausgangswert ist unter Anwendung einer Wertzahl an den gemeinnützigen Wert anzugleichen (§ 90 BewG).

Bezüglich Einzelheiten verweisen wir auf die angegebenen Gesetzesquellen, ferner auf Abschn. 34 - 46 BewRGr.

Zum Sachwertverfahren für Zwecke der Erbschaftsteuer vgl. §§ 189 ff. BewG.

Saldenbilanz

> **Hauptabschlussübersicht**

Sammelbeförderung

> **Fahrtkosten zwischen Wohnung und Arbeitsstätte**

Sammelbewertung

> **Gruppenbewertung**

Sammelposten

Für abnutzbare bewegliche Wirtschaftsgüter des Anlagevermögens, die zu einer selbstständigen Nutzung fähig sind, kann im Wirtschaftsjahr der Anschaffung, Herstellung oder Einlage oder der Eröffnung des Betriebs ein jahresbezogener Sammelposten gebildet werden. Voraussetzung ist, dass die Anschaffungs- oder Herstellungskosten, vermindert um einen darin enthaltenen Vorsteuerbetrag (§ 9b Abs. 1) für das einzelne Wirtschaftsgut 250 €, aber nicht 1.000 € übersteigen (§ 6 Abs. 2a EStG)

Der Sammelposten ist im Wirtschaftsjahr der Bildung und den folgenden vier Wirtschaftsjahren mit jeweils einem Fünftel gewinnmindernd aufzulösen. Scheidet ein Wirtschaftsgut des Sammelpostens aus dem Betriebsvermögen aus, wird dieser nicht vermindert.

Der Sammelposten ist kein Wirtschaftsgut, sondern eine Rechengröße.

Die Regelung des § 6 Abs. 2a EStG gilt sinngemäß auch bei einer Gewinnermittlung durch Einnahmen-Überschuss-Rechnung.

Zu den Einzelheiten vgl. auch H 6.13 EStH.

Sanierungsbilanzen

Sie sind zu erstellen, wenn ein Unternehmen sich in finanziellen Schwierigkeiten befindet, die sich in einer Unterbilanz oder Überschuldungsbilanz äußern können, und diese Schwierigkeiten überbrücken will, indem es Sanierungsmaßnahmen ergreift, beispielsweise Kapitalherabsetzung, Minderung des Nennbetrages des Eigenkapitals, Zuzahlung der Gesellschafter, Zahlungsaufschub durch die Gläubiger, Teilverzicht der Gläubiger.

Säumniszuschlag

Wird eine Steuer nicht bis zum Ablauf des Fälligkeitstages entrichtet, so ist für jeden angefangenen Monat der Säumnis ein Säumniszuschlag von 1 v. H. des rückständigen auf 50 € nach unten abgerundeten Steuerbetrags zu entrichten (§ 240 AO).

Ein Säumniszuschlag wird bei einer Säumnis bis zu **drei** Tagen nicht erhoben.

> **Fälligkeit**

Schadensersatz

> **Entschädigungen**

Schätzung

> **Richtsätze**

Scheck

Der Scheck ist die unbedingte Anweisung eines Ausstellers an sein Kreditinstitut oder seine Postbank, einem Dritten bei Sicht einen bestimmten Betrag zulasten seines Kontos auszuzahlen. Das Kreditinstitut bzw. Postbank, das Schecks ausgegeben hat, ist Bezogener des Schecks, d. h. es hat den Scheckbetrag zu zahlen, wenn ihm der Scheck vorgelegt wird.

INFO

Voraussetzungen („Gesetzliche Bestandteile“) eines Schecks sind:

1. Bezeichnung „Scheck“ im Text der Urkunde.
2. Unbedingte Anweisung, eine bestimmte Geldsumme zu zahlen.
3. Name des Bezogenen, der zahlen soll.
4. Angabe des Zahlungsortes.
5. Angabe des Tages und Ortes der Ausstellung.
6. Unterschrift des Ausstellers als Verfügungsberechtigten des Kontos.

Scheingeschäft

Scheingeschäfte und Scheinhandlungen sind für die Besteuerung unerheblich. Wird durch ein Scheingeschäft ein anderes Rechtsgeschäft verdeckt, so ist das verdeckte Rechtsgeschäft für die Besteuerung maßgebend (§ 41 Abs. 2 AO).

Schenkungsteuer

> **Erbschaftsteuer**

Schlussbesprechung

> **Außenprüfung**

Schmiergelder

> **Bestechungsgelder** > **Geschenke**

Schmuggel

Gewerbsmäßiger, bandenmäßiger und gewaltsamer Schmuggel wird nach § 373 AO mit Gefängnis nicht unter drei Monaten (bis zu fünf Jahren) bestraft.

Schulden

Zur Bewertung der Schulden nach BewG: > **Betriebsschulden** > **Kapitalforderungen**, auch > **Verbindlichkeiten**.

Schütt-aus-hol-zurück-Politik

Die Schütt-aus-hol-zurück-Politik wurde verfolgt, um die Kapitalkosten zu minimieren. Der z. B. von der Kapitalgesellschaft erzielte Gewinn wurde hierbei an die Aktionäre ausgeschüttet. Nach der Ausschüttung wird der den Aktionären verbleibende Netto-Gewinn in Form eines Darlehens wieder in die Kapitalgesellschaft eingebracht.

Die Schütt-aus-hol-zurück-Politik spielt nach Änderung des Körperschaftsteuersystems (Wegfall des > **Anrechnungsverfahrens**) kaum eine Rolle mehr.

Schutzrechte

> **Immaterielle Wirtschaftsgüter**

Schwebende Geschäfte

Schwebende Geschäfte, die noch von keiner Seite erfüllt sind, werden in der Regel bilanziell nicht erfasst: Leistung und Gegenleistung gleichen sich aus. Stellt sich jedoch heraus, dass infolge geänderter Marktverhältnisse dieser Ausgleich nicht mehr gegeben ist, so sind hieraus auch buch- und bilanzmäßig die Konsequenzen zu ziehen.

Ein drohender Verlust aus schwebenden Geschäften ist nach § 249 Abs. 1 Satz 1 HGB als Rückstellung zu passivieren („Drohverlustrückstellung"). Da der Verlust noch nicht realisiert ist, handelt es sich um eine Verlustantizipation.

Eine **steuerrechtliche** Rückstellung wegen drohender Verluste ist nicht möglich (§ 5 Abs. 4a EStG).

Selbstständige Arbeit

Zu den Einkünften aus selbstständiger Arbeit zählen gemäß § 18 Abs. 1 EStG:

1. Einkünfte aus > **freiberuflicher Tätigkeit** (z. B. Ärzte, Rechtsanwälte, Architekten, StB u. a.);
2. Einkünfte als Einnehmer einer staatlichen Lotterie;
3. Einkünfte aus sonstiger selbstständiger Arbeit (z. B. Testamentsvollstrecker, Vermögensverwalter, Aufsichtsratstätigkeit);
4. Einkünfte, die ein Beteiligter an einer vermögensverwaltenden Gesellschaft oder Gemeinschaft, deren Zweck im Erwerb, Halten und in der Veräußerung von Antei-

len an Kapitalgesellschaften bestehen, als Vergütung für Leistungen zur Förderung des Gesellschafts- oder Gemeinschaftszwecks erzielt, wenn der Anspruch auf die Vergütung unter der Voraussetzung eingeräumt worden ist, dass die Gesellschafter oder Gemeinschafter ihr eingezahltes Kapital vollständig zurückerhalten haben; § 15 Abs. 3 EStG ist nicht anzuwenden.

Einkünfte sind auch dann steuerpflichtig, wenn es sich nur um eine vorübergehende Tätigkeit handelt. Auch Gewinn bei Veräußerung von Vermögen der selbstständigen Tätigkeit zählt zu den Einkünften aus selbstständiger Tätigkeit (§ 18 Abs. 3 EStG).

Die Tätigkeiten müssen stets selbstständig (> **Selbstständigkeit**) und eigenverantwortlich ausgeübt werden, d. h. der Berufsträger muss aufgrund seiner fachlichen Qualifikation leitend tätig sein. Auf die Anzahl seiner Mitarbeiter kommt es nicht an.

Selbstständige Nutzung

> **Geringwertige Wirtschaftsgüter**

Selbstständigkeit

Die Selbstständigkeit ist in persönlicher und sachlicher Hinsicht zu betrachten.

Die Frage der Selbstständigkeit oder Unselbstständigkeit für die GewSt ist nach den Grundsätzen des Umsatzsteuerrechts zu entscheiden.

Persönliche Selbstständigkeit liegt nur vor, wenn die Tätigkeit unter eigener Verantwortung, Zeit- und Arbeitseinteilung sowie auf eigene Rechnung und eigenes Risiko ausgeübt wird (> **Arbeitnehmer**).

Sachliche Selbstständigkeit ist gegeben, wenn das Unternehmen für sich eine wirtschaftliche Einheit bildet und nicht ein unselbstständiger Teil eines Unternehmens ist.

Gemäß § 2 Abs. 1 GewStG bildet jeder einzelne Gewerbebetrieb einen selbstständigen Steuergegenstand.

> **Unternehmer**

Vgl. auch R 15.1 EStR sowie H 15.1 EStH.

Selbstanzeige

Eine Selbstanzeige, liegt vor, wenn jemand unrichtige oder unvollständige Angaben bei der FinBeh berichtigt oder ergänzt oder unterlassene Angaben nachholt (§ 371 Abs. 1 AO). Der Täter bleibt straffrei, wenn er neben der Selbstanzeige etwa verkürzte Steuern nach einer ihm bestimmten angemessenen Frist nachentrichtet (§ 371 Abs. 3 AO).

Straffreiheit tritt nicht ein, wenn:

1. vor Berichtigung, Ergänzung oder Nachholung:
   - ein Amtsträger der FinBeh zur steuerlichen Prüfung oder zur Ermittlung einer Steuerstraftat oder einer Steuerordnungswidrigkeit erschienen ist oder
   - dem Täter oder seinem Vertreter die Einleitung des Straf- oder Bußgeldverfahrens wegen der Tat bekanntgegeben worden ist oder
2. die Tat im Zeitpunkt der Berichtigung, Ergänzung oder Nachholung ganz zum Teil bereits entdeckt war und der Täter dies wusste oder bei verständiger Würdigung der Sachlage damit rechnen musste.

Selbstfinanzierung

Die Finanzierung aus zurückbehaltenen Gewinnen wird meistens als Selbstfinanzierung bezeichnet, wobei offene und stille Selbstfinanzierung zu unterscheiden sind.

Das Zurückbehalten von Gewinnen (Gewinnthesaurierung) bedingt, dass zunächst Gewinne erzielt wurden, die zur Bildung von Rücklagen Verwendung finden können und auf diese Weise die Höhe des Eigenkapitals vergrößern. Die Rücklagen können offen ausgewiesen werden oder stille Reserven darstellen.

Bei der **offenen** Selbstfinanzierung wird der vom Unternehmen erwirtschaftete Gewinn in der Bilanz ausgewiesen und versteuert, jedoch teilweise oder insgesamt nicht an die Gesellschafter ausgeschüttet.

Die **stille** Selbstfinanzierung wird durch die Bildung stiller, nicht aus der Bilanz ersehbarer Reserven erreicht, sofern diese durch Gewinne gedeckt sind. Unter stillen Reserven sollen die Kapitalreserven verstanden werden, die ihre Entstehung einer positiven Wertdifferenz zwischen dem Tagesbeschaffungswert und dem Buchwert verdanken, wobei für nicht aktivierte Güter der Buchwert mit Null angenommen wird.

Senate

> Bundesfinanzhof > Finanzgericht

SEPA

Mit SEPA (= Single Euro Payments Area), dem einheitlichen Euro-Zahlungsverkehrsraum, werden neue, europaweit einheitliche Verfahren für den bargeldlosen Zahlungsverkehr (Überweisungen, Lastschriften) eingeführt. Sie sind für Euro-Zahlungen in den 28 EU-Staaten, Island, Liechtenstein, Norwegen sowie Monaco, der Schweiz und San Marino nutzbar.

SEPA wurde im Februar 2014 eingeführt. Seit diesem Datum müssen Überweisungen und Lastschriften grundsätzlich nach den SEPA-Verfahren durchgeführt werden.

Die IBAN (International Bank Account Number, internationale Bankkontonummer) ist eine Kennzahl, die in Deutschland 22 Stellen hat. Sie ist wie folgt aufgebaut:

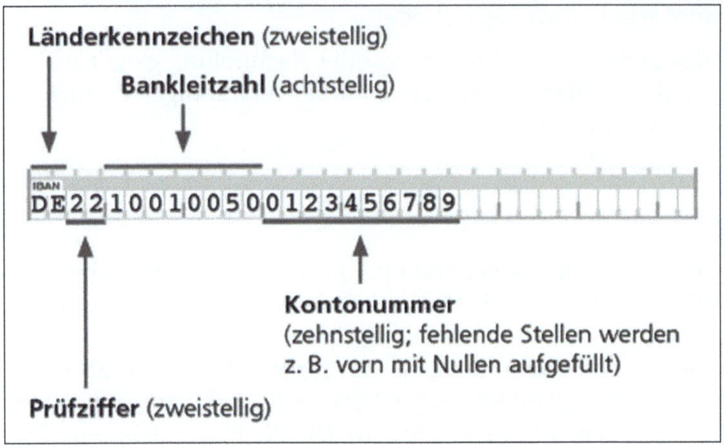

Ausführliche Informationen zu diesem Thema finden Sie im Internet unter https://www.sepadeutschland.de/

Sicherheitsabtretung

Der Sicherheitsabtretung (auch Zession genannt) kommt in Fällen einer Kreditsicherung erhebliche Bedeutung zu.

Der Kreditnehmer tritt als Zedent Forderungen, über die er verfügt, in einem formfreien Abtretungsvertrag an den Kreditgeber als Zessionar ab.

Sicherheitsleistung

Vielfach sollen oder können nach den gesetzlichen Vorschriften bestimmte Entscheidungen der FinBeh (z. B. **> Stundung > Aussetzung der Vollziehung**) von einer Sicherheitsleistung abhängig gemacht werden. Eine Sicherheitsleistung kann auf eine in § 241 AO festgelegte Art (z. B. Hinterlegung von Geld, inländischen Pfandbriefen, Wertpapieren oder Bestellung von Hypotheken, Grundschulden an inländischen Grundstücken) erbracht werden.

Soforthilfe

> Coronahilfen

Solidaritätszuschlag

Nach dem Solidaritätszuschlagsgesetz wird ein Solidaritätszuschlag zur Einkommensteuer und zur Körperschaftsteuer als Ergänzungsabgabe erhoben.

Abgabepflichtig sind:

- natürliche Personen, die nach § 1 EStG einkommensteuerpflichtig sind,
- Körperschaften, Personenvereinigungen und Vermögensmassen, die nach §§ 1, 2 KStG körperschaftsteuerpflichtig sind.

Bemessungsgrundlage ist die festgesetzte Einkommensteuer und Körperschaftsteuer, bzw. auch entsprechende Vorauszahlungen.

Der Solidaritätszuschlag beträgt 5,5 v. H.

Seit 2021 wird kein Solidaritätszuschlag mehr erhoben, wenn die zu zahlende Lohn- oder Einkommensteuer unter 17.543 beziehungsweise 35.086 € (Einzel-/Zusammenveranlagung) liegt. Oberhalb dieser Grenze setzt eine sogenannte Milderungszone ein, in der der Solidaritätszuschlag nicht in voller Höhe erhoben, sondern schrittweise an den vollen Satz in Höhe von 5,5 % herangeführt wird. Auf sehr hohe Einkommen (oberhalb der neuen Milderungszone) ist der Solidaritätszuschlag unverändert mit 5,5 % zu entrichten. Das ist der Fall, wenn das zu versteuernde Einkommen über 96.820 € (Alleinstehende) beziehungsweise 193.641 € (Verheiratete) liegt. Für rund 90 % derer, die den Solidaritätszuschlag bis 2020 auf ihre Lohn- oder Einkommensteuer gezahlt haben, ist dieser seit 2021 vollständig entfallen. Für weitere rund 6,5 % der Steuerzahler fällt der Zuschlag seit 2021 geringer aus. Im Ergebnis wurden damit rund 96,5 % der Steuerzahler ab dem 01.01.2021 finanziell entlastet.

Solleinnahme

> Entgelt > vereinbarte Entgelte

Sollumsatz

Der Sollumsatz umfasst den Gesamtbetrag der vereinbarten Entgelte für die Lieferungen und sonstigen Leistungen, die ein Unternehmer im Inland gegen Entgelt im Rahmen seines Unternehmens ausführt.

Die Steuerbarkeit entfällt nicht, wenn der Umsatz aufgrund gesetzlicher oder behördlicher Anordnung ausgeführt wird oder nach gesetzlicher Vorschrift als ausgeführt gilt.

Sollversteuerung

Das Umsatzsteuergesetz sieht im Regelfall die Besteuerung nach vereinbarten Entgelten (sog. „Sollversteuerung“) vor. Das bedeutet, der Unternehmer muss die Umsatzsteuer für den Voranmeldungszeitraum abführen, in dem die Lieferungen und sonstigen Leistungen erbracht wurden (§ 16 Abs. 1 Satz 1 UStG i. V. m. § 13 Abs. 1 Nr. 1a UStG). Wann das vereinbarte Entgelt vereinnahmt wird, spielt zunächst keine Rolle.

Werden jedoch vor Ausführung des Umsatzes Anzahlungen geleistet, so entsteht hierfür die Steuer bereits mit Vereinnahmung der Anzahlung (§ 13 Abs. 1 Nr. 1a UStG).

> Istumsatz
> Vereinnahmte Entgelte

Sonderabschreibungen

Das Steuerrecht kennt eine Reihe von Sonderabschreibungen, die teils neben, teils an die Stelle der normalen **> Absetzung** treten.

Beispiele

Erhöhte Absetzungen für die Wirtschaftsgüter, die dem Umweltschutz dienen (§ 7d EStG, auslaufend); Sonderabschreibungen zur Förderung kleiner und mittlerer Betriebe (§ 7g EStG). Ferner §§ 7h, i, k EStG.

Allgemeine Regelungen zu Sonderabschreibungen enthält § 7a EStG.

Sonderausgaben

Als Sonderausgaben sind u. a. abzugsfähig:

- **§ 10 Abs. 1 Nr. 2 EStG:**
  - Beiträge zu den gesetzlichen Rentenversicherungen oder landwirtschaftlichen Alterskassen sowie zu berufsständischen Versorgungseinrichtungen, die den gesetzlichen Rentenversicherungen vergleichbare Leistungen erbringen;
  - Beiträge des Steuerpflichtigen zum Aufbau einer eigenen kapitalgedeckten Altersversorgung, wenn der Vertrag nur die Zahlung einer monatlichen auf das Leben des Steuerpflichtigen bezogenen lebenslangen Leibrente nicht vor Vollendung des 60. Lebensjahres oder die ergänzende Absicherung des Eintritts der Berufsunfähigkeit (Berufsunfähigkeitsrente), der verminderten Erwerbsfähigkeit (Erwerbsminderungsrente) oder von Hinterbliebenen (Hinterbliebenenrente) vorsieht; Hinterbliebene in diesem Sinne sind der Ehegatte des Steuerpflichtigen und die Kinder, für die er Kindergeld oder einen Freibetrag nach § 32 Abs. 6 erhält; der Anspruch auf Waisenrente darf längstens für den Zeitraum bestehen, in dem der Rentenberech-

tigte die Voraussetzungen für die Berücksichtigung als Kind i. S. d. § 32 erfüllt; die genannten Ansprüche dürfen nicht vererblich, nicht übertragbar, nicht beleihbar, nicht veräußerbar und nicht kapitalisierbar sein und es darf darüber hinaus kein Anspruch auf Auszahlungen bestehen.

Zu den obigen Beiträgen ist der nach § 3 Nr. 62 steuerfreie Arbeitgeberanteil zur gesetzlichen Rentenversicherung und ein diesem gleichgestellter steuerfreier Zuschuss des Arbeitgebers hinzuzurechnen.

- **§ 10 Abs. 1 Nr. 3 EStG:**
  - Beiträge zu Versicherungen gegen Arbeitslosigkeit, zu Erwerbs- und Berufsunfähigkeitsversicherungen, die nicht unter Nr. 2 Satz 1 Buchstabe b fallen, zu Kranken-, Pflege-, Unfall- und Haftpflichtversicherungen sowie zu Risikoversicherungen, die nur für den Todesfall eine Leistung vorsehen;
  - Beiträge zu Versicherungen i. S. d. § 10 Abs. 1 Nr. 2 Buchstabe b Doppelbuchstabe bb bis dd in der am 31.12.2004 geltenden Fassung, wenn die Laufzeit dieser Versicherungen vor dem 01.01.2005 begonnen hat und ein Versicherungsbeitrag bis zum 31.12.2004 entrichtet wurde; § 10 Abs. 1 Nr. 2 Satz 2 bis 5 und Abs. 2 Satz 2 in der am 31.12.2004 geltenden Fassung ist in diesen Fällen weiter anzuwenden.

  Voraussetzung für den Abzug der in § 10 Abs. 1 Nr. 2 und 3 EStG bezeichneten Beträge (Vorsorgeaufwendungen) ist, dass sie

  1. nicht in unmittelbarem wirtschaftlichen Zusammenhang mit steuerfreien Einnahmmen stehen,
  2. a) an Versicherungsunternehmen, die ihren Sitz oder ihre Geschäftsleitung in einem Mitgliedstaat der Europäischen Gemeinschaft oder einem anderen Vertragsstaat des Europäischen Wirtschaftsraums haben und das Versicherungsgeschäft im Inland betreiben dürfen, und Versicherungsunternehmen, denen die Erlaubnis zum Geschäftsbetrieb im Inland erteilt ist,
     b) an berufsständische Versorgungseinrichtungen oder
     c) an einen Sozialversicherungsträger

  geleistet werden.

  Vorsorgeaufwendungen nach Abs. 1 **Nr. 2 Satz 2** sind **bis zu 20.000 €** zu berücksichtigen. Bei zusammenveranlagten Ehegatten **verdoppelt** sich der **Höchstbetrag**. Der Höchstbetrag nach Satz 1 oder 2 ist bei Steuerpflichtigen, die zum Personenkreis des § 10c Abs. 3 Nr. 1 und 2 gehören oder Einkünfte i. S. d. § 22 Nr. 4 erzielen und die ganz oder teilweise ohne eigene Beitragsleistungen einen Anspruch auf Altersversorgung erwerben, um den Betrag zu kürzen, der, bezogen auf die Einnahmen aus der Tätigkeit, die die Zugehörigkeit zum genannten Personenkreis begründen, dem Gesamtbetrag (Arbeitgeber- und Arbeitnehmeranteil) zur gesetzlichen Rentenversicherung der Arbeiter und Angestellten entspricht. Im Kalenderjahr 2023 sind 96 v. H. der nach den Sätzen 1 bis 3 ermittelten Vorsorgeaufwendungen anzusetzen. Der sich danach ergebende Betrag, vermindert um den nach § 3 Nr. 62 steuerfreien Arbeitgeberanteil zur gesetzlichen Rentenversicherung und einen diesem gleichgestellten steuerfreien Zuschuss des Arbeitgebers, ist als Sonderausgabe abziehbar. Der Vomhundertsatz in Satz 4 erhöht sich in den folgenden Kalenderjahren bis zum Kalenderjahr 2025 um je 2 vom-Hundert-Punkte je Kalenderjahr.

- **Reduzierte Sonderausgabenabzugsmöglichkeit (§ 10 Abs. 4 EStG) für Vorsorgeaufwendungen i. S. d. § 10 Abs. 1 Nr. 3 EStG**

  Vorsorgeaufwendungen i. S. d. Abs. 1 Nr. 3 EStG (s. weiter oben) können je Kalenderjahr bis 2.800 € abgezogen werden. Der Höchstbetrag beträgt 1.900 € bei Steuerpflichtigen, die ganz oder teilweise ohne eigene Aufwendungen einen Anspruch auf vollständige oder teilweise Erstattung oder Übernahme von Krankheitskosten haben oder für deren Krankenversicherung Leistungen i. S. d. § 3 Nr. 62 EStG oder § 3 Nr. 14 EStG erbracht werden. Bei zusammenveranlagten Ehegatten bestimmt sich der gemeinsame Höchstbetrag aus der **Summe der jedem Ehegatten** unter den Voraussetzungen der Sätze 1 und 2 zustehenden Höchstbeträge.

Sonderausgaben-Pauschbetrag

Für Sonderausgaben, die nicht zu den Vorsorgeaufwendungen (> **Sonderausgaben** unter 2.) rechnen und für Aufwendungen gem. § 10b EStG („steuerbegünstigte Zwecke“) wird ein Pauschbetrag von 36 € (72 € bei Zusammenveranlagung), wenn der Stpfl. nicht höhere Aufwendungen nachweist. Der Pauschbetrag gilt somit für die übrigen Sonderausgaben (z. B. Kirchensteuer, Steuerberatungskosten, Aufwendungen zur Berufsausbildung u. a.).

Sonderbetriebsvermögen

Zu den gewerblichen Einkünften eines Mitunternehmers (einer Personengesellschaft) gehören der Anteil am Gesellschaftsgewinn und Sondervergütungen (§ 15 Abs. 1 Satz 1 Nr. 2 EStG).

Ein Mitunternehmeranteil umfasst damit nicht nur den Anteil des Mitunternehmers am Vermögen der Gesellschaft (Gesamthandseigentum), sondern auch Wirtschaftsgüter des einzelnen Gesellschafters, welche durch die Personengesellschaft genutzt werden (Sonderbetriebsvermögen).

Der BFH unterscheidet zwischen Sonderbetriebsvermögen I und II. Sonderbetriebsvermögen I sind Wirtschaftsgüter, die einem Mitunternehmer gehören, die jedoch geeignet und bestimmt sind, dem Betrieb der Personengesellschaft zu dienen. Das trifft vor allem für Wirtschaftsgüter zu, die der Personengesellschaft von einem Gesellschafter zur Nutzung überlassen sind.

Zum Sonderbetriebsvermögen II gehören Wirtschaftsgüter, die unmittelbar zur Begründung oder Stärkung der Beteiligung des Gesellschafters an der Personengesellschaft eingesetzt werden (z. B. Darlehen/Bürgschaften zur Finanzierung des Gesellschaftsanteils).

Zum Sonderbetriebsvermögen gehören sowohl Wirtschaftsgüter des notwendigen als auch gewillkürten Betriebsvermögens. Es gibt aktives und passives Sonderbetriebsvermögen. Schulden eines Mitunternehmers gegenüber Dritten, die in einem unmittelbaren wirtschaftlichen Zusammenhang mit aktiven Wirtschaftsgütern des notwendigen oder gewillkürten aktiven Sonderbetriebsvermögens stehen, z. B. zur Finanzierung ihrer Anschaffungskosten, sind in der Sonderbilanz als Passivposten auszuweisen.

Sonderbilanzen

Sonderbilanzen werden im Gegensatz zu ordentlichen Bilanzen aufgrund von besonderen Anlässen erstellt. Die Sonderbilanzen sollen die wirtschaftlichen Verhältnisse zu bestimmten Vorkommnissen darlegen.

Einige Sonderbilanzen: Auseinandersetzungsbilanz, Fusionsbilanz, Sanierungsbilanz, Umwandlungsbilanz, Übernahmebilanz.

In Sonderbilanzen wird auch das > **Sonderbetriebsvermögen** bei Personengesellschaften erfasst.

Sonderfreibeträge

> **Freibeträge**

Sonderkosten

> **Herstellungskosten**

Sonntagsarbeit

Zuschläge, die für tatsächlich geleistete Sonntags-, Feiertags- oder Nachtarbeit neben dem Grundlohn gezahlt werden, sind nach § 3b Abs. 1 EStG steuerfrei, soweit sie:

- für Nachtarbeit 25 v. H.
- für Sonntagsarbeit 50 v. H.
- für Arbeit am 31.12. ab 14 Uhr und an den gesetzlichen Feiertagen 125 v. H.
- für Arbeit am 24.12. ab 14 Uhr, am 25. und 26.12. sowie am 1.5. 150 v. H.

des Grundlohns nicht übersteigen.

Sonstige bebaute Grundstücke

Sonstige bebaute Grundstücke (§ 75 Abs. 7 BewG) sind solche Grundstücke, die nicht unter > **Mietwohngrundstücke**, > **Geschäftsgrundstücke**, > **gemischtgenutzte Grundstücke**, > **Einfamilienhäuser** oder > **Zweifamilienhäuser** fallen. (siehe auch § 181 Abs. 8 BewG).

Sonstige Bezüge

Zu den sonstigen Bezügen rechnet man u. a. Gratifikationen, Urlaubsgelder, Jubiläumsgeschenke, Abfindungen an ausscheidende Arbeitnehmer. Sie gehören nicht zum regelmäßigen Arbeitslohn. Gemäß § 39b Abs. 3 EStG wird die LSt nach der Jahreslohnsteuer errechnet. Bemessungsgrundlage ist dabei der Differenzbetrag zwischen steuerpflichtigem Jahresarbeitslohn zuzüglich sonstigem Bezug und dem steuerpflichtigen Entgelt ohne sonstigen Bezug.

Sonstige Einkünfte

Nach § 22 EStG gehören u. a. zu den sonstigen Einkünften:

- > **Leibrenten**; > **Zeitrenten** und sonstige wiederkehrende Bezüge, (§ 22 Nr. 1 EStG);
- > **Spekulationsgeschäfte** (§ 22 Nr. 2 EStG) und Leistungen, soweit sie nicht zu den anderen sechs Einkunftsarten gehören (z. B. gelegentliche Vermittlung, Vermietung von Gegenständen, § 22 Nr. 3 EStG);
- bestimmte Abgeordnetenbezüge (§ 22 Nr. 4 EStG): Bundestagsabgeordnete, Landtagsabgeordnete, Europaparlaments-Abgeordnete.

Sonstige Leistungen

- Sonstige Leistungen (§ 3 Abs. 9 UStG) sind Leistungen, die keine > **Lieferungen** sind. Sie können auch in einem Unterlassen oder im Dulden einer Handlung oder eines Zustandes bestehen. Eine sonstige Leistung wird an dem Ort ausgeführt, von dem aus der Unternehmer sein Unternehmen betreibt (§ 3a Abs. 1 UStG).
- Wird die sonstige Leistung von einer Betriebsstätte ausgeführt, so gilt die Betriebsstätte als Ort der sonstigen Leistungen. Über Abweichungen von diesen Grundsätzen über den Ort der sonstigen Leistung siehe § 3a Abs. 2 - 4 UStG.

  Zum Ort der Beförderungsleistungen und der damit zusammenhängenden sonstigen Leistungen, siehe § 3b, der durch das > **Umsatzsteuer-Binnenmarktgesetz** eingefügt wurde.

  Einer sonstigen Leistung gegen Entgelt werden nach § 3 Abs. 9a UStG gleichgestellt

  1. die Verwendung eines dem Unternehmen zugeordneten Gegenstandes, der zum vollen oder teilweisen Vorsteuerabzug berechtigt hat, durch einen Unternehmer

für Zwecke, die außerhalb des Unternehmens liegen, oder für den privaten Bedarf seines Personals, sofern keine Aufmerksamkeiten vorliegen;

2. die unentgeltliche Erbringung einer anderen sonstigen Leistung durch den Unternehmer für Zwecke, die außerhalb des Unternehmens liegen, oder für den privaten Bedarf seines Personals, sofern keine Aufmerksamkeiten vorliegen.

Sozialkosten

Sozialkosten ist der Teil der Aufwendungen des Unternehmens für die Arbeitnehmer, der über die Löhne und Gehälter hinausgeht.

Man unterscheidet:

- Gesetzliche Sozialkosten, deren Grundlage entsprechende Verordnungen und Gesetze sind, nach denen das Unternehmen u. a. zu folgenden Leistungen verpflichtet ist: Arbeitgeberanteil zur Rentenversicherung, Arbeitgeberanteil zur Krankenversicherung, Arbeitgeberanteil zur Pflegeversicherung, Arbeitgeberanteil zur Arbeitslosenversicherung, Gesetzliche Unfallversicherung.
- Freiwillige Sozialleistungen, deren Grundlage entsprechende Betriebsvereinbarungen oder Absprachen in einzelnen Arbeitsverträgen zwischen dem Arbeitgeber und der Belegschaft oder einzelnen Belegschaftsmitgliedern sind.

Sparer-Freibetrag

> **Kapitalvermögen**

Spekulationsgeschäfte

Gemäß § 23 EStG sind Spekulationsgeschäfte Veräußerungsgeschäfte im „privaten Bereich“, (daher auch: **private Veräußerungsgeschäfte**), bei denen der Zeitpunkt zwischen Anschaffung und Veräußerung für Grundstücke nicht mehr als **zehn** Jahre und für andere Wirtschaftsgüter (z. B. Wertpapiere) nicht mehr als **ein** Jahr beträgt. Gewinne aus Spekulationsgeschäften werden als > **sonstige Einkünfte** nach § 22 Nr. 2 EStG besteuert.

Spekulationsgewinne bis zu 600 € im Kalenderjahr sind steuerfrei.

Verluste aus Spekulationsgeschäften dürfen nur bis zur Höhe des Spekulationsgewinns, den der Stpfl. im gleichen Kalenderjahr erzielt hat, ausgeglichen werden. Spekulationsverluste dürfen nicht nach § 10d EStG abgezogen werden.

Auch Verluste können mit Spekulationsgewinnen des vorangegangenen VZ oder späterer Jahre, aber nicht mit positiven Einkünften aus anderen Einkunftsarten, verrechnet werden (§ 23 Abs. 3 Satz 9 EStG).

Spekulationsgewinne

> **Spekulationsgeschäfte**

Spenden

> **Parteispende**
> **Sonderausgaben**
> **Zuwendungsbestätigung**

Splitting-Tabelle

Die Splitting-Tabelle ist bei der Einkommensteuerzusammenveranlagung von Ehegatten (> **Splittingverfahren**) anzuwenden, ferner auch in folgenden Fällen (§ 32a Abs. 6 EStG; s. H 32a EStH):

1. bei einem verwitweten Stpfl. für den Veranlagungszeitraum, der dem Kalenderjahr folgt, in dem der Ehegatte verstorben ist, wenn der Stpfl. und sein verstorbener Ehegatte im Zeitpunkt seines Todes zwischen getrennter Veranlagung und Zusammenveranlagung wählen konnten (sog. Gnadensplitting);
2. bei einem Stpfl., dessen Ehe in dem Kalenderjahr, in dem er sein Einkommen bezogen hat, durch Tod, Scheidung oder Aufhebung aufgelöst worden ist unter bestimmten Voraussetzungen.

Splittingverfahren

Nach § 26 Abs. 1 EStG können Ehegatten unter bestimmten Voraussetzungen zwischen der > **Zusammenveranlagung** und der > **Einzelveranlagung** wählen.

Bei Zusammenveranlagung wird die ESt im sog. Splittingverfahren ermittelt. Beim Splittingverfahren werden die Einkünfte beider Ehegatten zusammengerechnet. Das Einkommen wird halbiert („gesplittet"), § 32a Abs. 5 EStG.

Für den halben Betrag wird die ESt nach der Grundtabelle abgelesen. Der sich ergebende Einkommensteuerbetrag wird dann wieder verdoppelt.

Das Splittingverfahren führt zu einer Steuerentlastung von Verheirateten, die, was die Regel ist, zusammenveranlagt werden.

Sprungklage

Auf das außergerichtliche > **Rechtsverfahren** – das sog. Vorverfahren – kann verzichtet werden. Die Anfechtungsklage gegen einen Verwaltungsakt der in § 347 AO bezeichneten Art ist ohne Vorverfahren zulässig, wenn die Behörde, die über den außergerichtlichen Rechtsbehelf zu entscheiden hat, innerhalb eines Monats nach Zustellung der Klageschrift dem Gericht gegenüber zustimmt (§ 45 Abs. 1 FGO). Es wird also das Vorverfahren übersprungen, daher Sprungklage.

Steuerabzugsverfahren

1. Bei den Einkünften aus nichtselbstständiger Arbeit (§ 19 EStG) wird die Einkommensteuer in Form der „Lohnsteuer" vom Bruttoarbeitslohn einbehalten.
2. Auch bei bestimmten Kapitalerträgen (Dividenden, Gewinne aus typisch stiller Beteiligung, bestimmte Zinserträge) muss der Schuldner der Kapitalerträge die ESt für den Gläubiger der Kapitalerträge einbehalten. (> **Abgeltungssteuer**)

Steuerbare Umsätze

1. Steuergegenstand der USt sind die steuerbaren Umsätze nach § 1 Abs. 1 UStG. Die steuerbaren Umsätze sind:
   a) die > **Lieferungen** und > **sonstigen Leistungen**, die ein > **Unternehmen** im > **Inland** gegen > **Entgelt** im Rahmen seines > **Unternehmens** ausführt;
   b) die > **Einfuhr** von Gegenständen aus dem Drittlandsgebiet in das Zollgebiet (Einfuhrumsatzsteuer).
   c) der innergemeinschaftliche Erwerb im Inland gegen Entgelt („Erwerbsteuer").
2. Die Umsätze lassen sich im Allgemeinen wie folgt einteilen:
   a) nichtsteuerbare Umsätze,
   b) steuerbare Umsätze, weiter:
      - steuerfreie Umsätze (> **Umsatzsteuerbefreiungen**)
      - steuerpflichtige Umsätze.

Steuerbegünstigte Zwecke

Steuerbegünstigte Zwecke (§ 51 AO) sind:

- gemeinnützige Zwecke (§ 52 AO)
- mildtätige Zwecke (§ 53 AO)
- kirchliche Zwecke (§ 54 AO).

Bei gemeinnützigen Zwecken muss die Tätigkeit der Körperschaft darauf gerichtet sein, die Allgemeinheit auf materiellem, geistigem oder sittlichem Gebiet selbstlos zu fördern. Die Allgemeinheit wird nicht gefördert, wenn der Kreis der Personen fest abgeschlossen ist, z. B. Belegschaft eines Unternehmens.

Mildtätige Zwecke verfolgt eine Körperschaft, wenn ihre Tätigkeit darauf gerichtet ist, Personen selbstlos zu unterstützen, die infolge ihres körperlichen, geistigen oder seelischen Zustands der Hilfe anderer bedürfen und deren Bezüge gering sind.

Kirchliche Zwecke verfolgt eine Körperschaft, wenn ihre Tätigkeit darauf gerichtet ist, eine Religionsgemeinschaft, die Körperschaft des öffentlichen Rechts ist, selbstlos zu fördern.

Der Gesetzgeber hat einzelne, steuerliche Betätigungen bestimmt, durch die die steuerlich begünstigte Zweckbestimmung nicht ausgeschlossen wird (§ 58 AO).

Voraussetzung einer Steuervergünstigung wegen eines steuerbegünstigten Zweckes ist in allen Fällen, dass Selbstlosigkeit (§ 55 AO), Ausschließlichkeit (§ 56 AO) und Unmittelbarkeit (§ 57 AO) gegeben ist.

Sportliche Veranstaltungen eines Sportvereins sind ein > **Zweckbetrieb**, wenn die Einnahmen einschließlich Umsatzsteuer insgesamt 45.000 € im Jahr nicht übersteigen (§ 67a Abs. 1 AO). Der Verkauf von Speisen und Getränken sowie die Werbung gehören nicht zu den sportlichen > **Veranstaltungen** (§ 67a Abs. 1 AO). Der Sportverein kann auf die Anwendung dieser Vorschrift verzichten bis zur Unanfechtbarkeit des Körperschaftsteuerbescheids. Bindungsdauer fünf Veranlagungszeiträume (§ 67a Abs. 2 AO).

Weitere Einzelheiten s. § 67a Abs. 3 AO.

Steuerberater

> **Steuerberatungsgesetz**

Steuerberatungsgesellschaften

> **Steuerberatungsgesetz**

Steuerberatungsgesetz

1. StB und StBv leisten geschäftsmäßige Hilfe in Steuersachen nach den Vorschriften des Steuerberatungsgesetzes (StBerG).

   Die Ausübung der Steuerberatung ist kein Handelsgewerbe. Steuerberatungsgesellschaften (§ 49 StBerG: AG, KGaA, GmbH) können anerkannt werden; hierzu ist u. a. erforderlich, dass die Gesellschaft von StB verantwortlich geführt wird.

2. StB und StBv haben die Aufgabe, im Rahmen ihres Auftrags ihre Auftraggeber (Mandanten) in Steuersachen zu beraten, sie zu vertreten und ihnen bei der Bearbeitung ihrer Steuerangelegenheiten und bei der Erfüllung ihrer steuerlichen Pflichten Hilfe zu leisten (§ 32 StBerG).

3. Voraussetzung für die Berufsausübung:
   - StB-Prüfung (§ 35 Abs. 1 StBerG);
   - Vorbildungsvoraussetzung für die Prüfung (§ 36 StBerG);
   - weitere Voraussetzungen (§§ 37 - 48 StBerG).
4. Das StBerG enthält ferner eine gesetzliche Regelung der Lohnsteuerhilfevereine (§§ 13 - 31 StBerG).

Steuerberatungskosten

Steuerberatungskosten sind bei den Einkünften aus Land- und Forstwirtschaft, Gewerbebetrieb und selbstständiger Arbeit Betriebsausgaben, bei Einkünften aus Vermietung und Verpachtung, aus nicht selbstständiger Arbeit, aus Kapitalvermögen sowie aus sonstigen Einkünften Werbungskosten.

Steuerberechtigter, GewSt

Die Berechtigung zur Erhebung der GewSt steht nach § 1 GewStG den Gemeinden zu.

Steuerbescheid

Nach Abschluss des Steuerermittlungsverfahrens setzt das FA durch Steuerbescheid die Steuer fest (§ 155 Abs. 1 AO). Für die Steuern vom Einkommen, vom Ertrag, vom Vermögen und vom Umsatz wird der Steuerbescheid schriftlich erteilt (sog. förmlicher Steuerbescheid, § 157 Abs. 1 AO).

Schriftliche Steuerbescheide müssen:

- die festgesetzte Steuer nach Art und Betrag bezeichnen und angeben,
- wer die Steuer schuldet.

Ihnen ist außerdem eine Belehrung darüber beizufügen, welcher Rechtsbehelf zulässig ist und binnen welcher Frist und bei welcher Behörde er einzulegen ist.

Die Festlegung der Besteuerungsgrundlagen bilden einen mit Rechtsbehelfen nicht selbstständig anfechtbaren Teil des Steuerbescheides, soweit die Besteuerungsgrundlagen nicht gesondert festgestellt werden.

> **Rechtsbehelfsverfahren**

Steuerbevollmächtigter

> **Steuerberatungsgesetz**

Steuerbilanz

Die Steuerbilanz ist eine aus den handelsrechtlichen Bestimmungen abgeleitete Bilanz, die nach steuerrechtlichen Vorschriften aufgestellt wird.

> **Ertragsteuerbilanz** > **Handelsbilanz**

Steuererklärungen

Die Steuergesetze bestimmen, wer zur Abgabe einer Steuererklärung verpflichtet ist und wann die Steuererklärung abzugeben ist (§ 149 AO). Steuererklärungen beziehen sich in der Regel auf ein Kalenderjahr (z. B. Einkommensteuererklärung).

Steuererklärungen sind auf amtlich vorgeschriebenem Vordruck abzugeben (§ 150 AO, beachte jedoch Verpflichtung zur elektronischen Übermittlung z. B. nach § 25 Abs. 4 EStG oder § 18 Abs. 3 UStG).

Die Angaben in den Steuererklärungen sind wahrheitsgemäß nach bestem Wissen und Gewissen zu machen (§ 150 Abs. 2 AO).

Steuererlass

> **Erlass**

Steuerfestsetzung

> **Veranlagung**

Steuerflucht

> **Außensteuergesetz**

Steuerfreie Einnahmen (EStG)

> **Lohnsteuerbefreiung**

Steuergefährdung

1. Ordnungswidrig handelt, wer vorsätzlich (> **Vorsatz**) oder leichtfertig (> **Steuerverkürzung**);
   a) Belege ausstellt, die in tatsächlicher Hinsicht unrichtig sind oder
   b) nach Gesetz buchungs- oder aufzeichnungspflichtige Geschäftsvorfälle oder Betriebsvorgänge nicht oder in tatsächlicher Hinsicht unrichtig verbucht oder verbuchen lässt, und dadurch ermöglicht, Steuern zu verkürzen oder nicht gerechtfertigte Steuervorteile zu erlangen.
2. Die Ordnungswidrigkeit kann mit einer Geldbuße bis zu 5.000 € geahndet werden (§ 379 Abs. 4 AO).

Steuergeheimnis

Das Steuergeheimnis (§ 30 AO) verbietet den Amtsträgern (Beamte, Angestellte) oder amtlich zugezogenen Sachverständigen, Verhältnisse eines Stpfl., die ihnen im Besteuerungsverfahren, im Strafverfahren oder Bußgeldverfahren u. a. bekanntgeworden sind, unbefugt zu offenbaren. Offenbaren ist jedes Hinaustragen von geschützten Tatsachen und Verhältnissen des Stpfl. aus dem unmittelbaren Amtsbereich. Die Offenbarung einschlägiger Kenntnisse ist insoweit zulässig, als sie durch Gesetz ausdrücklich zugelassen ist (§ 30 Abs. 4 Nr. 2 AO).

Wer das Steuergeheimnis verletzt, wird mit Freiheitsstrafen bis zu zwei Jahren oder mit Geldstrafe bestraft (§ 355 StGB). Die Verletzung des Steuergeheimnisses ist also keine Steuerstraftat i. S. d. § 369 AO.

Bezüglich des Schutzes von Bankkunden s. § 30a AO.

Steuergesetze

Steuergesetze sind insbesondere:

a) die > **Abgabenordnung** (AO),
b) die > **Finanzgerichtsordnung** (FGO),
c) das > **Finanzverwaltungsgesetz** (FVG),
d) das > **Bewertungsgesetz** (BewG),
e) die Einzelsteuergesetze wie z. B. das EStG, das UStG, das GewStG u. a.

Steuerhehlerei

Siehe §§ 374, 375 AO.

Steuerhinterziehung

Die Steuerhinterziehung (§ 370 AO) ist der zentrale Straftatbestand des Steuerstrafrechts; sie ist eine der wichtigsten Steuerstraftaten.

Eine Steuerhinterziehung begeht, wer:

- den FinBeh oder anderen Behörden über steuerlich erhebliche Tatsachen unrichtige oder unvollständige Angaben macht
- die FinBeh pflichtwidrig über steuerlich erhebliche Tatsachen in Unkenntnis lässt oder
- pflichtwidrig die Verwendung von Steuerzeichen oder Steuerstemplern unterlässt

und dadurch Steuern verkürzt oder für sich oder einen anderen nicht gerechtfertigten Steuervorteile erlangt.

Auch der Versuch einer Steuerhinterziehung ist strafbar (§ 370 Abs. 2 AO).

Eine Steuerhinterziehung wird mit Freiheitsstrafe bis zu 5 Jahren oder mit Geldstrafe bestraft (§ 370 Abs. 1 AO).

In besonders schweren Fällen ist die Strafe Freiheitsstrafe von sechs Monaten bis zu zehn Jahren (§ 370 Abs. 3 AO).

Steuermessbetrag, GewSt

1. Steuermessbetrag

a) Bei der Berechnung der GewSt nach dem > **Gewerbeertrag** geht man von einem Steuermessbetrag aus. Dieser ergibt sich gem. § 11 Abs. 1 GewStG durch Anwendung der Steuermesszahl auf den auf volle 100 € nach unten abgerundeten Gewerbeertrag. Der Gewerbeertrag ist bei natürlichen Personen und bei Personengesellschaften um einen Freibetrag in Höhe von 24.500 €, höchstens jedoch in Höhe des abgerundeten Gewerbeertrages zu kürzen.

b) Die Steuermesszahl beträgt 3,5 v. H.

Ermäßigungen siehe § 11 Abs. 3 GewStG.

2. Steuermessbescheid

Der Steuermessbetrag wird durch Steuermessbescheid festgesetzt (§ 184 AO).

Steuern

1. Begriff

Steuern sind Geldleistungen, die nicht eine Gegenleistung für eine besondere Leistung darstellen und von einem öffentlich-rechtlichen Gemeinwesen zur Erzielung von Einnahmen allen auferlegt werden (> **Gleichmäßigkeit der Besteuerung**), bei denen der Tatbestand zutrifft, an den das Gesetz die Leistungspflicht knüpft (§ 3 Abs. 1 AO). Zölle und Abschöpfungen fallen hierunter, nicht aber Gebühren für besondere Inanspruchnahme der Verwaltung, z. B. Gerichtsgebühren.

2. Einteilung

Die Steuern können nach den verschiedensten Gesichtspunkten eingeteilt werden:

a) Einteilung nach der > **Ertragshoheit** (> **Bundessteuern**, > **Landessteuern**, > **Gemeinschaftsteuern**, > **Gemeindesteuern**, > **KiSt**).

b) Einteilung nach dem Steuergegenstand: > **Besitzsteuern** und > **Verkehrsteuern**. Hierzu gehören die > **Personensteuern** und die > **Sachsteuern**.

c) Einteilung nach dem Steuerschuldner: > **direkte Steuern** und > **indirekte Steuern**.

Steuernachforderungen

Steuernachforderungen unter bestimmten Voraussetzungen sind innerhalb der > **Festsetzungsfrist** möglich.

Steuerordnungswidrigkeiten

1. Steuerordnungswidrigkeiten (§ 377 Abs. 1 AO) sind Zuwiderhandlungen gegen Steuergesetze, die mit Geldbuße geahndet werden können. Für Steuerordnungswidrigkeiten gelten die Vorschriften des Ersten Teils des Gesetzes über Ordnungswidrigkeiten, soweit die Bußgeldvorschriften der Steuergesetze nichts anderes bestimmen (§ 377 Abs. 2 AO).
2. Ordnungswidrig handelt, wer als Stpfl. oder bei Wahrnehmung der Angelegenheiten eines Stpfl. leichtfertig bewirkt, dass Steuereinnahmen verkürzt oder Steuervorteile zu Unrecht gewährt oder belassen werden (§ 378 Abs. 1 AO = sog. leichtfertige Steuerverkürzung).
3. Die Ordnungswidrigkeit kann mit einer Geldbuße bis zu 50.000 € geahndet werden (§ 378 Abs. 2 AO).
4. > **Selbstanzeige**

Steuerpflichtige Umsätze

> **Steuerbare Umsätze**

Steuerpflichtiger

Steuerpflichtiger (Stpfl.) ist, wer eine Steuer schuldet, für eine Steuer haftet, eine Steuer für Rechnung eines Dritten einzubehalten und abzuführen hat, wer eine Steuererklärung abzugeben, Sicherheit zu leisten, Bücher und Aufzeichnungen zu führen oder andere ihm durch die Steuergesetze auferlegte Verpflichtungen zu erfüllen hat (§ 33 Abs. 1 AO).

Steuerprozess

Der Steuerprozess beginnt mit der Erhebung der Klage beim zuständigen Gericht (§ 64 FGO). Die Klage ist bei dem Gericht schriftlich zu erheben. Bei dem Finanzgericht kann sie auch zur Niederschrift des Urkundsbeamten der Geschäftstelle erhoben werden. Damit wird die Streitsache rechtshängig (§ 66 Abs. 1 FGO).

Steuerschuld

Die Ansprüche aus dem > **Steuerschuldverhältnis** entstehen, sobald der Tatbestand verwirklicht ist, an den das Gesetz die Leistungspflicht knüpft (§ 38 AO).

Auf die Entstehung der Steuerschuld ist es ohne Einfluss, ob und wann die Steuer festgesetzt wird und wann die Steuer zu entrichten ist.

> **Fälligkeit**

Steuerschuldner

Die Steuergesetze bestimmen, wer Steuerschuldner ist (§ 43 AO). Sie bestimmen auch, ob ein Dritter die Steuer für Rechnung des Steuerschuldners zu entrichten hat. Die Frage, wer im Einzelfalle Steuerschuldner ist, lässt sich nur im Zusammenhang mit den einzelnen Steuergesetzen beantworten.

In der Regel ist Steuerschuldner derjenige, der die Steuer zu entrichten, der für sie mit seinem Vermögen einzustehen hat und an den die Verwaltungsbehörde sich im Beitreibungsverfahren halten kann. Bei den durch Steuerabzug zu entrichtenden Steuern ist Steuerschuldner derjenige, für dessen Rechnung der Steuerabzug erfolgt.

Steuerschuldverhältnis

Ansprüche aus dem Steuerschuldverhältnis (§ 37 AO) sind:

- der Steueranspruch,
- der Steuervergütungsanspruch,
- der Haftungsanspruch,
- der Anspruch auf eine steuerliche Nebenleistung,
- der Erstattungsanspruch nach einzelnen Steuergesetzen.

Steuerstrafrecht

Das Steuerstraftrecht der AO gliedert sich in:

1. Strafvorschriften (§§ 369 - 376 AO) mit Verfahrensvorschriften über das Strafverfahren (§§ 385 - 408 AO)
2. Bußgeldvorschriften (§§ 377 - 384 AO) mit Verfahrensvorschriften über das Bußgeldverfahren (§§ 409 - 412 AO).

> **Steuerstrafverfahren**

Steuerstraftaten

Steuerstraftaten (Zollstraftaten) sind nach § 369 AO:

- Taten, die nach den Steuergesetzen (z. B. Steuerhinterziehung) strafbar sind,
- der Bannbruch,
- die Wertzeichenfälschung und deren Vorbereitung, soweit die Tat Steuerzeichen betrifft,
- die Begünstigung einer Person, die eine der oben genannten Taten begangen hat.

Für Steuervorschriften gelten die allgemeinen Gesetze über das Strafrecht, soweit die Strafvorschriften der Steuergesetze nichts anderes bestimmen.

Steuerstrafverfahren

Für das Steuerstrafverfahren (Strafverfahren wegen Steuerstraftaten) gelten die allgemeinen Gesetze über das Strafverfahren (z. B. Strafprozessordnung, Gerichtsverfassungsgesetz), soweit die Vorschriften der AO nichts anderes bestimmen (§ 385 AO). Das Strafverfahren ist eingeleitet, sobald die FinBeh, die Polizei, die Staatsanwaltschaft u. a. eine Maßnahme trifft, die erkennbar darauf abzielt, gegen jemanden wegen einer > **Steuerstraftat** rechtlich vorzugehen (§ 397 Abs. 1 AO).

Steuerträger

> Indirekte Steuern

Steuerverkürzung

Ordnungswidrig handelt, wer als Stpfl. oder bei Wahrnehmung der Angelegenheiten eines Stpfl. leichtfertig eine Tat i. S. d. § 370 Abs. 1 AO begeht [**> Steuerhinterziehung**] (= leichtfertige Steuerverkürzung). Leichtfertig bedeutet soviel wie grob fahrlässig; kennzeichnend für die Fahrlässigkeit ist die mangelnde Sorgfaltspflicht des Täters (**> Vorsatz**).

Steuerverwaltungsakt

> Verwaltungsakt

Steuerzeichenfälschung

> Steuerstraftaten

Steuerzerlegung

Soweit eine Steuerzerlegung (Zerlegung von Steuerbeträgen oder Steuermessbeträgen) vorgeschrieben ist, gelten für das Zerlegungsverfahren die §§ 185 - 190 AO.

Siehe auch §§ 28 - 34 GewStG.

Stille Gesellschaft

Die stille Gesellschaft (§§ 230 - 237 HGB, ergänzend §§ 705 - 740 BGB) ist die vertragliche Vereinigung zwischen einem Geschäftsinhaber und einem Kapitalgeber, dessen Einlage in das Vermögen des Geschäftsinhabers übergeht.

Strafbefreiende Selbstanzeige

> Bußgeldbefreiende Selbstanzeige

Strafrecht

Das allgemeine Strafrecht (Strafgesetzbuch) wird auf **> Steuerstraftaten** angewandt, soweit die Strafvorschriften der Steuergesetze nichts anderes bestimmen.

Streitwert

> **Kosten des Rechtsbehelfsverfahrens**

Streitwertrevision

> **Revision**

Strompreisbremse

Eine Strompreisbremse soll Bürgerinnen und Bürger spürbar entlasten – und ebenso kleine und mittelständische Unternehmen mit Versorgertarif. Sie sollen eine Basisversorgung zu günstigeren Preisen nutzen können. Damit die Motivation zum Energiesparen bleibt, soll ab einem gewissen Verbrauch der Marktpreis greifen.

Die Strompreisbremse soll dazu beitragen, dass die Stromkosten insgesamt sinken. Zudem soll der Anstieg der Netzentgelte im deutschen Stromnetz gedämpft werden. Die Netzentgelte sind Bestandteil der Stromkosten und werden somit von den Stromkundinnen und -kunden getragen. Um die Strompreisbremse zu finanzieren, sollen Zufallsgewinne von Stromproduzenten zumindest teilweise abgeschöpft werden.

Stundung

1. Die FinBeh können Ansprüche aus dem Steuerschuldverhältnis ganz oder teilweise stunden, wenn die Einziehung bei Fälligkeit eine erhebliche Härte für den Schuldner bedeuten würde und der Anspruch durch die Stundung (§ 222 AO) nicht gefährdet erscheint. Die Stundung soll in der Regel nur auf Antrag und gegen Sicherheitsleistung gewährt werden.
2. Für die Dauer einer gewährten Stundung von Ansprüchen aus dem Steuerschuldverhältnis werden Zinsen erhoben (§ 234 AO). Die Zinsen betragen für jeden Monat 0,5 v. H., also 6 v. H. p. a. (Abrundung des zu verzinsenden Betrags auf volle 50 €, Verzinsung für volle Monate, § 238 AO).
3. Bei Ablehnung > **Beschwerde**

Stundungszinsen

> **Stundung**

Stuttgarter Verfahren

Anteile an Kapitalgesellschaften (AG, GmbH u. a.), die nicht amtlich gehandelt werden oder in den geregelten Freiverkehr einbezogen sind, sind mit dem > **gemeinen Wert** anzusetzen. Lässt sich der gemeine Wert nicht aus Verkäufen ableiten, so ist er unter Berücksichtigung des Vermögens und der Ertragsaussichten der Kapitalgesellschaft zu schätzen. Eine Schätzungsmethode, die zum Zuge kommt, wenn der gemeine Wert sich nicht aus Verkäufen ableiten lässt, ist die nach dem Stuttgarter Verfahren. Das Verfahren geht davon aus, dass bei der Bemessung des Kaufpreises ein Käufer im Allgemeinen neben dem Vermögenswert auch die Ertragsaussichten berücksichtigen wird. Das Verfahren berücksichtigt daher sowohl den Vermögenswert als auch den Ertragswert des Unternehmens nach einer festen Formel.

Subjektsteuern

> **Personensteuern**

Substanzverringerung

Bei Bergbauunternehmen, Steinbrüchen, Kiesgruben u. a. können Absetzungen für Substanzverringerungen infrage kommen (§ 7 Abs. 6 EStG).

Summenbilanz

> **Hauptabschlussübersicht**

T

Target-Costing

> **Zielkostenrechnung**

Tätige Reue

> **Selbstanzeige**

Tarifbegrenzung

> **Entlastungsbetrag**

Tatsache

> **Neue Tatsachen oder Beweismittel**

Tausch/tauschähnlicher Umsatz

1. Ein Tausch liegt vor, wenn das Entgelt für eine Lieferung in einer Lieferung besteht.

   Ein tauschähnlicher Umsatz liegt also vor, wenn das Entgelt für eine sonstige Leistung in einer Lieferung oder sonstigen Leistung besteht (§ 3 Abs. 12 UStG).
2. Der Wert jedes Umsatzes gilt als Entgelt für den anderen Umsatz (§ 10 Abs. 2 UStG). Die USt gehört nicht zum Entgelt.

Teilbetriebsveräußerung

> Geschäftsveräußerung

Teileinkünfteverfahren

> Halbeinkünfteverfahren

Teilwert

1. Einkommensteuer

Teilwert (§ 6 Abs. 1 EStG) ist der Betrag, den ein Erwerber des ganzen Betriebs im Rahmen des Gesamtkaufpreises für das einzelne Wirtschaftsgut ansetzen würde. Dabei ist davon auszugehen, dass der Erwerber den Betrieb fortführt.

2. Bewertungsgesetz

Der Teilwertbegriff im BewG (§ 10) ist der gleiche. Die Wirtschaftsgüter des **> Betriebsvermögens**, Grundbesitz ausgenommen, wurden nach früherer Rechtslage mit dem Teilwert bewertet (§ 109 BewG).

Termin

> Frist

Transitorische Posten

> Rechnungsabgrenzungsposten

Tratte

Eine Tratte ist ein ausgestellter, noch nicht akzeptierter Wechsel.

Treu und Glauben

Der Grundsatz von Treu und Glauben besagt, dass im Rechtsverkehr, so auch im Steuerrecht, jeder auf die berechtigten Belange des anderen Teils angemessen Rücksicht nimmt und sich nicht mit seinem eigenen früheren Verhalten, auf das der andere vertraut hat, in Widerspruch setzt.

Trinkgelder

> **Lohnsteuerbefreiungen**

Trust

Der Trust ist eine aus den USA übernommene Form des Unternehmenszusammenschlusses, bei dem eine den Unternehmungen gemeinsame Leistung – häufig eine Holdinggesellschaft – die wirtschaftliche und finanzielle Führung übernimmt.

Die einzelnen Unternehmen verlieren im Regelfall ihre wirtschaftliche und rechtliche Selbstständigkeit.

Typisierende Betrachtungsweise

Die typisierende (typische) Betrachtungsweise besagt, dass es dem Grundsatz der > **Gleichmäßigkeit der Besteuerung** entspricht, bestimmte Vereinbarungen eines Einzelfalls unberücksichtigt zu lassen, wenn diese mit den unter gleichen Verhältnissen sonst üblichen nicht in Einklang stehen.

U

Überbestände

> **Land- und forstwirtschaftliches Vermögen**

Überbrückungshilfe

> **Coronahilfen**

Übermaßverbot

> **Ermessen**

Übernachtungskosten

Die tatsächlichen Aufwendungen, die dem Arbeitnehmer für die persönliche Inanspruchnahme einer Unterkunft zur Übernachtung während einer Auswärtstätigkeit (Dienstreise) oder einer Fahrtätigkeit entstehen, kann der Arbeitgeber weiterhin steuerfrei ersetzen. Wird durch Zahlungsbelege nur ein Gesamtpreis für Unterkunft und Frühstück nachgewiesen und lässt sich der Preis für das Frühstück nicht feststellen, so ist der Gesamtpreis zur Ermittlung der Übernachtungskosten wie folgt zu kürzen:

1. für Frühstück um 20 %,
2. für Mittag- und Abendessen um jeweils 40 % des für den Unterkunftsort maßgebenden Pauschbetrags für Verpflegungsmehraufwendungen bei einer Auswärtstätigkeit mit einer Abwesenheitsdauer von mindestens 24 Stunden (R 9.7 LStR).

Ist in der Rechnung die Beherbergungsleistung gesondert ausgewiesen und daneben ein Sammelposten für Nebenleistungen, ohne dass der Preis für die Verpflegung zu erkennen ist, so ist die pauschale Kürzung sinngemäß auf den Sammelposten für Nebenleistungen anzuwenden; der verbleibende Teil des Sammelpostens ist als Reisenebenkosten (R 9.8 LStR) zu behandeln.

Nach wie vor können auch Übernachtungskosten mit Pauschbeträgen steuerfrei erstattet werden, wenn der Arbeitnehmer die Unterkunft nicht vom Arbeitgeber oder aufgrund seines Dienstverhältnisses von einem Dritten unentgeltlich oder teilentgeltlich erhalten hat. Für jede Übernachtung im Inland gilt zurzeit ein Pauschbetrag von 20 €, den der Arbeitgeber steuerfrei zahlen darf. Für Übernachtungen im Ausland gibt es länderspezifische Pauschbeträge. Nach R 9.7 Abs. 3 LStR ist ein Wechsel zwischen der Erstattung der tatsächlichen Übernachtungskosten und der Pauschbetragszahlung während einer mehrtägigen Dienstreise oder Fahrtätigkeit nicht zulässig.

Überschuss-Rechnung

> **Gewinnermittlung**
> **Einnahmen-Überschuss-Rechnung**

Überweisungsverkehr

Überweisungen dienen dazu, Buchgeld vom Konto eines Zahlungspflichtigen auf das Konto eines Zahlungsempfängers zu übertragen. Sie stellen einen Auftrag an ein Kreditinstitut oder Postbank dar.

Überziehungskredit

> **Kontokorrentkredit**

Übliche Miete

> **Jahresrohmiete**

Übungsleiter

> **Nebeneinkünfte**

UG (haftungsbeschränkt)

> **Unternehmergesellschaft**

Umbuchungen

> **Hauptabschlussübersicht**

Umgehungstatbestand

Durch Missbrauch von Gestaltungsmöglichkeiten des Rechts (= Umgehungstatbestand) kann das Steuergesetz nicht umgangen werden (§ 42 AO). Liegt ein Missbrauch vor, so entsteht der Steueranspruch so, wie er bei einer den wirtschaftlichen Vorgängen angemessenen rechtlichen Gestaltung entsteht.

Umlaufvermögen

Im Gegensatz zum > **Anlagevermögen** versteht man unter Umlaufvermögen alle Vermögenswerte, die dem Unternehmen nur kurze Zeit zugerechnet werden (z. B. Forderungen, Finanzkonten, Vorratsvermögen).

Umsatzkostenverfahren

Beim Umsatzkostenverfahren werden den Umsatzerlösen die Herstellungskosten der im Geschäftsjahr verkauften Produkte oder abgesetzten Leistungen gegenübergestellt, und zwar unabhängig davon, in welchem Geschäftsjahr die Herstellungskosten angefallen sind. Die nach diesem Verfahren aufgestellte GuV ist somit umsatzbezogen.

Im Gegensatz zum Gesamtkostenverfahren ist der Aufwand nicht nach Aufwandsarten, sondern nach den Funktionsbereichen Herstellung, Vertrieb und allgemeine Verwaltung gegliedert.

Umsatzrentabilität

> **Rentabilität**

Umsatzsteuer

1. Die Umsatzsteuer (Mehrwertsteuer) ist eine > **Verkehrsteuer**, da die Entstehung der Steuerschuld an Vorgänge des Rechtsverkehrs (> **Lieferungen** und > **sonstige Leistungen**, > **innergemeinschaftlicher Erwerb** im Inland) anknüpft.

   Die > **Einfuhrumsatzsteuer** ist hingegen eine Verbrauchsteuer i. S. d. AO (§ 21 Abs. 1 UStG). Ferner ist die USt eine > **Sach(Objekt)steuer**, die (über den Preis) indirekt erhoben wird. Daher rechnet die USt auch zu den > **indirekten Steuern**.

   Rechtsgrundlagen zur Erhebung sind das > **Umsatzsteuergesetz** und die Umsatzsteuerdurchführungsverordnung. Hinzu kommen UStAE, daneben BdF-Schreiben, Erlasse der Länderfinanzministerien und OFD-Verfügungen.

   Nach Art. 105 Abs. 2 GG steht dem Bund die > **konkurrierende Gesetzgebungsbefugnis** zu.

   Verwaltet (> **Verwaltungshoheit**) wird die USt im Auftrag des Bundes durch Landesfinanzbehörden.

   Das Aufkommen (> **Ertragshoheit**) der USt wird nach einem in einem Gesetz festzulegenden Schlüssel (v. H.-Satz) zwischen Bund und Ländern aufgeteilt. Die USt rechnet somit zu den > **Gemeinschaftsteuern**.

2. Die USt beträgt 19 v. H. (bzw. ermäßigt 7 v. H.) des > **Entgelts**, wobei der steuerpflichtige Unternehmer unter bestimmten Voraussetzungen die in Rechnung gestellte Vorsteuer ganz oder teilweise (> **Vorsteuerabzug**) von seiner Steuerschuld abziehen kann. Es wird also letztlich nur der „Mehrwert" (= vereinfacht: Ausgangsleistungen - Eingangsleistungen) der USt unterworfen, daher spricht man auch von Mehrwertsteuer.

   Die Differenz USt - Vorsteuer, die der Unternehmer an das FA abzuführen hat, bezeichnet man als Umsatzsteuer-Zahllast.

Umsatzsteuerausweis

> **Rechnungsausstellung, umsatzsteuerliche**

Umsatzsteuerbefreiungen

1. Zu unterscheiden ist zwischen Umsatzsteuerbefreiungen (§ 4 UStG), bei denen der Vorsteuerabzug erhalten bleibt und solchen Befreiungen, die einen Vorsteuerabzug ausschließen (Vorsteuerausschluss):

   a) Befreiungen **mit** Vorsteuerabzug (§ 4 Nr. 1 UStG i. V. m. § 15 Abs. 2 Satz 3 UStG). Wichtigster Fall: die > **Ausfuhrlieferungen** und die innergemeinschaftlichen Lieferungen – > **Umsatzsteuer-Binnenmarktgesetz** – (§§ 6 ff. UStG).

   b) Befreiungen **ohne** Vorsteuerabzug (§ 4 Nr. 6 - 28 UStG). Wichtige Befreiungsvorschriften: Kreditgewährungen, Umsätze, die unter das GrEStG fallen, Verpachtung und Vermietung von Grundstücken, Umsätze als Arzt, Zahnarzt u. a.

2. Gewisse Gegenstände sind von der Einfuhrumsatzsteuer befreit (§ 5 UStG).

   Unternehmer, die bestimmte steuerliche Umsätze (§ 4 Nr. 8 Buchst. a - g, Nr. 9 Buchst. a, Nr. 12, 13 oder 19) an andere Unternehmer für deren Unternehmen ausführen, können dem FA erklären, dass sie diese Umsätze der Besteuerung des UStG unterwerfen wollen. In diesem Fall spricht man von „Option“: der Unternehmer kann für die Steuerpflicht optieren mit der Möglichkeit des Vorsteuerabzugs.

Umsatzsteuerberichtigung

> **Bemessungsgrundlage**

Umsatzsteuerbescheid

> **Umsatzsteuerveranlagung**

Umsatzsteuer-Binnenmarktgesetz

Der Wegfall der innergemeinschaftlichen Grenzen zwischen den Mitgliedstaaten der EU führte zur Abschaffung der Grenzkontrollen und Zollformalitäten. Das USt-Recht war an den damit verbundenen Wegfall der Steuergrenzen anzupassen. Die Umsetzung von EU-Recht in nationales Recht erfolgte durch das Umsatzsteuer-Binnenmarktgesetz v. 25.08.1992, BGBl I S. 1548.

Kerninhalt ist die mit dem Wegfall der Grenzen verbundene Abschaffung der EUSt. Die entsprechende Steuerbefreiung bei der Ausfuhr und die korrespondierende Belastung bei der Einfuhr beschränkt sich nur noch auf den Warenverkehr mit dem sog. **Drittlandgebiet**.

Drittlandgebiet sind alle ausländischen Staaten, die nicht zur EU gehören (§ 1 Abs. 2a Satz 3 UStG).

Die Einfuhren aus einem Mitgliedstaat der EU („innergemeinschaftliche Einfuhren“) sind regelmäßig vom Erwerber zu versteuern (§ 1 Abs. 1 Nr. 5 UStG). Das Gemeinschaftsgebiet umfasst das Gebiet aller EU-Mitgliedstaaten (§ 1 Abs. 2a UStG).

- Private Verbraucher innerhalb der EU können ohne wert- und mengenmäßige Beschränkung Waren aus einem anderen EU-Mitgliedstaat in ihr eigenes Heimatland mitbringen. Die Ware bleibt mit der USt des Ursprungslands belastet, ein Grenzausgleich findet nicht mehr statt („Ursprungslandprinzip“).
- Beim gewerblichen Binnenhandel wird als Übergangslösung das sog. Bestimmungslandprinzip beibehalten, d. h. die Besteuerung nach dem Recht des Verbrauchslandes. An der Regelung über die steuerliche Entlastung bei der Ausfuhr und der Besteuerung bei der Einfuhr wurde somit festgehalten. Es wurde die Steuerbefreiung für entsprechende innergemeinschaftliche Lieferungen festgelegt; an die Stelle der bisherigen

EUSt tritt die Besteuerung des innergemeinschaftlichen Erwerbs von Gegenständen, der den Tatbestand der Einfuhr ersetzt. Anstelle der Grenzformalitäten treten periodische Erklärungen der Unternehmer und die Zusammenarbeit der FinBeh aller Mitgliedsländer.

Der Nachweis der Ein- und Ausfuhr wird durch ein Kontrollverfahren ersetzt, da er nicht mehr durch die Bestätigung einer Grenzzollstelle erbracht werden kann.

Wesentlicher Inhalt dieses Kontrollsystems ist die sog. **Umsatzsteuer-Identifikationsnummer** der beteiligten Unternehmer (§ 27a UStG), denn unter dieser Nummer hat eine Meldung der Gesamtumsätze je Vierteljahr für innergemeinschaftliche Lieferungen zu erfolgen, aufgeteilt nach Mitgliedstaat und Abnehmer.

In diesem Zusammenhang mussten auch die grenzüberschreitenden Güterbeförderung und die damit im Zusammenhang stehenden Umsätze (Vermittlung, Umschlag) geregelt werden.

Die vorgesehenen Änderungen sind als Übergangsregelungen auf vier Jahre beschränkt. Ab dem 01.01.1997 sollten sie durch eine endgültige Neuregelung ersetzt werden („Verwirklichung des Ursprungslandprinzips"). Dieser Zeitpunkt konnte nicht eingehalten werden.

Umsatzsteuer-Durchführungsverordnung

Bezüglich Einzelheiten Hinweis auf den Text der VO.

Umsatzsteuererklärung

> **Umsatzsteuerveranlagung**

Umsatzsteuerfreibetrag

> **Kleinunternehmer**

Umsatzsteuergesetz

Grundlage zur Erhebung der > **Umsatzsteuer** ist das Umsatzsteuergesetz.

Umsatzsteuer-Identifikationsnummer

> **Umsatzsteuer-Binnenmarktgesetz**

Umsatzsteuer-Nachschau

Zur Sicherstellung einer gleichmäßigen Festsetzung und Erhebung der Umsatzsteuer können die damit betrauten Amtsträger der Finanzbehörde ohne vorherige Ankündigung und außerhalb einer Außenprüfung Grundstücke und Räume von Personen, die eine gewerbliche oder berufliche Tätigkeit selbstständig ausüben, während der Geschäfts- und Arbeitszeiten betreten, um Sachverhalte festzustellen, die für die Besteuerung erheblich sein können (Umsatzsteuer-Nachschau, § 27b UStG).

Wohnräume dürfen gegen den Willen des Inhabers nur zur Verhütung dringender Gefahren für die öffentliche Sicherheit und Ordnung betreten werden.

Soweit dies zur Feststellung einer steuerlichen Erheblichkeit zweckdienlich ist, haben die von der Umsatzsteuer-Nachschau betroffenen Personen den damit betrauten Amtsträgern auf Verlangen Aufzeichnungen, Bücher, Geschäftspapiere und andere Urkunden über die der Umsatzsteuer-Nachschau unterliegenden Sachverhalte vorzulegen und Auskünfte zu erteilen. Wurden die genannten Unterlagen mithilfe eines Datenverarbeitungssystems erstellt, können die mit der Umsatzsteuer-Nachschau betrauten Amtsträger auf Verlangen die gespeicherten Daten über die der Umsatzsteuer-Nachschau unterliegenden Sachverhalte einsehen und soweit erforderlich hierfür das Datenverarbeitungssystem nutzen.

Wenn die bei der Umsatzsteuer-Nachschau getroffenen Feststellungen hierzu Anlass geben, kann ohne vorherige Prüfungsanordnung (§ 196 AO) zu einer Außenprüfung nach § 193 AO übergegangen werden. Auf den Übergang zur Außenprüfung wird schriftlich hingewiesen.

Umsatzsteuersatz

1. Die USt beträgt in der Regel zzt. für jeden steuerpflichtigen Umsatz 19 v. H. der **> Bemessungsgrundlage**.
2. Die Steuer ermäßigt sich zzt. auf 7 v. H. für in § 12 Abs. 2 UStG genannte Lieferungen und Leistungen, z. B. für Leistungen aus der Tätigkeit als Zahntechniker sowie für bestimmte Leistungen der Zahnärzte.
3. Die Steuer ermäßigt sich auf 0 v. H. für die Lieferung, den innergemeinschaftlichen Erwerb und die Einfuhr von Solarmodulen an den Betreiber einer Photovoltaikanlage, einschließlich der für den Betrieb einer Photovoltaikanlage wesentlichen Komponenten und der Speicher, die dazu dienen, den mit Solarmodulen erzeugten Strom zu speichern, wenn die Photovoltaikanlage auf oder in der Nähe von Privatwohnungen, Wohnungen sowie öffentlichen und anderen Gebäuden, die für dem Gemeinwohl dienende Tätigkeiten genutzt werden, installiert wird. Die Voraussetzungen gelten als erfüllt, wenn die installierte Bruttoleistung der Photovoltaikanlage laut Marktstammdatenregister nicht mehr als 30 Kilowatt (peak) beträgt oder betragen wird. Auch die Installation von Photovoltaikanlagen sowie der Speicher, die dazu dienen, den mit Solarmodulen erzeugten Strom zu speichern, unterliegt dem Nullsteuersatz.

Für Land- und Forstwirte gelten Besonderheiten (**> Durchschnittsätze**).

Umsatzsteuerschuld

Die Umsatzsteuerschuld (§ 13 Abs. 1 UStG) entsteht u. a.:

1. für Lieferungen und sonstige Leistungen
   a) bei der Berechnung der Steuer nach > **vereinbarten Entgelten** mit Ablauf des Voranmeldungszeitraums, in dem die Leistungen ausgeführt worden sind. Das gilt auch für Teilleistungen. Sie liegen vor, wenn für bestimmte Teile einer wirtschaftlich teilbaren Leistung das Entgelt gesondert vereinbart wird.

      Wird das Entgelt oder ein Teil des Entgelts vereinnahmt, bevor die Leistung oder die Teilleistung ausgeführt worden ist, so entsteht insoweit die Steuer mit Ablauf des Voranmeldungszeitraums, in dem das Entgelt oder das Teilentgelt vereinnahmt worden ist.

   b) bei der Berechnung der Steuer nach vereinnahmten Entgelten mit Ablauf des Voranmeldungszeitraums, in dem die Entgelte vereinnahmt worden sind;
   c) in den Fällen der Einzelbesteuerung nach § 16 Abs. 5 UStG im Zeitpunkt, in dem der Kraftomnibus in das Erhebungsgebiet gelangt;
2. im Falle des unberechtigten Umsatzsteuerausweises (§ 14 Abs. 3 UStG) im Zeitpunkt der Ausgabe der Rechnung;
3. für den innergemeinschaftlichen Erwerb i. S. d. § 1a UStG mit Ausstellung der Rechnung, spätestens jedoch mit Ablauf des dem Erwerb folgenden Kalendermonats;
4. für den innergemeinschafltichen Erwerb von neuen Fahrzeugen i. S. d. § 16 UStG am Tag des Erwerbs;
5. für die Einfuhrumsatzsteuer gilt § 21 Abs. 2 UStG.

Umsatzsteuerschuldner

Umsatzsteuerschuldner ist bei Lieferungen, sonstigen Leistungen, innergemeinschaftlichem Erwerb und Eigenverbrauch der > **Unternehmer**.

Umsatzsteuerveranlagung

1. Der Unternehmer hat nach Ablauf des Kalenderjahres eine Erklärung abzugeben, in der er die Steuer oder den Überschuss selbst zu berechnen hat („Steueranmeldung").
2. Berechnet der Unternehmer die zu entrichtende Steuer oder den Überschuss in der Steueranmeldung für das Kalenderjahr abweichend von der Summe der Vorauszahlungen, so ist der Unterschiedsbetrag zugunsten des Finanzamts einen Monat nach dem Eingang der Steueranmeldung fällig. Setzt das Finanzamt die zu entrichtende Steuer oder den Überschuss abweichend von der Steueranmeldung für das Kalenderjahr fest, so ist der Unterschiedsbetrag zugunsten des Finanzamts einen Monat nach der Bekanntgabe des Steuerbescheids fällig.

Umsatzsteuervoranmeldung

1. Der Unternehmer hat bis zum 10. Tag nach Ablauf jedes Voranmeldungszeitraums eine Voranmeldung nach amtlich vorgeschriebenem Vordruck abzugeben, in der er die Steuer für den Voranmeldungszeitraum (Vorauszahlung) selbst zu berechnen hat (§ 18 Abs. 1 Satz 1 UStG). § 16 Abs. 1 und 2 und § 17 sind entsprechend anzuwenden. Die Vorauszahlung ist am 10. Tag nach Ablauf des Voranmeldungszeitraums fällig.
2. Voranmeldungszeitraum ist das Kalenderjahr (§ 18 Abs. 1 Satz 1 UStG). Beträgt die Steuer für das vorangegangene Kalenderjahr mehr als 7.500 €, ist der Kalendermonat Voranmeldungszeitraum. Beträgt die Steuer für das vorangegangene Kalenderjahr nicht mehr als 1.000 €, kann das Finanzamt den Unternehmer von der Verpflichtung zur Abgabe der Voranmeldungen und Entrichtung der Vorauszahlungen befreien. Hat der Unternehmer seine gewerbliche oder berufliche Tätigkeit nur in einem Teil des vorangegangenen Kalenderjahres ausgeübt, ist die tatsächliche Steuer in eine Jahressteuer umzurechnen. Nimmt der Unternehmer seine gewerbliche oder berufliche Tätigkeit im laufenden Kalenderjahr auf, ist die voraussichtliche Steuer des laufenden Kalenderjahres maßgebend.
3. Der Unternehmer kann anstelle des Kalendervierteljahres den Kalendermonat als Voranmeldungszeitraum wählen, wenn sich für das vorangegangene Kalenderjahr ein Überschuss zu seinen Gunsten von mehr als 7.500 € ergibt (§ 18 Abs. 2a Satz 1 UStG).
4. Weitere Einzelheiten siehe § 18 UStG.

Umsatzsteuervorauszahlung

> **Umsatzsteuervoranmeldung**

Umsatzverprobung

> **Richtsätze**

Umwandlung

Als Umwandlung wird die Überführung eines Unternehmens von einer Rechtsform in eine andere Rechtsform bezeichnet.

Gründe für die Umwandlung eines Unternehmens können sein: Wachstum eines Unternehmens, Schrumpfung eines Unternehmens, steuerliche Erwägungen, Beschränkung der Gesellschafter-Haftung, Vergrößerung der Kapitalbasis, Tod eines Gesellschafters.

Bei der Umwandlung ist juristisch zu unterscheiden, ob eine Liquidation des umzuwandelnden Unternehmens erforderlich ist oder ob die Umwandlung ohne Liquidation erfolgen kann.

Im Falle einer Umwandlung wird eine Umwandlungsbilanz erstellt.

Rechtsgrundlage: Umwandlungsgesetz

Umzugskosten

1. Allgemeines

Kosten, die einem Arbeitnehmer durch einen beruflich veranlassten Wohnungswechsel entstehen, sind Werbungskosten.

2. Höhe der Umzugskosten

Bei einem beruflich veranlassten Wohnungswechsel können die tatsächlichen Umzugskosten grundsätzlich bis zur Höhe der Beträge als Werbungskosten abgezogen werden, die nach dem Bundesumzugskostengesetz (BUKG) und der Auslandsumzugskostenverordnung (AUV) in der jeweils geltenden Fassung mit Ausnahme der §§ 11, 12 AUV sowie Maklergebühren für eine eigene Wohnung als Umzugskostenvergütung höchstens gezahlt werden könnten; dabei sind die Pauschbeträge für Verpflegungsmehraufwendungen nach § 4 Abs. 5 Satz 1 Nr. 5 EStG zu beachten. Werden die umzugskostenrechtlich festgelegten Grenzen eingehalten, ist nicht zu prüfen, ob die Umzugskosten Werbungskosten darstellen. Werden höhere Umzugskosten im Einzelnen nachgewiesen, so ist insgesamt zu prüfen, ob und inwieweit die Aufwendungen Werbungskosten oder nicht abziehbare Kosten der Lebensführung sind, z. B. bei Aufwendungen für die Neuanschaffung von Einrichtungsgegenständen. Anstelle der in § 10 BUKG pauschal erfassten Umzugskosten können auch die im Einzelfall nachgewiesenen höheren Umzugskosten als Werbungskosten abgezogen werden. Ein Werbungskostenabzug entfällt, soweit die Umzugskosten vom Arbeitgeber steuerfrei erstattet worden sind (§ 3c EStG).

3. Erstattung durch den Arbeitgeber

Die Erstattung der Umzugskosten durch den Arbeitgeber ist steuerfrei, soweit keine höheren Beträge erstattet werden, als nach Abs. 2 als Werbungskosten abziehbar wären. Der Arbeitnehmer hat seinem Arbeitgeber Unterlagen vorzulegen, aus denen die tatsächlichen Aufwendungen ersichtlich sein müssen. Der Arbeitnehmer hat diese Unterlagen als Belege zum Lohnkonto aufzubewahren.

Rechtsquelle: R 9.9 LStR

4. Berufliche Veranlassung

Ein Wohnungswechsel ist z. B. beruflich veranlasst,

1. wenn durch ihn eine erhebliche Verkürzung der Entfernung zwischen Wohnung und Arbeitsstätte eintritt und die verbleibende Wegezeit im Berufsverkehr als normal angesehen werden kann (s. BFH v. 06.11.1986 – BStBl 1987 II S. 81). Es ist nicht erforderlich, dass der Wohnungswechsel mit einem Wohnortwechsel oder mit einem Arbeitsplatzwechsel verbunden ist,
2. wenn er im ganz überwiegenden betrieblichen Interesse des Arbeitgebers durchgeführt wird, insbesondere beim Beziehen oder Räumen einer Dienstwohnung, die aus betrieblichen Gründen bestimmten Arbeitnehmern vorbehalten ist, um z. B. deren jederzeitige Einsatzmöglichkeit zu gewährleisten (s. BFH v. 28.04.1988 – BStBl II S. 777), oder
3. wenn er aus Anlass der erstmaligen Aufnahme einer beruflichen Tätigkeit, des Wechsels des Arbeitgebers oder im Zusammenhang mit einer Versetzung durchgeführt wird oder
3. wenn der eigene Hausstand zur Beendigung einer doppelten Haushaltsführung an den Beschäftigungsort verlegt wird (s. BFH v. 04.12.1992 – BStBl 1993 II S. 722). Die privaten Motive für die Auswahl der neuen Wohnung sind grundsätzlich unbeachtlich (s. BFH v. 22.11.1991 – BStBl 1992 II S. 494).

Rechtsquelle: H 9.9 LStH

Umzugskostenvergütungen

> Lohnsteuerbefreiungen

Unanfechtbarkeit

Nach Ablauf der einmonatigen Einspruchsfrist kann ein Steuerbescheid nicht mehr durch einen Einspruch angefochten werden. Man spricht insoweit von der Unanfechtbarkeit eines Verwaltungsakts/Steuerbescheids (= formelle **> Bestandskraft**; Anfechtung eines Verwaltungsakts ist mit einem Rechtsbehelf nicht mehr möglich).

Unbebaute Grundstücke

1. Unbebaute Grundstücke sind Grundstücke, auf denen sich keine benutzbaren Gebäude befinden. Die Benutzbarkeit beginnt im Zeitpunkt der Bezugsfertigkeit. Gebäude sind als bezugsfertig anzusehen, wenn den zukünftigen Bewohnern oder sonstigen Benutzern zugemutet werden kann, sie zu benutzen (§ 72 Abs. 1 BewG bzw. § 178 BewG).
2. Die Bewertung nach BewG erfolgt zum **> gemeinen Wert**.

Unbefugte Hilfeleistung in Steuersachen

Ordnungswidrig handelt, wer:

1. entgegen § 5 StBerG oder entgegen einer vollziehbaren Untersagung nach § 7 StBerG geschäftsmäßig Hilfe in Steuersachen leistet oder
2. entgegen § 8 StBerG unaufgefordert seine Dienste oder die Dienste Dritter zur geschäftsmäßigen Hilfeleistung in Steuersachen anbietet (§ 160 Abs. 1 StBerG).

Die Ordnungswidrigkeit kann mit einer Geldbuße bis zu 5.000 € geahndet werden (§ 160 Abs. 2 StBerG).

> **Steuerberatungsgesetz**

UnberechtigterUmsatzsteuerausweis

> **Rechnungsausstellung**

Uneingeschränkter Wertzusammenhang

Der frühere Grundsatz des uneingeschränkten Wertzusammenhangs ist aufgehoben worden (§ 6 Abs. 1 Nr. 1 Satz 4 EStG). Der Stpfl. darf bei den abnutzbaren Wirtschaftsgütern des Anlagevermögens den gestiegenen Teilwert ansetzen, jedoch höchstens die Anschaffungskosten/Herstellungskosten, vermindert um die AfA. Im Falle von außergewöhnlichen Abschreibungen muss er über den letzten Bilanzansatz hinausgehen, falls der Teilwert zwischenzeitlich höher liegt. Der uneingeschränkte Wertzusammenhang war Teil der sog. > **Bilanzkontinuität** (§ 252 Abs. 1 Nr. 1 HGB).

> **Bewertung**

Unfertige Arbeiten

> **Halbfertige Arbeiten**

Unrichtigkeit

> **Fehler** > **offenbare Unrichtigkeit**

Untätigkeitseinspruch

Macht jemand geltend, dass über einen von ihm gestellten Antrag auf Erlass eines Verwaltungsaktes ohne Mitteilung eines zureichenden Grundes binnen angemessener Frist sachlich nicht entschieden worden ist, so ist der > **Einspruch** gegeben (§ 347 Abs. 1 AO).

> **Untätigkeitsklage**

Untätigkeitsklage

Ist über einen außergerichtlichen Einspruch ohne Mitteilung eines zureichenden Grundes in angemessener Frist noch nicht entschieden, so ist Klage ohne > **Vorverfahren** (> **Rechtsbehelfsverfahren**) zulässig (§ 46 Abs. 1 FGO). Diese Klage bezeichnet man als Untätigkeitsklage. Die Klage kann in der Regel nur bis zum Ablauf eines Jahres seit Einlegung des außergerichtlichen Rechtsbehelfs erhoben werden.

> **Klage** > **Untätigkeitseinspruch**

Unterhaltsaufwendungen

> **Außergewöhnliche Belastungen** in besonderen Fällen

Unterhaltsrenten

> **Private Renten**

Unternehmen

Lieferungen und sonstige Leistungen, die ein Unternehmen im > **Inland** gegen > **Entgelt** im Rahmen seines Unternehmens ausführt, unterliegen nach § 1 Abs. 1 UStG der USt. Das Unternehmen umfasst die gesamte gewerbliche und berufliche Tätigkeit des > **Unternehmers**. Gewerblich oder beruflich ist jede nachhaltige Tätigkeit zur Erzielung von Einnahmen, auch wenn die Absicht, Gewinn zu erzielen fehlt oder eine Personenvereinigung nur gegenüber ihren Mitgliedern tätig wird.

> **Organschaft** > **Unternehmer**

Unternehmensregister

Nach dem „Gesetz über elektronische Handelsregister und Genossenschaftsregister sowie das Unternehmensregister (EHUG)“ müssen Jahresabschlussunterlagen elektronisch beim Betreiber des elektronischen Unternehmensregisters eingereicht werden. Über das elektronische Unternehmensregister lassen sich nicht nur die Daten des elektronischen Handelsregisters abrufen, sondern auch die Jahresabschlüsse offenlegungspflichtiger Unternehmen sowie Kapitalmarktinformationen.

Vgl. auch § 8b HGB sowie www.unternehmensregister.de.

Unternehmer

1. Unternehmer (§ 2 UStG) ist, wer eine gewerbliche oder berufliche Tätigkeit selbstständig ausübt. Eine natürliche Person (oder mehrere natürliche Personen) wird zum Unternehmer, wenn folgende Voraussetzungen vorliegen:

   a) Selbstständigkeit;

   b) eine gewerbliche oder berufliche Tätigkeit.

   Zu a): Selbstständig ist, wer im wesentlichen unter eigener Verantwortung Arbeits- und Zeiteinteilung und auf eigenes Risiko tätig ist. Selbstständig kann nur jemand sein, der Risiko trägt (ständige Rechtsprechung). Lohnsteuerpflicht und Umsatzsteuerpflicht schließen einander aus. Die gewerbliche oder berufliche Tätigkeit wird nicht selbstständig ausgeübt, wenn eine juristische Person nach dem Gesamtbild der tatsächlichen Verhältnisse finanziell, wirtschaftlich und organisatorisch in ein Unternehmen eingegliedert ist (Organgesellschaft) > **Organschaft**.

   Zu b): Gewerblich oder beruflich ist jede nachhaltige Tätigkeit zur Erzielung von Einnahmen. Auf die Gewinnerzielungsabsicht kommt es nicht an. Nachhaltigkeit ist jede Tätigkeit, die mit einer Wiederholungsabsicht verbunden ist. Nachhaltigkeit liegt z. B. auch bei einem einmaligen Umsatz vor, wenn Wiederholungsabsicht besteht, auf die eigentliche Wiederholung kommt es nicht an.

2. Unternehmen können natürliche Personen oder juristische Personen des privaten und des öffentlichen Rechts, OHG, KG, GdbR, Vereine, Gelegenheitsgesellschaften (Konsortien), Zweckvermögen, Personenzusammenschlüsse, Sozietäten u. a. sein.

Unternehmergesellschaft (haftungsbeschränkt)

Die Unternehmergesellschaft (haftungsbeschränkt) [UG] ist keine eigenständige Rechtsform, sondern eine Variante der GmbH.

Die UG (haftungsbeschränkt) ist für Gründerinnen und Gründer kleiner Unternehmen, insbesondere Dienstleister, geeignet, die ihre Haftung beschränken möchten und deren Unternehmen mit geringem Kapital auskommen.

Gründung

Die UG (haftungsbeschränkt) wird von mindestens einem Gesellschafter gegründet. Das Stammkapital beträgt mindestens 1 €. Das Mindeststammkapital bei der Unternehmergesellschaft muss in bar und vor der Anmeldung zum Handelsregister in voller Höhe aufgebracht werden. Sacheinlagen sind ausgeschlossen.

Musterprotokoll

Die UG kann mit einem beurkundungspflichtigen Musterprotokoll gegründet werden. Das Musterprotokoll kombiniert Gesellschaftsvertrag, Gesellschafterliste und Bestellung des Geschäftsführers. Die Musterprotokolle – eines für Ein-Personen-Gründungen, ein weiteres für Mehr-Personen-Gründungen – stehen als Anlage zum GmbHG zur Verfügung.

Rücklage bilden
Gewinne dürfen nicht in voller Höhe ausgeschüttet werden. 25 % des Gewinns müssen so lange in eine gesetzliche Rücklage fließen, bis das Mindeststammkapital von 25.000 € aufgebracht ist. Eine zeitliche Frist gibt es dafür nicht. Wenn die Gesellschaft keine Gewinne erzielt, muss sie auch nichts in die gesetzliche Rücklage einstellen. Erhöht die Gesellschaft ihr Stammkapital auf mindestens 25.000 €, fallen die Beschränkungen weg. Der Gesellschaft steht es frei, in eine „normale" GmbH umzufirmieren oder aber die Bezeichnung als Unternehmergesellschaft (haftungsbeschränkt) beizubehalten.

Haftung
Es gelten die Haftungsregelungen des GmbH-Gesetzes. Dazu gehört auch die Insolvenzantragspflicht, deren Verletzung strafbar ist und die Geschäftsführer in die persönliche Haftung bringt.

Gegenüber Gläubigern haftet die UG in der Regel nur mit ihrem Gesellschaftsvermögen. Die Gesellschafter haften nicht mit ihrem privaten Vermögen, allerdings gibt es Ausnahmen.

Beispiele

Gesellschafter haften zusätzlich mit Privatvermögen bei persönlichen Krediten oder Bürgschaften. Sie haften auch persönlich bei Verstößen gegen die strengen Regeln über das GmbH-Kapital sowie bei der sog. Durchgriffshaftung (z. B. bei bestimmten Schadenersatzansprüchen).

Unternehmensbezeichnung
Der Name kann in Form einer Personen-, Sach-, Fantasie- oder Mischfirma gewählt werden. Der Zusatz „Unternehmergesellschaft (haftungsbeschränkt)" oder „UG (haftungsbeschränkt)" ist verpflichtend. Zum Beispiel: „Meier UG (haftungsbeschränkt)".

Steuern
Die UG muss Körperschaftsteuer und Gewerbesteuer sowie den Solidaritätszuschlag entrichten. Bei Gewinnausschüttungen an Anteilseigner ist die Kapitalertragsteuer fällig.

Buchführungspflicht
Die UG ist eine Variante der GmbH. Für sie gelten daher die Bestimmungen des Handelsgesetzbuches (HGB). Sie ist zur gesetzlichen Buchführung (doppelte Buchführung samt Jahresbilanz) verpflichtet.

Vgl. auch § 5a GmbHG.

Ursprungslandprinzip

Nach dem Ursprungslandprinzip (Grundlage > **Umsatzsteuer-Binnenmarktgesetz**) werden Lieferungen von Waren an **private Letztverbraucher** in dem EU-Staat besteuert, in dem sie erworben wurden, d. h. die Lieferung an den Abnehmer bewirkt wurde. Kauft also z. B. ein Deutscher Ware in Frankreich, so bleibt die Ware mit der dortigen Umsatzsteuer belastet. Eine Steuererstattung ist nicht mehr möglich. Bei innergemeinschaftlichen Lieferungen von neuen Fahrzeugen an private Abnehmer verbleibt es zunächst beim > **Bestimmungslandprinzip**.

Urteil

1. Das Urteil („im Namen des Volkes") ist schriftlich abzufassen und von den Richtern, die bei der Entscheidung mitgewirkt haben, zu unterzeichnen (§ 105 Abs. 1 FGO).
2. Das Urteil enthält:
   a) die Bezeichnung der Beteiligten, ihrer gesetzlichen Vertreter und der Bevollmächtigten;
   b) die Bezeichnung des Gerichts und die Namen der Mitglieder, die bei der Entscheidung mitgewirkt haben;
   c) die Urteilsformel;
   d) den Tatbestand;
   e) die Entscheidungsgründe;
   f) die Rechtsmittelbelehrung.

V

Variable Kosten

Variable Kosten sind Kosten, die sich bei Beschäftigungsschwankungen unmittelbar ändern. Sie werden auch als beschäftigungsvariable Kosten, mengenabhängige Kosten, Leistungskosten bezeichnet.

Veranlagung

Die Veranlagung ist eine besondere Art der Steuerfestsetzung. Merkmale einer Veranlagung sind: Sachprüfung, schriftlicher Steuerbescheid, Zahlungspflicht nach Bescheid.

Eine Veranlagung wird z. B. durchgeführt bei den Steuern vom Einkommen, vom Ertrag, vom Vermögen und vom Umsatz. Man spricht von > **Veranlagungsteuern** (z. B. ESt, KSt, USt) im Gegensatz zu den Fälligkeitssteuern (z. B. KraftSt).

Veranlagungsteuern

> Veranlagung

Veranlagungszeitraum

> Einkommensteuer

Veräußerungsgeschäfte, private

> Spekulationsgeschäfte

Veräußerungsgewinn

1. Veräußerungsgewinn im Einkommensteuerrecht

Veräußerungsgewinn ist der Betrag, um den der Veräußerungspreis nach Abzug der Veräußerungskosten den Wert des Betriebsvermögens übersteigt. Veräußerungsgewinne aus einer Veräußerung eines ganzen Gewerbebetriebes, Teilbetriebes u. a. gehören nach § 16 EStG zu den Einkünften aus Gewerbebetrieb. Hat der Stpfl. das 55. Lebensjahr vollendet oder ist er im sozialversicherungsrechtlichen Sinne dauernd berufsunfähig, so wird der Veräußerungsgewinn auf Antrag zur Einkommensteuer nur herangezogen, soweit er 45.000 € übersteigt (§ 16 Abs. 4 EStG).

Der Freibetrag ist dem Stpfl. nur einmal zu gewähren. Er ermäßigt sich um den Betrag, um den der Veräußerungsgewinn 136.000 € übersteigt.

Veräußerungsgewinne können ferner bei Einkünften aus Land- und Forstwirtschaft (§ 14 EStG) und bei Einkünften aus selbstständiger Arbeit (§ 18 Abs. 3 EStG) anfallen.

Die Freibeträge gelten entsprechend.

Die Besteuerung der Veräußerungsgewinne erfolgt zu einem ermäßigten Steuersatz (> **außerordentliche Einkünfte**).

2. Veräußerungsgewinn im Gewerbesteuerrecht

Veräußerungsgewinne, die bei der Veräußerung eines ganzen Gewerbebetriebes, Teilbetriebes u. a. erzielt werden (s. o.), gehören zu den Einkünften aus Gewerbebetrieb.

Sie sind gewerbesteuerlich wie folgt zu behandeln:

a) Bei Kapitalgesellschaften gehören Veräußerungsgewinne stets zum steuerpflichtigen Gewerbeertrag.

b) Bei den übrigen Gewerbetreibenden (Einzelunternehmer und Personengesellschaften) rechnen Veräußerungsgewinne nicht zum steuerpflichtigen Gewerbeertrag; sie unterliegen nicht der Gewerbesteuer.

Veräußerungsrente

> Betriebliche Renten

Verbindliche Zusage

1. Voraussetzung und Form

Auf Antrag kann im Anschluss an eine Außenprüfung die FinBeh dem Stpfl. verbindlich zusagen, wie ein in der Vergangenheit geprüfter im Prüfungsbericht dargestellter Sachverhalt in Zukunft steuerrechtlich behandelt wird, wenn die Kenntnis der künftigen steuerrechtlichen Behandlung für die geschäftlichen Maßnahmen des Stpfl. von Bedeutung sind (§ 204 AO).

Die verbindliche Zusage wird schriftlich erteilt und muss als verbindlich gekennzeichnet werden (§ 205 Abs. 1 AO). Sie muss enthalten,

- den ihr zugrunde gelegten Sachverhalt,
- die Entscheidung über den Antrag,
- die dafür maßgeblichen Gründe,
- eine Angabe darüber, für welche Steuern und für welchen Zeitraum die verbindliche Zusage gilt.

2. Bindungswirkung

Die verbindliche Zusage ist für die Besteuerung bindend, wenn sich der später verwirklichte Sachverhalt mit dem der verbindlichen Zusage zugrunde gelegten Sachverhalt deckt.

Verbindlichkeiten

Verbindlichkeiten sind alle am Bilanzstichtag der Höhe und Fälligkeit nach festgestellten Schulden eines Unternehmens. Gemäß §§ 240, 242 HGB sind sie in der Bilanz zu passivieren.

Verbindlichkeiten sind mit einem Zinssatz von 5,5 v. H. abzuzinsen. Ausgenommen von der Abzinsung sind Verbindlichkeiten, deren Lauf am Bilanzstichtag weniger als zwölf Monate beträgt und Verbindlichkeiten, die verzinslich sind oder auf einer Anzahlung oder Vorausleistung beruhen (§ 6 Abs. 1 Nr. 3 EStG).

Verböserung

Nach § 367 AO hat das Finanzamt, das über den Einspruch entscheidet, den Sachverhalt in vollem Umfang zu prüfen. Der Verwaltungsakt/Steuerbescheid kann auch zum Nachteil des Einspruchsführers geändert werden (= Verböserung), wenn dieser auf die Möglichkeit einer verbösernden Entscheidung unter Angabe von Gründen hingewiesen und ihm Gelegenheit gegeben worden ist, sich hierzu zu äußern.

Der Steuerpflichtige kann der Verböserung durch Rücknahme seines Einspruchs entgehen. Jedoch wird das Finanzamt weitere Berichtigungsvorschriften – außerhalb des förmlichen Rechtsbehelfsverfahrens – prüfen.

Verbrauchsteuern

Verbrauchsteuern belasten den Verbrauch eines Gegenstandes. Sie knüpfen die Belastung an den Konsum von Verbrauchsgegenständen.

Beispiele

Tabaksteuer, Branntweinsteuer, Mineralölsteuer, Biersteuer.

Verbringen eines Gegenstandes

> Lieferungen

Verdeckte Gewinnausschüttungen

Kapitalgesellschaften verfolgen den Zweck, Gewinne zu erwirtschaften und diese an ihre Gesellschafter auszuschütten. Neben den Gewinnanteilen (Dividenden) gewähren die Gesellschaften den Anteilseignern oft „verdeckte Vorteile" vielfältiger Art. Man spricht von verdeckten Gewinnausschüttungen (= Einkommensverwendung). Diese werden buchmäßig als Aufwand behandelt (z. B. überhöhte Geschäftsführergehälter, geringere Zinsen für Darlehen an die Gesellschafter, hohe Preisnachlässe, Forderungsverzichte, Darlehenserlass usw.).

Die verdeckten Gewinnausschüttungen unterliegen im Jahr der Ausschütung dem Steuerabzug vom Kapitalertrag. Sodann unterliegen verdeckte Gewinnausschüttungen der KSt (§ 8 Abs. 3 KStG).

Vereinbarte Entgelte

Die USt ist grundsätzlich nach den vereinbarten > **Entgelten**, d. h. also nach den Soll-Einnahmen zu berechnen.

Davon ausgenommen: Besteuerung nach den > **vereinnahmten Entgelten** auf Antrag (§ 20 UStG) in bestimmten Fällen.

> **Vereinnahmte Entgelte**
> **Sollversteuerung**

Vereinnahmte Entgelte

Das FA kann nach § 20 Abs. 1 UStG auf Antrag gestatten, dass ein Unternehmer

1. dessen Gesamtumsatz (§ 19 Abs. 3 UStG) im vorangegangenen Kalenderjahr nicht mehr als 600.000 € betragen hat, oder
2. der von der Verpflichtung, Bücher zu führen und aufgrund jährlicher Bestandsaufnahmen regelmäßig Abschlüsse zu machen, nach § 148 AO befreit ist, oder
3. soweit er Umsätze aus einer Tätigkeit als Angehöriger eines freien Berufs i. S. d. § 18 Abs. 1 Nr. 1 EStG ausführt,

die Steuer nicht nach den vereinbarten Entgelten, sondern nach den vereinnahmten Entgelten berechnet.

Verfügungsmacht, Verschaffung

> **Lieferungen**

Verhältnismäßigkeit der Mittel

> **Ermessen**

Verjährung

> **Festsetzungsverjährung**
> **Zahlungsverjährung**

Verjährungsfrist

> **Festsetzungsverjährung**
> **Zahlungsverjährung**

Verkaufskommission

> **Kommissionsgeschäft**

Verkehrsteuern

Die Verkehrsteuern werden aufgrund bestimmter Vorgänge des rechtlichen und wirtschaftlichen Verkehrs erhoben. Zu den Verkehrsteuern rechnen die USt, die GrESt, die Rennwett- und Lotteriesteuer und die KraftSt u. a.

Verlängerungsfähige Fristen

> **Frist**

Verlustabzug

1. Einkommensteuer

- **§ 10d Abs. 1 EStG**

  Negative Einkünfte, die bei der Ermittlung des Gesamtbetrags der Einkünfte nicht ausgeglichen werden, sind bis zu einem Betrag von 10 Mio. €, bei Ehegatten, die nach den §§ 26, 26b EStG zusammenveranlagt werden, bis zu einem Betrag von 20 Mio. € vom Gesamtbetrag der Einkünfte des unmittelbar vorangegangenen Veranlagungszeitraums vorrangig vor Sonderausgaben, außergewöhnlichen Abzugsbeträgen abzuziehen. Soweit ein (vollständiger) Ausgleich der negativen Einkünfte im Vorjahr nicht möglich ist, sind die vom Gesamtbetrag der Einkünfte des zweiten dem Veranlagungszeitraum vorangegangenen Veranlagungszeitraums abzuziehen (Verlustrücktrag). Ist für den unmittelbar vorangegangenen Veranlagungszeitraum oder den zweiten dem Veranlagungszeitraum vorangegangenen Veranlagungszeitraum bereits ein Steuerbescheid erlassen worden, so ist er insoweit zu ändern, als der Verlustrücktrag zu gewähren oder zu berichtigen ist. Das gilt auch dann, wenn der Steuerbescheid unanfechtbar geworden ist; die Festsetzungsfrist endet insoweit nicht, bevor die Festsetzungsfrist für den Veranlagungszeitraum abgelaufen ist, in dem die negativen Einkünfte nicht ausgeglichen werden. Auf Antrag des Steuerpflichtigen ist ganz oder teilweise von der Anwendung des Verlustrücktrags insgesamt abzusehen. Eine betragsmäßige Begrenzung des Verlustrücktrags ist nicht (mehr) möglich.

- **§ 10d Abs. 2 EStG**

  Nicht ausgeglichene negative Einkünfte, die nicht nach § 10d Abs. 1 EStG abgezogen worden sind, sind in den folgenden Veranlagungszeiträumen bis zu einem Gesamtbetrag der Einkünfte von 1 Mio. € unbeschränkt, darüber hinaus bis zu 60 v. H. des 1 Mio. € übersteigenden Gesamtbetrags der Einkünfte vorrangig vor Sonderausgaben, außergewöhnlichen Belastungen und sonstigen Abzugsbeträgen abzuziehen (Verlustvortrag). Bei Ehegatten, die nach §§ 26, 26b EStG zusammenveranlagt werden, tritt an die Stelle des Betrags von 1 Mio. € ein Betrag von 2 Mio. €. Der Abzug ist nur insoweit zulässig, als die Verluste nicht nach § 10d Abs. 1 EStG abgezogen worden sind und in den vorangegangenen Veranlagungszeiträumen nicht nach Satz 1 und 2 abgezogen werden konnten.

2. Gewerbesteuer

Ein Gewerbeverlust kann unter den Voraussetzungen des § 10a GewStG bei Ermittlung des Gewerbeertrags abgezogen werden.

Der maßgebende Gewerbeertrag wird bis zu einem Betrag i. H. v. 1 Mio. € um die Fehlbeträge gekürzt, die sich bei der Ermittlung des maßgebenden Gewerbeertrags für die vorangegangenen Erhebungszeiträume nach den Vorschriften der §§ 7 bis 10 GewS ergeben haben, soweit die Fehlbeträge nicht bei der Ermittlung des Gewerbeertrags für die vorangegangenen Erhebungszeiträume berücksichtigt worden sind. Der 1 Mio. € übersteigende maßgebende Gewerbeertrag ist bis zu 60 v. H. um nach Satz 1 nicht berücksichtigte Fehlbeträge der vorangegangenen Erhebungszeiträume zu kürzen. Im Fall des § 2 Abs. 2 Satz 2 GewStG kann die Organgesellschaft den maßgebenden Gewerbeertrag nicht um Fehlbeträge kürzen, die sich vor dem rechtswirksamen Abschluss des Gewinnabführungsvertrags ergeben haben. Die Höhe der vortragsfähigen Fehlbeträge ist gesondert festzustellen. Im Fall des § 2 Abs. 5 GewStG kann der andere Unternehmer den maßgebenden Gewerbeertrag nicht um die Fehlbeträge kürzen, die sich bei der Ermittlung des maßgebenden Gewerbeertrags des übergegangenen Unternehmens ergeben haben. Auf die Fehlbeträge ist § 8 Abs. 4 KStG entsprechend anzuwenden.

Verlustvortrag

> **Verlustabzug**

Vermietung und Verpachtung

1. Der Begriff der Einkünfte aus Vermietung und Verpachtung nach § 21 EStG umfasst:
   - die Einkünfte aus Vermietung und Verpachtung von Grundstücken, Gebäuden, Schiffen, Grundstücksrechten,
   - die Einkünfte aus Vermietung und Verpachtung von beweglichen Sachen,
   - Einkünfte aus der zeitlich begrenzten Überlassung von Rechten, insbesondere von schriftstellerischen, künstlerischen Urheberrechten.
2. Soweit die Einkünfte aus Vermietung und Verpachtung anderen Einkunftsarten zuzurechnen sind, werden sie nicht als selbstständige Einkunftsart i. S. d. § 21 EStG aufgefasst.

Vermögen

1. Bewertungsgesetz

Das Vermögen, das nach den Vorschriften des Zweiten Teils des BewG zu bewerten ist, umfasst die folgenden Vermögensarten (§ 18 BewG):

a) > **Land- und forstwirtschaftliches Vermögen**;

b) > **Grundvermögen**;

c) > **Betriebsvermögen**.

2. Einkommensteuer

> **Anlagevermögen**
> **Umlaufvermögen**

Vermögensbildungsgesetz

Die Vermögensbildung der Arbeitnehmer durch vereinbarte vermögenswirksame Leistungen der Arbeitgeber wird nach den Vorschriften des Vermögensbildungsgesetzes gefördert (5. VermBG). Die Begünstigung beim Arbeitnehmer durch das VermBG liegt in einer Arbeitnehmer-Sparzulage von 9 v. H. bzw. 20 v. H. der vermögenswirksamen Leistungen, soweit sie 470 bzw. 400 € im Kalenderjahr nicht übersteigen (§ 13 Abs. 2 VermBG).

Vermögenswirksame Leistungen sind Geldleistungen, die der Arbeitgeber für den Arbeitnehmer anlegt (z. B. Sparbeiträge des Arbeitnehmers aufgrund eines Sparvertrags über Wertpapiere und andere Vermögensbeteiligungen, Aufwendungen des Arbeitnehmers aufgrund eines Wertpapier-Kaufvertrags, Aufwendungen des Arbeitnehmers nach den Vorschriften des Wohnungsbau-Prämiengesetzes, Sparbeiträge des Arbeitnehmers aufgrund eines Sparvertrags u. a.).

Voraussetzung zur Inanspruchnahme der Arbeitnehmer-Sparzulage ist u. a., dass das zu versteuernde Einkommen im Kalenderjahr, in dem die vermögenswirksame Leistung angelegt worden ist, 20.000 € oder bei einer Zusammenveranlagung von Ehegatten 40.000 € nicht übersteigt.

Einzelheiten siehe 5. VermBG und ein umfangreiches BMF-Schreiben (BMF vom 23.07.2014, IV C 5 – S 2430/14/10002).

Verpachtung eines Gewerbebetriebes

Die Verpachtung eines Gewerbebetriebes im ganzen bedeutet grundsätzlich keine gewerbliche Betätigung, sondern eine reine Vermögensverwaltung. Mit der Verpachtung eines Gewerbebetriebes im ganzen erlischt regelmäßig die Gewerbesteuerpflicht des Verpächters.

Der Stpfl. hat ein Wahlrecht, ob er

- den Betrieb aufgibt (Betriebsaufgabegewinn, § 16 EStG) und damit Einkünfte aus Vermietung und Verpachtung erzielt oder ob er
- den Betrieb beibehält und damit weiterhin Einkünfte aus Gewerbebetrieb bezieht. Gewerbesteuer fällt aber in diesem Fall nicht an.

Verpflegungsmehraufwand

Mehrverpflegungsaufwand des Stpfl. ist nur in bestimmten Ausnahmefällen einkommensteuerlich abzugsfähig.

INFO

Bei sog. Auswärtstätigkeiten können folgende Pauschbeträge für Mehrverpflegungsaufwendungen steuerlich geltend gemacht werden:

- Abwesenheit von 24 Stunden

  Pauschbetrag 28 €
- für den An- und Abreisetag, wenn der Arbeitnehmer an diesem, einem anschließenden oder vorhergehenden Tag außerhalb seiner Wohnung übernachtet

  Pauschbetrag jeweils 14 €
- Abwesenheit mehr als 8 Stunden

  Pauschbetrag 14 €

Siehe § 4 Abs. 5 Nr. 5 EStG i. V. m. § 9 Abs. 4a EStG.

Vergütungen für Verpflegungsmehraufwendungen kann der Arbeitgeber mit 25 v. H. pauschal versteuern, wenn diese Pauschbeträge 100 v. H. der steuerfrei zulässigen Beträge nicht übersteigen (§ 40 Abs. 2 Nr. 4 EStG).

Ausgeschlossen ist die Berücksichtigung der **tatsächlichen Verpflegungsmehraufwendungen**. Ein Nachweis gegen Beleg ist **nicht** möglich.

Die Regelung gilt für den Stpfl., der vorübergehend von seiner Wohnung und dem Mittelpunkt seiner dauerhaft angelegten betrieblichen Tätigkeit entfernt betrieblich tätig ist, für jeden Kalendertag an dem der Stpfl. wegen dieser vorübergehenden Tätigkeit von seiner Wohnung und seinem Tätigkeitsmittelpunkt eine bestimmte Zeit (siehe Tabelle) abwesend ist.

Wird der Stpfl. bei seiner individuellen betrieblichen Tätigkeit typischerweise nur an **ständig wechselnden Tätigkeitsstätten** oder auf einem **Fahrzeug** tätig, gelten ebenfalls diese Pauschbeträge. Dabei ist allein die **Dauer der Abwesenheit von der Wohnung** maßgebend.

Bei einer **Tätigkeit im Ausland** treten an die Stelle der Pauschbeträge länderweise unterschiedliche Pauschbeträge, die vom Bundesministerium der Finanzen festgesetzt werden.

Dabei bestimmt sich der Pauschbetrag nach dem Ort, den der Stpfl. vor 24 Uhr Ortszeit zuletzt erreicht oder, wenn dieser Ort im Inland liegt nach dem letzten Tätigkeitsort im Ausland.

Bei einer längerfristigen vorübergehenden Tätigkeit an derselben Tätigkeitsstätte beschränkt sich der pauschale Abzug auf die **ersten drei Monate** (Ausnahme: **> Fahrtätigkeit**).

Siehe auch R 9.6 LStR sowie H 9.6 LStH sowie das BMF-Schreiben zu den Reisekostenregelungen vom 25.11.2020 (IV C 5 – S 2353/19/10011 :006).

Verpflichtungsklage

> Klagearten

Verprobung

> Richtsätze

Verrechnungsscheck

Beim Verrechnungsscheck wird die bare Verfügung ausgeschlossen. Wenn ein Scheck auf der Vorderseite den Vermerk „nur zur Verrechnung“ trägt, darf das bezogene Institut den Scheckbetrag lediglich gutschreiben. Das ist auch bei ähnlichen Vermerken der Fall, ebenso bei Vermerken dieser Art, obwohl sie gestrichen sind. Die missbräuchliche Verwendung von Verrechnungsschecks ist zwar nicht ausgeschlossen, wird aber begrenzt, da der Einreicher festgestellt werden kann.

Versenden

> Lieferungen

Versicherung an Eides Statt

> Eidesstattliche Versicherung

Versicherungsbeiträge

> Sonderausgaben

Versicherungsteuergesetz

Das Versicherungsteuergesetz sieht eine Steuer vor, die sich nach dem Versicherungsentgelt aufgrund eines durch Vertrag oder auf sonstige Weise entstandenen Versicherungsverhältnisses bemisst.

Die Steuer beträgt 19 v. H. des Versicherungsentgelts (§ 6 Abs. 1 VersStG), Ausnahmen § 6 Abs. 2 VersStG.

Steuerschuldner ist der Versicherungsnehmer (§ 7 VersStG).

Versorgungsbezüge

> Versorgungsfreibetrag

Versorgungsfreibetrag

Seit **2005** hat sich infolge des **> Alterseinkünftegesetzes** die Rechtslage hinsichtlich des Versorgungsfreibetrages grundlegend geändert.

§ 19 Abs. 2 EStG wurde völlig neu mit längerer Übergangszeit gestaltet:

Von Versorgungsbezügen bleiben ein nach einem Vomhundertsatz ermittelter, auf einen Höchstbetrag begrenzter Betrag (Versorgungsfreibetrag) **und ein Zuschlag** zum Versorgungsfreibetrag steuerfrei. Versorgungsbezüge sind

1. das Ruhegehalt, Witwen- oder Waisengeld, der Unterhaltsbeitrag oder ein gleichartiger Bezug
   a) aufgrund beamtenrechtlicher oder entsprechender gesetzlicher Vorschriften,
   b) nach beamtenrechtlichen Grundsätzen von Körperschaften, Anstalten oder Stiftungen des öffentlichen Rechts oder öffentlich-rechtlichen Verbänden von Körperschaften

   oder
2. in anderen Fällen Bezüge und Vorteile aus früheren Dienstleistungen wegen Erreichens einer Altersgrenze, verminderter Erwerbsfähigkeit oder Hinterbliebenenbezüge; Bezüge wegen Erreichens einer Altersgrenze gelten erst dann als Versorgungsbezüge, wenn der Steuerpflichtige das 63. Lebensjahr oder, wenn er schwerbehindert ist, das 60. Lebensjahr vollendet hat.

Der maßgebende Vomhundertsatz, der Höchstbetrag des Versorgungsfreibetrags und der Zuschlag zum Versorgungsfreibetrag sind der nachstehenden Tabelle zu entnehmen:

Jahr des Versorgungs-beginns	Versorgungsfreibetrag		Zuschlag zum Ver-sorgungsfreibetrag in Euro
	in v. H. der Versorgungsbezüge	Höchstbetrag in Euro	
bis 2005	40,0	3.000	900
ab 2006	38,4	2.880	864
2007	36,8	2.760	828
2008	35,2	2.640	792
2009	33,6	2.520	756
2010	32,0	2.400	720
2011	30,4	2.280	684
2012	28,8	2.160	648
2013	27,2	2.040	612
2014	25,6	1.920	576
2015	24,0	1.800	540
2016	22,4	1.680	504
2017	20,8	1.560	468
2018	19,2	1.440	432
2019	17,6	1.320	396
2020	16,0	1.200	360
2021	15,2	1.140	342
2022	14,4	1.080	324
2023	13,6	1.020	306
2024	12,8	960	288
2025	12,0	900	270
2026	11,2	840	252
2027	10,4	780	234
2028	9,6	720	216
2029	8,8	660	198
2030	8,0	600	180
2031	7,2	540	162
2032	6,4	480	144
2033	5,6	420	126
2034	4,8	360	108
2035	4,0	300	90
2036	3,2	240	72
2037	2,4	180	54
2038	1,6	120	36
2039	0,8	60	18
2040	0,0	0	0

Bemessungsgrundlage für den Versorgungsfreibetrag ist:

a) bei Versorgungsbeginn vor 2005 das Zwölffache des Versorgungsbezugs für Januar 2005,

b) bei Versorgungsbeginn ab 2005 das Zwölffache des Versorgungsbezugs für den ersten vollen Monat,

jeweils zuzüglich voraussichtlicher Sonderzahlungen im Kalenderjahr auf die zu diesem Zeitpunkt ein Rechtsanspruch besteht. Der Zuschlag zum Versorgungsfreibetrag darf nur bis zur Höhe der um den Versorgungsfreibetrag geminderten Bemessungsgrundlage berücksichtigt werden. Bei mehreren Versorgungsbezügen mit unterschiedlichem Bezugsbeginn bestimmen sich der insgesamt berücksichtigungsfähige Höchstbetrag des Versorgungsfreibetrags und der Zuschlag zum Versorgungsfreibetrag nach dem Jahr des Beginns des ersten Versorgungsbezugs. Folgt ein Hinterbliebenenbezug einem Versorgungsbezug, bestimmen sich der Vomhundertsatz, der Höchstbetrag des Versorgungsfreibetrags und der Zuschlag zum Versorgungsfreibetrag für den Hinterbliebenenbezug nach dem Jahr des Beginns des Versorgungsbezugs. Der nach den Sätzen 3 bis 7 berechnete Versorgungsfreibetrag und Zuschlag zum Versorgungsfreibetrag gelten für die gesamte Laufzeit des Versorgungsfreibezugs. Regelmäßige Anpassungen des Versorgungsbezugs führen nicht zu einer Neuberechnung. Abweichend hiervon sind der Versorgungsfreibetrag und der Zuschlag zum Versorgungsfreibetrag neu zu berechnen, wenn sich der Versorgungsbezug wegen Anwendung von Anrechnungs-, Ruhens-, Erhöhungs- oder Kürzungsregelungen erhöht oder vermindert. In diesen Fällen sind die Sätze 3 bis 7 mit dem geänderten Versorgungsbezug als Bemessungsgrundlage i. S. d. Satzes 4 anzuwenden; im Kalenderjahr der Änderung sind der höchste Versorgungsfreibetrag und Zuschlag zum Versorgungsfreibetrag maßgebend. Für jeden vollen Kalendermonat, für den keine Versorgungsbezüge gezahlt werden, ermäßigen sich der Versorgungsfreibetrag und der Zuschlag zum Versorgungsfreibetrag in diesem Kalenderjahr um je ein Zwölftel.

Ein Versorgungsfreibetrag gilt also längstens bis zum VZ 2039. Gemäß vorstehender Tabelle wird der Freibetrag – beginnend mit 2006 (2005: 3.900 €) i. H. v. 3.744 € stetig reduziert, sodass im VZ 2040 kein Versorgungsfreibetrag mehr steuerlich geltend gemacht werden kann.

> **Alterseinkünftegesetz**

Versorgungsrente

> **Außerbetriebliche Versorgungsrente**
> **Private Renten**

Verspätungszuschlag

Wenn der Stpfl. eine Frist zur Abgabe einer Steuererklärung nicht einhält, kann das FA einen Verspätungszuschlag (höchstens bis 25.000 €) erheben (§ 152 Abs. 1 - 5 AO).

Für regelmäßig einzureichende Steuererklärungen entsteht der Verspätungszuschlag kraft Gesetzes und beträgt mindestens 25 € je Monat. Bezogen auf die jährlich einzureichende ESt-Erklärung gilt beispielsweise:

- Festsetzung eines Verspätungszuschlags (regelmäßig) ab März des übernächsten Jahres (beachte: verlängerte Karenzfristen für die Festsetzung von Verspätungszuschlägen bis einschließlich Veranlagungszeitraum 2024; siehe dazu BMF-Schreiben vom 23.06.2022, IV A 3 – S 0261/20/10001 :018).
- Höhe des Verspätungszuschlags: 0,25 % des Nachzahlungsbetrages, mindestens 25 € je angefangenem Monat der Verspätung.

Versuch der Steuerhinterziehung

> **Steuerhinterziehung**

Vertriebskosten

> **Herstellungskosten**

Vervielfältiger

Vervielfältiger ist die Zahl, mit der die > **Jahresrohmiete** beim > **Ertragswertverfahren** zu vervielfachen ist. Die Vervielfältiger sind aus den Anlagen 3 - 8 zum BewG zu entnehmen.

Der Vervielfältiger bestimmt sich nach der Grundstücksart, der Bauart und der Bauausführung, dem Baujahr des Gebäudes sowie nach der Einwohnerzahl der Belegenheitsgemeinde im Hauptfeststellungszeitpunkt.

Verwaltungsakt

Verwaltungsakt ist nach § 118 AO jede Verfügung, Entscheidung oder andere hoheitliche Maßnahme, die eine Behörde zur Regelung eines Einzelfalls auf dem Gebiet des öffentlichen Rechts trifft und die auf unmittelbare Rechtswirkung nach außen gerichtet ist. Eine Allgemeinverfügung ist ein Verwaltungsakt, der sich an einen nach allgemeinen Merkmalen bestimmten und bestimmbaren Personenkreis richtet.

Verwaltungshoheit

- Zölle, Finanzmonopole, die bundesgesetzlich geregelten Verbrauchsteuern einschl. Einfuhrumsatzsteuer werden durch > **Bundesfinanzbehörden** verwaltet (Art. 108 Abs. 1 GG).
- die übrigen Steuern durch > **Landesfinanzbehörden** (Art. 108 Abs. 2 GG).
- Verwalten die Landesfinanzbehörden Steuern, die ganz oder zum Teil dem Bund zufließen, so werden sie im Auftrag des Bundes tätig (Art. 108 Abs. 4 GG). Hierunter fallen z. B. die > **Gemeinschaftsteuern** (ESt, KSt, USt).

Verwaltungskosten

> **Herstellungskosten**

Verwaltungszustellungsgesetz

Die Vorschriften des Verwaltungszustellungsgesetzes (VwZG) gelten u. a. für die Zustellungsverfahren der Bundesbehörden und der Landesfinanzbehörden.

Vollverzinsung

Die sog. Vollverzinsung (§ 233a AO) – Verzinsung von Steuernachforderungen und Steuererstattungen – beinhaltet im Einzelnen:

1. Führt die Festsetzung der Einkommen-, Körperschaft-, Umsatz- oder Gewerbesteuer zu einer Steuernachforderung oder Steuererstattung, ist diese nach Maßgabe der folgenden Absätze zu verzinsen. Dies gilt nicht für Festsetzung von Vorauszahlungen und Steuerabzugsbeträgen.
2. Der Zinslauf beginnt nach 15 Monaten nach Ablauf des Kalenderjahrs, in dem die Steuer entstanden ist (beachte: verlängerte Karenzfristen für die Festsetzung von Nachzahlungs-/Erstattungszinsen bis einschließlich Veranlagungszeitraum 2024; siehe dazu BMF-Schreiben vom 23.06.2022, IV A 3 – S 0261/20/10001 :018). Er beginnt für die Einkommensteuer 21 Monate nach diesem Zeitpunkt, wenn die Einkünfte aus Land- und Forstwirtschaft bei der erstmaligen Steuerfestsetzung die anderen Einkünfte überwiegen. Er endet mit Ablauf des Tages, an dem die Steuerfestsetzung wirksam wird.
3. Maßgebend für die Zinsberechnung ist die festgesetzte Steuer, vermindert um die anzurechnende Körperschaftsteuer und um die festgesetzten Vorauszahlungen (Unterschiedsbetrag).

   Ein Unterschiedsbetrag zugunsten des Stpfl. ist nur bis zur Höhe des zu erstattenden Betrages zu verzinsen: die Verzinsung beginnt frühestens mit dem Tag der Zahlung.
4. Die Festsetzung der Zinsen soll mit der Steuerfestsetzung verbunden werden.

5. Wird die Steuerfestsetzung oder die Anrechnung von Steuerbeträgen aufgehoben oder geändert, ist eine bisherige Zinsfestsetzung zu ändern. Maßgebend für die Zinsberechnung ist der Unterschiedsbetrag zwischen der festgesetzten Steuer und der vorher festgesetzten Steuer, jeweils vermindert um die anzurechnenden Steuerabzugsbeträge und um die anzurechnende Körperschaftsteuer. Dem sich hiernach ergebenden Zinsbetrag sind bisher festzusetzende Zinsen hinzuzurechnen; bei einem Unterschiedsbetrag zugunsten des Stpfl. entfallen darauf festgesetzte Zinsen.

Nach § 238 AO betragen die Zinsen für jeden Monat 0,15 v. H., also 1,8 v. H. Jahreszins.

Von Amts wegen

Die FinBeh haben den Sachverhalt von Amts wegen zu ermitteln. Sie haben die Steuern nach Maßgabe der Gesetze gleichmäßig festzusetzen und zu erheben. Sie müssen also objektiv vorgehen. Sie haben auch die für den Beteiligten günstigen Umstände von Amts wegen zu berücksichtigen und zu ermitteln. Sie sollen z. B. die Abgabe von Erklärungen, die Stellung von Anträgen usw. anregen.

Voranmeldung

> **Umsatzsteuervoranmeldung**

Voranmeldungszeitraum

> **Lohnsteueranmeldung**

Vorbehalt der Nachprüfung

1. Die Steuern können, solange der Steuerfall nicht abschließend geprüft ist, allgemein oder im Einzelfall unter dem Vorbehalt der Nachprüfung festgesetzt werden, ohne dass dies einer Begründung bedarf (§ 164 Abs. 1 AO).

   Der Vorbehalt der Nachprüfung ist eine Nebenbestimmung, die im Steuerbescheid anzugeben ist (§ 120 AO). Der Vorbehalt der Nachprüfung ist zulässig bei allen Festsetzungen, für die die Vorschriften über das Steuerfestsetzungsverfahren gelten, z. B. auch bei Steuervergütungen, Zulagen, Prämien usw. Der Vorbehalt der Nachprüfung erfasst die Festsetzung insgesamt; eine Beschränkung auf Einzelpunkte oder Besteuerungsgrundlagen ist nicht zulässig.

2. Solange der Vorfall wirksam ist, bleibt der gesamte Steuerfall „offen". Die Steuerfestsetzung kann jederzeit – also auch nach Ablauf der Rechtsbehelfsfrist – und dem Umfang nach uneingeschränkt von Amts wegen oder auch auf Antrag des Stpfl. aufgehoben oder geändert werden.

Der Vorbehalt der Nachprüfung kann jederzeit aufgehoben werden. Die Aufhebung steht einer Steuerfestsetzung ohne Vorbehalt der Nachprüfung gleich. Über die Aufhebung ist ein Bescheid mit Rechtsmittelbelehrung zu erteilen.

Der Stpfl. hat keinen Anspruch auf unverzügliche Entscheidung über seinen Antrag. Die Entscheidung kann bis zur abschließenden Prüfung des Steuerfalles – an Amtsstelle oder im Wege einer Außenprüfung – hinausgeschoben werden. Sie hat jedoch in angemessener Zeit zu erfolgen.

Vorläufige Steuerfestsetzung

Eine vorläufige Steuerfestsetzung (§ 165 AO) kann erfolgen, wenn ungewiss ist, ob und inwieweit die Voraussetzungen für die Entstehung der Steuer eingetreten sind. Umfang und Grund der Vorläufigkeit sind anzugeben.

Soweit die FinBeh eine Steuer vorläufig festgesetzt hat, kann sie die Festsetzung aufheben oder ändern.

Wenn die Ungewissheit beseitigt ist, ist eine vorläufige Steuerfestsetzung aufzuheben, zu ändern oder für endgültig zu erklären (§ 165 Abs. 2 AO).

Die vorläufige Steuerfestsetzung kann mit einer Steuerfestsetzung unter > **Vorbehalt der Nachprüfung** verbunden werden.

Der Vorbehalt der Nachprüfung entfällt, wenn die > **Festsetzungsfrist** abläuft.

Vorratsvermögen

Das Vorratsvermögen gehört zum > **Umlaufvermögen**. Es setzt sich aus Roh-, Hilfs- und Betriebsstoffen, Halb- und Fertigfabrikaten und Warenbeständen zusammen.

Einzelheiten zur Bewertung des Vorratsvermögens siehe R 6.8 und 6.9 EStR.

> **Fifo**

Vorsatz

Vorsatz z. B. im Sinne der Steuerhinterziehung (§ 370 AO) ist „das Wissen und Wollen aller Tatumstände". Sah der Täter die Folgen seines Tuns voraus, so handelt es sich um direkten Vorsatz, sah er die Folgen nur als möglich an – nahm er sie also bewusst in Kauf – so spricht man von bedingtem Vorsatz. Da § 370 AO nicht auf Unterschiede in der Begriffsbestimmung des „Vorsatzes" abstellt, sind beide Arten des Vorsatzes strafbar.

Vorsteuerabzug

1. Der Unternehmer kann die folgenden Vorsteuerbeträge abziehen (§ 15 Abs. 1 UStG):
   a) die ihm von anderen Unternehmern gesondert in Rechnung gestellte Steuer für **> Lieferungen** und **> sonstige Leistungen**, die für sein Unternehmen ausgeführt worden sind. Soweit ein gesondert in Rechnung gestellter Steuerbetrag auf eine Zahlung vor Ausführung dieser Umsätze entfällt, ist er bereits abziehbar, wenn die Rechnung vorliegt und die Zahlung geleistet worden ist;
   b) die entrichtete EUSt für Gegenstände, die für sein Unternehmen in das Inland eingeführt worden sind oder die er zur Ausführung der in § 1 Abs. 3 UStG bezeichneten Umsätze verwendet.
   c) die Steuer für den innergemeinschaftlichen Erwerb von Gegenständen für sein Unternehmen.
2. Vom Vorsteuerabzug ausgeschlossen ist die Steuer für die Lieferungen und die Einfuhr von Gegenständen sowie für die sonstigen Leistungen, die der Unternehmer zur Ausführung folgender Umsätze verwendet:
   a) steuerfreie Umsätze;
   b) Umsätze außerhalb des Inlands die steuerfrei wären, wenn sie im Inland ausgeführt würden.
   c) unentgeltliche Lieferungen und sonstige Leistungen, die der Unternehmer zur Ausführung einer Einfuhr verwendet, sind den Umsätzen zuzurechnen, für die der eingeführte Gegenstand verwendet wird.

Vorsteueraufteilung

Verwendet der Unternehmer einen für sein Unternehmen gelieferten, eingeführten oder innergemeinschaftlich erworbenen Gegenstand oder eine von ihm in Anspruch genommene sonstige Leistung nur zum Teil zur Ausführung von Umsätzen, die den **> Vorsteuerabzug** ausschließen, so ist der Teil der jeweiligen Vorsteuerbeträge nicht abziehbar, der den zum Ausschluss vom Vorsteuerabzug führenden Umsätzen wirtschaftlich zuzurechnen ist. Der Unternehmer kann die nicht abziehbaren Teilbeträge im Wege einer sachgerechten Schätzung ermitteln. Eine Ermittlung des nicht abziehbaren Teils der Vorsteuerbeträge nach dem Verhältnis der Umsätze, die den Vorsteuerabzug ausschließen, zu den Umsätzen, die zum Vorsteuerabzug berechtigen, ist nur zulässig, wenn keine andere wirtschaftliche Zurechnung möglich ist.

Vorsteuerberichtigung

1. Ändern sich bei einem Wirtschaftsgut innerhalb von fünf Jahren ab dem Zeitpunkt der erstmaligen Verwendung die für den ursprünglichen Vorsteuerabzug maßgebenden Verhältnisse, ist für jedes Kalenderjahr der Änderung ein Ausgleich durch

eine Berichtigung des Abzugs der auf die Anschaffungs- oder Herstellungskosten entfallenden Vorsteuerbeträge vorzunehmen. Bei Grundstücken einschließlich ihrer wesentlichen Bestandteile, bei Berechtigungen, für die die Vorschriften des bürgerlichen Rechts über Grundstücke gelten, und bei Gebäuden auf fremdem Boden tritt an die Stelle des Zeitraums von fünf Jahren ein solcher von zehn Jahren.

2. Bei der Berichtigung nach Absatz 1 ist für jedes Kalenderjahr der Änderung in den Fällen des Satzes 1 von einem Fünftel und in den Fällen des Satzes 2 von einem Zehntel der auf das Wirtschaftsgut entfallenden Vorsteuerbeträge auszugehen. Eine kürzere Verwendungsdauer ist entsprechend zu berücksichtigen. Die Verwendungsdauer wird nicht dadurch verkürzt, dass das Wirtschaftsgut in ein anderes einbezogen wird.
3. Die Absätze 1 und 2 sind auf Vorsteuerbeträge, die auf nachträgliche Anschaffungs- oder Herstellungskosten entfallen, sinngemäß anzuwenden.
4. Eine Änderung der Verhältnisse liegt auch vor, wenn das noch verwendungsfähige Wirtschaftsgut vor Ablauf des nach den Absätzen 1 - 3 maßgeblichen Berichtigungszeitraums veräußert oder nach § 3 Abs. 1b geliefert wird und dieser Umsatz anders zu beurteilen ist als die für den ursprünglichen Vorsteuerabzug maßgebliche Verwendung.

Siehe § 15a UStG sowie Abschnitt 15a.1 - 15a.12 UStAE.

Vorverfahren

> Rechtsbehelfe > Sprungklage

W

Warenausgang

Gewerbliche Unternehmer, die nach der Art ihres Geschäftsbetriebs regelmäßig Waren an andere gewerbliche Unternehmer zur Weiterveräußerung oder zum Verbrauch als Hilfsstoffe liefern, müssen den erkennbar für diese Zwecke bestimmten Warenausgang gesondert aufzeichnen (§ 144 Abs. 1 AO).

Wareneingang

Gewerbliche Unternehmer müssen den Wareneingang gesondert aufzeichnen (§ 143 AO). Dazu gehören alle Waren einschließlich der Rohstoffe, unfertige Erzeugnisse, Hilfsstoffe und Zutaten, die der Unternehmer im Rahmen seines Gewerbebetriebs zur Weiterveräußerung oder zum Verbrauch entgeltlich oder unentgeltlich für eigene oder fremde Rechnung erwirbt. Waren, die nach der Art des Betriebs üblicherweise für den Betrieb zur Weiterveräußerung oder zum Verbrauch erworben werden, sind auch dann aufzuzeichnen, wen sie für betriebsfremde Zwecke verwendet werden.

Die Aufzeichnungen des Wareneingangs müssen folgende Angaben enthalten:

- den Tag des Rechnungseingangs oder das Datum der Rechnung,
- den Namen oder die Firma und Anschrift des Lieferers,
- die handelsübliche Bezeichnung der Ware,
- den Preis der Ware,
- einen Hinweis auf den Beleg.

Wechsel

Der Wechsel ist ein streng förmliches Wertpapier mit folgenden Merkmalen:

- Er ist eine Urkunde, die ein privates Vermögensrecht verbrieft.
- Die Ausübung des Vermögensrechtes erfordert den Besitz der Urkunde.
- Die Form der Urkunde ist im WG im Einzelnen vorgeschrieben.

Die Wechselforderung ist abstrakt, d. h. sie besteht losgelöst von einem gegebenenfalls dem Wechsel zugrunde liegenden Rechtsgeschäft. Damit ändert beispielsweise die Nichtigkeit eines Kaufvertrages nichts an der Gültigkeit der Wechselforderung.

Der Inhalt der Wechselurkunde ist im WG festgelegt. Man spricht von den gesetzlichen Bestandteilen des Wechsels. Das sind:

1. Bezeichnung als Wechsel im Text der Urkunde
2. Unbedingte Anweisung, eine bestimmte Geldsumme zu bezahlen
3. Name des Bezogenen
4. Verfallzeit:
   - kalendermäßig bestimmter Tag (Tagwechsel)
   - bestimmte Zeit nach Ausstellung (Datowechsel)
   - bei Vorlage (Sichtwechsel)
   - bestimmte Zeit nach Annahme (Nachsichtwechsel)
5. Angabe des Zahlungsortes:
   - fehlt er, gilt der beim Namen des Bezogenen angegebene Ort,
   - fehlt auch diese Angabe, ist der Wechsel nichtig
6. Name des Wechselnehmers:
   - an eigene Order
   - an fremde Order

7. Ort und Tag der Ausstellung:
   - fehlt er, gilt der beim Namen des Ausstellers angegebene Ort
   - fehlt auch diese Angabe, ist der Wechsel nichtig
8. Unterschrift des Ausstellers

Zur Erleichterung des Wechselverkehrs kommen zu den gesetzlichen Bestandteilen noch kaufmännische Bestandteile:

1. Ortsnummer des Zahlungsortes
2. Wiederholung des Zahlungsortes
3. Wiederholung des Verfalltages
4. Wiederholung der Wechselsumme (in Ziffern)
5. Zusatz „erste Ausfertigung", „zweite Ausfertigung" usw. (wenn mehrere Ausfertigungen erfolgen)
6. Domizil- oder Zahlstellenvermerk (wenn Wechsel bei einem Kreditinstitut zahlbar ist)
7. Anschrift des Ausstellers.

Der Wechsel hat in der Praxis stark an Bedeutung verloren.

Weiterbildung

> **Ausbildungskosten**

Werbungskosten

1. Unter Werbungskosten versteht man alle Aufwendungen zur Erwerbung, Sicherung und Erhaltung der Einnahmen (§ 9 EStG).

   Sie sind bei der Einkunftsart abzuziehen, bei der sie entstanden sind. Werbungskosten können z. B. sein (§ 9 Abs. 1 EStG):
   - Schuldzinsen, Renten, dauernde Lasten,
   - Steuern vom Grundbesitz,
   - Beiträge zu Berufsständen und sonstigen Berufsverbänden,
   - Aufwendungen des Arbeitnehmers für Wege zwischen Wohnung und Arbeitsstätte > **Entfernungspauschale**,
   - Aufwendungen für Arbeitsmittel (Werkzeuge und Berufskleidung).

   Die Aufwendungen müssen in einem unmittelbaren Zusammenhang mit dem Arbeitsentgelt stehen und dürfen nicht zu den Kosten der privaten Lebensführung gehören.

2. Für Werbungskosten sind bei der Ermittlung der Einkünfte die folgenden Pauschbeträge abzuziehen, wenn nicht höhere Werbungskosten nachgewiesen werden (§ 9a EStG):
   a) von den Einnahmen aus nichtselbstständiger Arbeit: 1.230 € (Arbeitnehmer-Pauschbetrag),
   b) von den Einnahmen aus nichtselbstständiger Arbeit, soweit es sich um Versorgungsbezüge i. S. d. § 19 Abs. 2 handelt: ein Pauschbetrag von 102 €.
   c) von den Einnahmen i. S. d. § 22 Nr. 1 und 1a EStG ein Pauschbetrag von 102 €.

Werkleistung

Überlässt ein Unternehmer einem Auftraggeber, der ihm einen Stoff zur Herstellung eines Gegenstandes übergeben hat, an Stelle des herzustellenden Gegenstandes einen gleichartigen Gegenstand, wie er ihn in seinem Unternehmen aus solchem Stoff herzustellen pflegt, so gilt die Leistung des Unternehmers als Werkleistung, wenn das Entgelt für die Leistung nach Art eines Werklohns unabhängig vom Unterschied zwischen dem Marktpreis des empfangenen Stoffes und dem des überlassenen Gegenstandes berechnet wird (§ 3 Abs. 10 UStG).

Werklieferung

Hat der Unternehmer die Bearbeitung oder Verarbeitung eines Gegenstandes übernommen und verwendet er hierbei Stoffe, die er selbst beschafft hat, so ist die Leistung als Lieferung anzusehen (Werklieferung, § 3 Abs. 4 UStG), wenn es sich bei den Stoffen nicht nur um Zutaten oder sonstige Nebensachen handelt. Das gilt auch dann, wenn die Gegenstände mit dem Grund und Boden fest verbunden werden.

Werkzeuge

> **Werbungskosten**

Werkzeuggeld

Entschädigungen für die betriebliche Benutzung von Werkzeugen eines Arbeitnehmers (Werkzeuggeld), soweit sie die entsprechenden Aufwendungen des Arbeitnehmers nicht offensichtlich übersteigen, sind steuerfrei nach § 3 Nr. 30 EStG.

Wertaufhellungstheorie

Bei der Verlustantizipation sind auch diejenigen Risiken zu berücksichtigen, die erst zwischen Bilanzstichtag und Bilanzaufstellung bekanntgeworden sind. Die von der

Rechtsprechung entwickelte Wertaufhellungstheorie hat in § 253 Abs. 5 HGB ihren Niederschlag gefunden.

Die Wertaufhellungstheorie hat für die Bewertung aller Wirtschaftsgüter, insbesondere aber für die Wertberichtigung von Forderungen und die Rückstellung für Wechselobligo Bedeutung. Sie unterscheidet zwischen wertaufhellenden und wertbeeinflussenden Tatsachen.

Wertaufhellende Umstände sind auf jeden Fall zu berücksichtigen. Dies bedeutet keine Abweichung vom Stichtagsprinzip, die nach dem Gesetz auch nicht zulässig wäre. Die Wertaufhellungstheorie beruht gerade im Gegenteil auf der Überlegung, dass die Verhältnisse am Stichtag so zutreffend wie möglich erfasst werden sollen. Der Kaufmann hat daher bei Bilanzaufstellung alle diejenigen Umstände zu berücksichtigen, die nach den Grundsätzen ordnungsmäßiger Buchführung unter Beachtung der steuerlichen Vorschriften für die Verhältnisse am Bilanzstichtag von Bedeutung sind, auch wenn diese Umstände am Bilanzstichtag noch nicht eingetreten oder bekannt waren.

Wertaufholungsgebot

> **Bewertung**

Wertberichtigung

Bei den Wertberichtigungsposten handelt es sich um auf der Passivseite der Bilanz aufzuweisende Wertkorrekturen auf zu hoch angesetzte Aktivposten, z. B. Wertberichtigungsposten auf Anlagevermögen. Durch den Ausweis solcher Wertberichtigungsposten („indirekte Abschreibung“) bleiben die Anschaffungswerte der Anlagegüter unverändert. Die Bilanzgliederung nach § 266 Abs. 3 HGB sieht keine Wertberichtigungen auf der Passivseite vor. Notwendige Abschreibungen (Anlagevermögen, Umlaufvermögen) sind direkt vorzunehmen.

> **Delkredere**

Wertfortführung

> **Bilanzkontinuität**

Wertfortschreibung

Eine Wertfortschreibung (§ 22 Abs. 1 BewG), d. h. eine Neufeststellung des EW erfolgt, wenn der Wert zu Beginn des Fortschreibungszeitpunktes (01.01.20..) gegenüber dem letzten Feststellungszeitpunkt um einen bestimmten Umfang abweicht. Diese Fortschreibungsgrenzen sind in § 22 Abs. 1 BewG aufgeführt. Abweichungen beim Grundbesitz sind zu beachten.

Wertzusammenhang

> Bilanzkontinuität
> Uneingeschränkter Wertzusammenhang

Wesentliche Beteiligung

Zu den Einkünften aus Gewerbebetrieb gehört nach § 17 Abs. 1 EStG auch der Gewinn aus der Veräußerung von Anteilen an einer Kapitalgesellschaft, wenn der Veräußerer innerhalb der letzten fünf Jahre am Kapital der Gesellschaft wesentlich beteiligt war.

Die verdeckte Einlage von Anteilen an einer Kapitalgesellschaft in eine Kapitalgesellschaft steht der Veräußerung der Anteile gleich.

Anteile an einer Kapitalgesellschaft sind Aktien, Anteile an einer Gesellschaft mit beschränkter Haftung, Kuxe, Genussscheine oder ähnliche Beteiligungen und Anwartschaften auf solche Beteiligungen.

Eine wesentliche Beteiligung ist gegeben, wenn der Veräußerer an der Gesellschaft mindestens mit 1 v. H. unmittelbar oder mittelbar beteiligt war.

Hat der Veräußerer den veräußerten Anteil innerhalb der letzten fünf Jahre vor der Veräußerung unentgeltlich erworben, so gilt Satz 1 entsprechend, wenn der Veräußerer zwar nicht selbst, aber der Rechtsvorgänger oder, sofern der Anteil nacheinander unentgeltlich übertragen worden ist, einer der Rechtsvorgänger innerhalb der letzten fünf Jahre wesentlich beteiligt war.

Wiedereinsetzung in den vorigen Stand

Wenn jemand ohne Verschulden verhindert war, eine Frist zur Einlegung eines Rechtsbehelfs einzuhalten, so ist ihm auf Antrag Wiedereinsetzung in den vorigen Stand zu gewähren (§ 110 Abs. 1 AO). Der Antrag ist innerhalb eines Monats nach Wegfall des Hindernisses zu stellen. Der Antrag ist zu begründen (§ 110 Abs. 2 AO). Nach einem Jahr seit dem Ende der versäumten Frist kann Nachsicht im Allgemeinen nicht mehr beantragt werden (§ 110 Abs. 3 AO). Über den Antrag auf Nachsicht entscheidet die Stelle, die über die versäumte Rechtshandlung zu befinden hat (§ 110 Abs. 4 AO).

Entsprechende Wiedereinsetzung in den vorigen Stand ist in der FGO (§ 56) vorgesehen.

Willkürverbot

> Ermessen

Wirtschaftliche Betrachtungsweise

Die wirtschaftliche Betrachtungsweise besagt, dass es auf den wirtschaftlichen Gehalt – den „Kern der Dinge" – des zu beurteilenden Sachverhalts ankommt. Auf diese Weise sollen wirtschaftlich gleiche, aber rechtlich verschieden geregelte Tatbestände gleichgestellt werden.

Wirtschaftliche Eingliederung

> **Organschaft**

Wirtschaftliche Einheit

Jede wirtschaftliche Einheit ist nach § 2 BewG für sich zu bewerten, wobei der Wert im ganzen festzustellen ist. Das BewG definiert den Begriff der wirtschaftlichen Einheit nicht, sondern lässt die „Verkehrsanschauung" hierüber entscheiden: „Was als wirtschaftliche Einheit zu gelten hat, ist nach den Anschauungen des Verkehrs zu entscheiden. Die örtliche Gewohnheit, die tatsächliche Übung, die Zweckbestimmung und die wirtschaftliche Zusammengehörigkeit der einzelnen Wirtschaftsgüter sind zu berücksichtigen" (§ 2 Abs. 1 Sätze 3 und 4 BewG).

Allgemein liegt eine wirtschaftliche Einheit vor, wenn mehrere > **Wirtschaftsgüter** dem gleichen Zweck dienen und demselben Eigentümer gehören (§ 2 Abs. 2 BewG).

Die Vorschriften über die wirtschaftliche Einheit (§ 2 Abs. 1 und 2 BewG) gelten nicht, soweit eine Bewertung der einzelnen Wirtschaftsgüter vorgeschrieben ist (§ 2 Abs. 3 BewG).

Wirtschaftlicher Eigentümer

Wirtschaftsgüter sind nicht dem bürgerlich-rechtlichen Eigentümer zuzurechnen, wenn ein anderer wirtschaftlicher Eigentümer ist.

Das ist dann der Fall, wenn er die tatsächliche Herrschaft über ein Wirtschaftsgut in der Weise ausübt, dass er den Eigentümer im Regelfall für die gewöhnliche Nutzungsdauer von der Einwirkung auf das Wirtschaftsgut wirtschaftlich ausschließen kann.

Hinweis auf § 39 AO.

Wirtschaftlicher Geschäftsbetrieb

Ein wirtschaftlicher Geschäftsbetrieb ist eine selbstständige, nachhaltige Tätigkeit, durch die Einnahmen oder andere wirtschaftliche Vorteile erzielt werden und die über den Rahmen einer Vermögensverwaltung hinausgehen. Nicht erforderlich ist die Absicht, Gewinne zu erzielen (§ 14 AO).

Die Steuervergünstigung wird jedoch nicht ausgeschlossen, wenn der wirtschaftliche Geschäftsbetrieb als Zweckbetrieb anzusehen ist.

Das ist der Fall, wenn:

- er dazu dient, die steuerbegünstigten satzungsgemäßen Zwecke der Körperschaft zu verwirklichen,
- die Zwecke nur durch einen solchen Geschäftsbetrieb erreicht werden können und
- der wirtschaftliche Geschäftsbetrieb nicht in größerem Umfang im Wettbewerb zu nicht begünstigten Betrieben steht (§ 65 AO).

Einzelheiten siehe §§ 64 ff. AO.

Wirtschaftlichkeit

Die Wirtschaftlichkeit ist das Maß für die Einhaltung des ökonomischen Prinzips. Das ökonomische Prinzip kann dabei unterschiedlich formuliert werden:

- Als Maximalprinzip fordert es, mit gegebenen Mitteln einen größtmöglichen (= maximalen) Erfolg zu erzielen.
- Als Minimalprinzip fordert es, einen bestimmten Erfolg mit geringstmöglichen (= minimalen) Mitteln zu erreichen.

Wirtschaftsgüter

Wirtschaftsgüter sind alle jene Güter, denen im Wirtschaftsleben realisierbare Werte zukommen. Aus steuerlicher Zweckbestimmung wird der Begriff „Wirtschaftsgut" in verschiedenen Steuergesetzen gebraucht. Unter Wirtschaftsgütern versteht man die „der Wirtschaft dienenden und im Wirtschaftsverkehr stehenden Güter, die selbstständig bewertungsfähig sind". Das können sein Sachen oder körperliche Gegenstände i. S. d. § 90 BGB, Rechte, Erzeugnisse, wie z. B. elektrischer Strom, Schulden und Lasten, immaterielle Güter. I. S. d. Einkommensteuerrechts müssen Wirtschaftsgüter selbstständig bilanzierungsfähig sein.

Bilanzierungsfähig sind solche Vermögensgegenstände, für die Anschaffungs- oder Herstellungskosten vorliegen und deren Nutzung sich über einen längeren Zeitraum als ein Jahr erstreckt. Bei passiven Wirtschaftsgütern muss es sich um eine bewertungsfähige Last handeln.

Wirtschaftsjahr

Grundsätzlich ist das Kalenderjahr bei Gewerbetreibenden gleich dem Wirtschaftsjahr. Es umfasst somit einen Zeitraum von 12 Monaten.

Ein Gewerbetreibender, der im Handelsregister eingetragen ist, kann als Vollkaufmann bei Betriebsgründung ein vom Kalenderjahr abweichendes Wirtschaftsjahr festlegen, ohne dass es der Zustimmung des FA bedarf (§ 4a Abs. 1 EStG). Die Umstellung des Wirtschaftsjahres auf einen vom Kalenderjahr abweichenden Zeitraum ist gemäß § 4a Abs. 1 EStG steuerlich nur wirksam, wenn sie im Einvernehmen mit dem FA vorgenommen wird.

Bei Betriebseröffnung, Betriebsaufgabe, Betriebsveräußerung oder Umstellung des Wirtschaftsjahres kann das Wirtschaftsjahr einen kürzeren Zeitraum als zwölf Monate umfassen.

Bei Gewerbetreibenden mit abweichendem Wirtschaftsjahr gilt der Gewinn als in dem Kalenderjahr bezogen, in dem das abweichende Wirtschaftsjahr endet.

Das Wirtschaftsjahr der Land- und Forstwirte läuft regelmäßig vom 1.7. bis 30.6.

Wirtschaftsprüferordnung

Die Wirtschaftsprüferordnung regelt das Berufsrecht der Wirtschaftsprüfer und Wirtschaftsprüfungsgesellschaften, ferner auch das Berufsrecht der vereidigten Buchprüfer und Buchprüfungsgesellschaften.

Wirtschaftsteil

> **Land- und forstwirtschaftliches Vermögen**

Wirtschaftswert, Land- und Forstwirtschaft

> **Buchführungspflicht**

Witwengeld

> **Arbeitslohn**

Wohn-Riester

Als Wohn-Riester (auch Eigenheimrente) wird die Einbeziehung des selbstgenutzten Wohneigentums in die Förderung durch die Altersvorsorgezulage bezeichnet.

Der Gesetzgeber ermöglicht einerseits die Entnahme von gefördertem Kapital aus einem Altersvorsorgevertrag und andererseits die Förderung von Tilgungsleistungen.

Bei der Entnahme für die geförderte wohnungswirtschaftliche Verwendung sind zwei Fälle zu unterscheiden:

1. Das in einem Altersvorsorgevertrag angesparte geförderte Altersvorsorgekapital kann ganz oder teilweise unmittelbar für die Anschaffung (Kauf) oder Herstellung (Bau) von selbst genutztem Wohneigentum eingesetzt werden. Dieser Altersvorsorge-Eigenheimbetrag muss unmittelbar – d. h. in unmittelbarem zeitlichen Zusammenhang – für die Anschaffung oder Herstellung einer inländischen Wohnimmobilie genutzt werden.
2. Alternativ zur Kapitalentnahme bei Anschaffung oder Herstellung des Wohneigentums kann das angesparte geförderte Altersvorsorgekapital zu Beginn der Auszahlungsphase für die Entschuldung von selbst genutztem Wohneigentum eingesetzt werden. Im Gegensatz zur Entnahme während der Ansparphase ist die Entnahme zu Beginn der Auszahlungsphase zwecks Entschuldung auch für selbst genutzte Objekte anwendbar, deren Anschaffung oder Herstellung bereits vor dem 01.01.2008 abgeschlossen wurde.

Der zweite Förderansatz ist der der Darlehenstilgung. Nach den Regelungen des Eigenheimrentengesetzes gehören auch Tilgungsleistungen für ein Darlehen, das für eine nach dem 31.12.2007 vorgenommene wohnungswirtschaftliche Verwendung eingesetzt wird, zu den Altersvorsorgebeiträgen i. S. d. § 82 Einkommensteuergesetz.

Weitere Informationen unter www.zfa.deutsche-rentenversicherung-bund.de (Zentrale Zulagenstelle für Altersvermögen).

Wohnsitz

Einen Wohnsitz i. S. d. Steuergesetze hat jemand dort, wo er eine Wohnung unter Umständen innehat, die darauf schließen lassen, dass er die Wohnung beibehalten und benutzen wird (§ 8 AO).

Der Begriff Wohnung ist weit auszulegen i. S. v. Räumlichkeiten, die zum Wohnen geeignet sind. Es braucht sich nicht um ein Gebäude oder einen baulich abgeschlossenen Gebäudeteil zu handeln, Wohnraum genügt.

Wohnsitzfinanzamt

Für die Besteuerung natürlicher Personen nach dem Einkommen und Vermögen ist das Finanzamt örtlich zuständig, in dessen Bezirk der Stpfl. seinen **> Wohnsitz** oder in Ermangelung eines Wohnsitzes seinen **> gewöhnlichen Aufenthalt** hat (§ 19 Abs. 1 AO, Wohnsitzfinanzamt).

Wohnteil

> Land- und forstwirtschaftliches Vermögen

Wohnungsbauprämie

Die Beiträge an eine Bausparkasse zur Erlangung eines Baudarlehens können unter bestimmten Voraussetzungen geltend gemacht werden.

Eine Beantragung einer Wohnungsbauprämie ist möglich, wenn das **> Einkommen** weniger als 35.000 € (Ehegatten 70.000 €) beträgt. Die Prämie bemisst sich mit 10 v. H. der im Sparjahr geleisteten prämienbegünstigten Aufwendungen. Die Aufwendungen sind je Kalenderjahr bis zu einem Höchstbetrag von 700 €, bei Ehegatten bis zu 1.400 € prämienbegünstigt.

Wohnungseigentum

Jedes Wohnungseigentum und Teileigentum bildet eine wirtschaftliche Einheit (§ 93 Abs. 1 BewG).

Für die Bestimmung der Grundstücksart (§ 75 BewG) ist die Nutzung des auf das Wohnungseigentum und Teileigentum entfallenden Gebäudeteils maßgebend.

Das zu mehr als 80 v. H. Wohnzwecken dienende Wohnungseigentum ist im Wege des **> Ertragswertverfahrens** nach den Vorschriften zu bewerten, die für **> Mietwohngrundstücke** maßgebend sind. Wohnungseigentum, das zu nicht mehr als 80 v. H., aber zu nicht weniger als 20 v. H. Wohnzwecken dient, ist im Wege des **> Ertragswertverfahrens** nach den Vorschriften zu bewerten, die für gemischtgenutzte Grundstücke maßgebend sind (§ 93 Abs. 2 BewG).

Z

Zahlstellensteuer

Da der Zinsabschlag nach dem Zinsabschlaggesetz von der auszuzahlenden Stelle einbehalten wird, spricht man auch von Zahlstellensteuer.

Zahlstellenvermerk

> Wechsel

Zahlungsverjährung

Neben der > **Festsetzungsverjährung** kennt die AO die sog. Zahlungsverjährung (§ 228 AO).

1. Beginn der Verjährung (§ 229 AO)

Die Ansprüche aus dem Steuerschuldverhältnis unterliegen einer besonderen Zahlungsverjährung, die fünf Jahre beträgt (§ 228 AO). Die Verjährung beginnt mit Ablauf des Kalenderjahres, in dem der Anspruch erstmals fällig geworden ist. Sie beginnt jedoch nicht vor Ablauf des Kalenderjahres, in dem die Festsetzung oder Änderung der Festsetzung eines Anspruchs aus dem Steuerschuldverhältnis wirksam geworden ist, aus dem sich der Anspruch erhebt.

Bei Haftungsbescheiden beginnt die Verjährung mit Ablauf des Kalenderjahres, in dem der Haftungsbescheid wirksam geworden ist.

2. Hemmung und Unterbrechung (§§ 230, 231 AO)

Solange der Anspruch wegen höherer Gewalt innerhalb der letzten sechs Monate nicht verfolgt werden kann, ist die Verjährung gehemmt.

Die Verjährung wird unterbrochen in den vom Gesetzgeber genannten Fällen (§ 231 Abs. 1 AO) und zwar:

- durch schriftliche Geltendmachung des Anspruchs,
- durch Stundung,
- durch Zahlungsaufschub,
- durch Aussetzung der Vollziehung,
- durch Sicherheitsleistung,
- durch Vollstreckungsmaßnahmen und Aufschub der Vollstreckung,
- durch Ermittlungen nach dem Zahlungspflichtigen,
- durch Anmeldung im Insolvenzverfahren.

Mit Ablauf des Kalenderjahres, in dem die Unterbrechung geendet hat, beginnt eine neue Verjährungsfrist.

3. Wirkung der Verjährung (§ 232 AO)

Durch die Zahlungsverjährung erlischt der Anspruch aus dem Steuerschuldverhältnis und die von ihm abhängenden Zinsen.

Zedent

> Sicherheitsabtretung

Zeitlohn

Der Zeitlohn ist die Entlohnung durch Zahlung eines gleichen Lohnsatzes pro Zeiteinheit ohne Rücksicht auf die während dieser Zeit hervorgebrachten Arbeitsleistungen.

Die Anwendung des Zeitlohnes erfolgte bei:

- besonderer Bedeutung der Qualität der Arbeit
- erheblicher Unfallgefahr
- kontinuierlichem Ablauf der Arbeit
- nicht vorherbestimmbarer Arbeit
- quantitativ nicht messbarer Arbeit
- schöpferisch-künstlerischer Arbeit.

Zeitnahe Außenprüfung

Die Finanzbehörde kann Steuerpflichtige für eine zeitnahe Betriebsprüfung auswählen. Eine Betriebsprüfung ist zeitnah, wenn der Prüfungszeitraum einen oder mehrere gegenwartsnahe Besteuerungszeiträume umfasst. Gegenwartsnah bedeutet beispielsweise, dass der Prüfungszeitraum den letzten Veranlagungszeitraum umfasst, für den eine Steuererklärung abgegeben wurde.

Eine zeitnahe Betriebsprüfung kann nur für die Prüfungszeiträume durchgeführt werden, zu denen dem Finanzamt rechtsverbindliche und vollständige Steuererklärungen vorliegen. Der Abschluss einer zeitnahen Betriebsprüfung unterscheidet sich nicht wesentlich vom Abschluss einer „normalen" Betriebsprüfung. Über das Ergebnis der Prüfung ist ein Prüfungsbericht oder eine Mitteilung über die ergebnislose Prüfung anzufertigen (§ 4a BpO, § 202 AO).

Zeitraumrechnung

> Bewegungsbilanz

Zeitrente

> Renten

Zerlegung

Sind im Erhebungszeitraum Betriebsstätten zur Ausübung des Gewerbes in mehreren Gemeinden unterhalten worden, so ist der einheitliche > **Steuermessbetrag** in die auf die einzelnen Gemeinden entfallenden Anteile (Zerlegungsanteile) zu zerlegen.

Das gilt auch in den Fällen, in denen eine Betriebstätte sich über mehrere Gemeinden erstreckt hat, oder eine Betriebstätte innerhalb eines Erhebungszeitraums von einer Gemeinde in eine andere verlegt worden ist (§ 28 GewStG).

Zerlegungsmaßstab ist das Verhältnis, in dem die Summe der **Arbeitslöhne**, die an die bei allen Betriebsstätten (§ 28 GewStG) beschäftigten Arbeitnehmer gezahlt worden sind, zu den Arbeitslöhnen steht, die an die bei den Betriebsstätten der einzelnen Gemeinden beschäftigten Arbeitnehmer gezahlt worden sind (§ 29 Abs. 1 GewStG).

Bei der Zerlegung nach Absatz 1 sind die **Arbeitslöhne** anzusetzen, die in den Betriebsstätten der beteiligten Gemeinden (§ 28 GewStG) während des Erhebungszeitraums (§ 14 GewStG) erzielt oder gezahlt worden sind (§ 29 Abs. 2 GewStG).

Bei Ermittlung der Verhältniszahlen sind die Arbeitslöhne auf volle 1.000 € abzurunden (§ 29 Abs. 3 GewStG).

> **Zerlegungsbescheid**

Zerlegungsbescheid

Über die Zerlegung erteilt das FA einen schriftlichen Zerlegungsbescheid, der bestimmte in § 386 Abs. 2 AO vorgeschriebene Angaben enthalten muss.

Zession

> **Sicherheitsabtretung**

Zessionar

> **Sicherheitsabtretung**

Zielkostenrechnung

Die Zielkostenrechnung (Target-Costing) ist kein Kostenrechnungssystem, sondern ein Management-System, welches Marketing mit der Kostenrechnung verbindet. Mit der Zielkostenrechnung wird der „realisierbare" Verkaufspreis eines Produktes ermittelt. Fragestellung: „Wie hoch dürfen die Selbstkosten sein?" Es muss also festgestellt werden, „wie viel der Kunde zu zahlen bereit ist." Erst dann kann eine Kostenplanung aufgestellt werden.